네트워크 마케팅
이렇게 하면 성공할 수 있다

요시무라 유타카 지음 / 설은미 옮김

아카데미북

네트워크 마케팅

이렇게 하면 성공할 수 있다

요시무라 유타카 지음 / 설은미 옮김

아카데미북

◪ 책머리에

　세계적인 규모로 자선 활동을 펼치고 있는 단체의 하나인 '월드 비전'은 세계 90개 국가와 지역에서 활동하며, 가뭄과 수해 등의 자연재해와 전쟁으로 고통받고 있는 2,800만 명의 사람들에게 먹을 것과 살 곳을 제공하고 있다. 최근에 그들은 오랜 경험으로부터 흥미로운 사실을 알아냈다. 그것은 재해와 전쟁으로 음식과 살 곳을 잃은 사람들에게는 가장 먼저 먹을 것과 살 장소를 제공해야 하지만, 그것만으로는 장기적인 구호로 불충분하다는 것이다.

　살 장소와 음식을 주는 것으로 부족하다면 과연 무엇이 더 필요할까? 종교가 필요할까? 아니면 사랑일까? 월드 비전의 오랜 경험과 체험에서 볼 때, 그들에게 음식과 살 곳을 주는 것은 당연하지만, 그 이상으로 중요한 것은 바로 '꿈'을 주는 것이었다. 장기적으로 볼 때 성공적인 구호는 사람들에게 꿈을 주는 것이다.

　매일 기아로 수백 명이 죽어 가는 아프리카와 빈곤으로 고통받는 동남아시아 국가들, 전쟁으로 조국을 잃은 옛 유고슬라비아 등에서는 먹을 것과 살 곳 이외에 '왜 꿈이 필요할까' 의아해 할지도 모른다. 그러나 사람들이 꿈을 갖지 못한다면, 살아갈 희망이 생기지 않고, 아무리 음식과 살 곳을 주어도 미래를 향해 살아갈 에너지가 생겨나지 않기 때문이다.

책머리에

이처럼 월드 비전은 수십 년간의 긴 경험과 체험을 통해, 재해와 전쟁으로 고생하는 사람들에게 음식과 살 곳을 주는 것 외에 '꿈'을 주어야만 장기적인 구호에서 성공함을 알았다.

네트워크 마케팅은 언뜻 보면 다음과 같은 착각을 하게 된다. 우선 첫 번째로, 제품을 유통시키는 비즈니스, 즉 가장 먼저 스스로 제품을 써 보고, 그 제품의 장점을 알고, 그 체험담을 가족과 친구들에게 이야기하고, 제품의 실물을 보여 준 뒤, 마음에 들면 사게 하는 것이라고. 즉 제품을 파는 것이다.

그것만으로는 한계가 있으므로, 두 번째로 제품을 구입해 줄 멤버를 증가시키는 것이다. 결국 가족과 친구, 아는 사람에게 제품을 써 보게 할뿐만 아니라, 그것을 팔면 수입이 됨을 가르쳐 주고, 그들 중에서 판매해 줄 사람들을 스폰서하는 것이다.

그러나 그것으로는 큰 수입을 올릴 수 없으므로, 세 번째로 많은 멤버를 늘리는 것이다. 즉 그룹 멤버에게 상품 선전과 스폰서 방식을 가르치고, 자신과 똑같이 제품을 사고, 판매하고, 스폰서 활동을 하게 하는 것이다.

이처럼 많은 사람들은 '네트워크 마케팅이란 제품을 써 보고, 판매하고, 사 줄 멤버를 찾는 비즈니스이다'라고 잘못 알고 있는 것 같다. 왜냐하면, 보너스를 타려면 제품을 유통시켜서 포인트를 모아야 하기 때문이다. 그렇다면 이 밖에 네트워크 마케팅이란 무엇일까?

제2차 세계대전이 끝난 지 얼마 뒤에 시작된 네트워크 마케팅은 50년대에 들어서자 샤클리와 암웨이 등이 탄생했고, 그 뒤로 몇 천 개의 기업이 참가, 수백만 명의 사람들에 의해 시도되어 왔다. 그리고 40년이 지난 지금 흥미로운 사실을 알아냈다. 네트워크 마케팅에서 판매는 중요하며 꼭 해야 하는 것이지만, 사업에서 그 이상으로 성공하려면 꼭 해야만 하는 중요한 조건과 그 조건을 뒷받침해 줄 비즈니스 원칙이 있다는 것이다.

언뜻 당연한 것처럼 생각되지만, 뒷날 그것이 진실의 일부에 지나지 않았음을 알게 되는 경우도 적지 않다.

네트워크 마케팅에서의 성공은 남녀노소, 학력, 직함, 경력, 국적, 외모, 자금 등 그 사람의 배경만으로 절대 좌우되지 않는다. 누구에게나 평등하게 성공할 수 있는 기회를 부여하는, 그 어디에서도 유례를 찾아볼 수 없는 사업이 바로 네트워크 마케팅이다.

그러나 이것은 단지 기회를 평등하게 부여한다는 것이지 어느 누구나 쉽게 성공을 얻을 수 있다는 말은 아니다. 즉 일류 대학에 입학하고 싶으면 그 대학에 들어갈 수 있는 노하우를 가르쳐 줄 학원에 가야 합격할 가능성이 높아지듯이, 네트워크 마케팅도 사업인 만큼, 성공하는 노하우를 알아야 한다는 것이다. 사업 방식이 잘못되면 몇 년을 열심히 일해도 성공하지 못하며, 설령 성공하더라도 상당히 우회하게 된다. 성공의 노하우를 모르면 당신 자신이 성공을 못하는 것은 물론이고, 당신이 소개한 사람들을 성공으로 이끌지 못하며, 네트워크 마케팅에서 성공할 수 없는 사람들을 배출하게 된다. 그 결과 이 세상에는 사업에 대한 부정적인 이미지를 가진 사람들이 늘어나게 되는 것이다.

그렇게 되면 장래 네트워크 마케팅을 전개하는 것이 어려워질 것이다. 이러한 이유에서 나는 미국에서 배운 네트워크 마케팅으로 성공하는 '조건'과 '원칙'을 내 나름대로 해석해서 이해하기 쉽게 「그룹 리더가 되는 8가지 조건」과 「성공으로 이끄는 10가지 원칙」이라는 이름을 붙여 한국의 디스트리뷰터에게 소개하고자 이

책머리에

책을 쓰기로 결심했다.

네트워크 마케팅은 한국에 소개된 지 15년밖에 되지 않지만, 지금까지 많은 기업이 참가했고, 많은 성공자를 배출해 왔다. 기업에 따라 취급하는 제품과 사업 계획은 다르지만, 근저에 흐르고 있는 비즈니스 컨셉은 현재 한국에서 급성장하고 있는 모든 기업에 공통된 것이다. 따라서 각각의 기업에서 성공한 사람들을 조사해 보면 알겠지만, 이 책에서 설명하고 있는 「그룹 리더가 되는 8가지 조건」과 「성공으로 이끄는 10가지 원칙」을 갖추고 사업을 하고 있을 것이 분명하다.

정확하게 말하면, 운 좋게 자기도 모르는 사이에 이들 조건과 원칙을 충족시킨 사람들만이 네트워크 마케팅에서 성공한 것이다. 그러나 성공하는 조건과 원칙이 명백한 지금, 성공은 운과 우연이 아닌 자신의 노력으로 성취할 수 있게 되었다.

이제부터 네트워크 마케팅을 시작하는 분들과, 현재 사업을 하고는 있지만 큰 네트워크를 만들지 못한 분들, 그리고 이전에 했던 경험이 있지만 성공하지 못한 분들에게 한 번 더 사업에 도전해 볼 수 있도록 이 책이 도움이 되었으면 한다.

또 이 책은 네트워크 마케팅을 하고 있는 모든 기업에 초점을 맞춰서 쓴 것이므로, 한 기업에만 초점을 맞춰 자세한 사업 방법에 대해서는 설명하지 못했다. 그러나 각각의 기업에 맞는 시스템 작업에 참고가 된다면 더 없는 기쁨이 될 것이다.

마지막으로 이 책을 펴내는 데 있어서 많은 인내와 노력을 아끼지 않은 아내 이르마에게 깊은 감사를 표하고 싶다.

지은이 요시무라 유타카 (Yutaka Yoshimura)

차 례

■ 책머리에 4

P·A·R·T / 서문
네트워크 마케팅이란 무엇인가?

1. 시간과 수입 양쪽을 얻을 수 있는 비즈니스 18
2. 네트워크 마케팅의 특징과 불안 19
   1) 네트워크 마케팅이란? 19
   2) 네트워킹의 가장 친숙한 응용 사례…학교 연락망 21
   3) 네트워크 마케팅의 4가지 특징 21
   4) 네트워크 마케팅의 4가지 불안 26
3. 전통적 유통 시스템 VS 네트워크 마케팅 30
   1) 전통적 유통 시스템 30
   2) 네트워크 마케팅의 유통 시스템 33
4. 4개의 마켓 에어리어 41
   1) 제1마켓 에어리어: 생필품 42
   2) 제2마켓 에어리어: 카탈로그 판매 44
   3) 제3마켓 에어리어: 하이테크 제품 46
   4) 제4마켓 에어리어: 서비스 46

P·A·R·T ①
그룹 리더가 되는 8가지 조건

1. 그룹 리더란? 49
   1) 당신의 결심을 행동으로 나타낸다 51
   2) 성공한 사람들의 공통된 8가지 조건 51

| 차 례 |

   3) 그룹 리더란? ··· 53
2. 왜 그룹 리더가 되어야 하는가? ··· 54
   1) 제1 이유 ·· 54
   2) 제2 이유 ·· 54
   3) 제3 이유 ·· 55
   4) 제4 이유 ·· 56
   5) 제5 이유 ·· 57
3. 그룹 리더가 되어야 하는 11가지 포인트 ····························· 59
4. 가장 먼저 자기 자신을 체크한다 ·· 61
   1) 그룹 리더가 되는 조건은 몇 개인가? ································ 61
   2) 그룹 리더의 조건은 8가지 이상이다 ································· 61
   3) 조건 중에 하나가 빠져도 그룹 리더가 될 수 있는가? ········· 64
5. 그룹 리더가 되는 8가지 조건 ·· 64
   1) 그룹 리더의 조건은 장기적으로 안정된 사업을 구축하는 데 필수 ····· 64
   2) 성공하는 그룹은 '인간적 성장'에 초점을 맞춘다 ················ 66
   3) 그룹 리더가 되는 8가지 조건 ··· 68
   4) 성공하고 싶다면 8가지 조건을 전부 실행한다 ··················· 69
   5) 디스트리뷰터에게는 반드시 그룹 리더의 조건을 가르친다 ····· 70
6. 제1조건 : 100% 자사 제품을 사용한다 ······························ 71
   1) 네트워크 마케팅의 기본…자사 제품의 100% 사용자가 된다 ··· 72
   2) 자사 제품을 100% 신뢰한다 ·· 72
   3) 자신이 그룹 사람들의 모범이 된다 ·································· 73
   4) 몇 백 원을 절약하려는 소심한 사고 방식으로는 성공할 수 없다 ···· 74
   5) 불량품은 모든 신용을 잃게 한다 ····································· 74
7. 제2조건 : 최소한 1주일에 한 번 사업 계획을 보여준다 ········ 76
   1) 뿌린 씨앗의 수로 수확량이 결정된다 ······························· 76
   2) 정기적으로 사업 계획을 보여 주지 않으면 테크닉이 녹슨다 ··· 76
   3) 사업 계획은 누구라도 모방할 수 있도록 간단하게 정리하라 ··· 78

| 차 례 |

8. 제3조건 : 최저 15명의 고객을 확보한다 ·· 79
   1) 고객이란 정기적으로 제품을 주문하는 사람 ·· 79
   2) 고객은 자신이 원하는 수만큼 갖는다 ·· 80
   3) 왜 고객은 최저 15명인가? ·· 81
   4) 100% 이해하지 못해도 사업은 어드바이스대로 할 수 있다 ············· 81
   5) 네트워크 마케팅과 악덕 판매법의 차이 ·· 83
9. 제4조건 : 하루에 20분간 추천 받은 책을 읽는다 ···································· 84
   1) 하루에 20분간 책을 읽어야 하는 3가지 이유 ···································· 84
   2) 독서는 단기간에 여러 가지 지식을 습득하는 최상의 방법 ············· 86
   3) 환경을 바꾸면 그 때까지의 가치관, 인생관, 마음 자세를 바꿀 수 있다 ···· 88
   4) 새로운 아이디어를 받아들이려면 유연한 가치관, 인생관이 요구된다 ···· 90
   5) 리더에게는 폭넓은 인생관과 가치관, 사고 방식이 요구된다 ········· 91
   6) 일본에서 발간된 네트워크 마케팅에 관련된 책들 ···························· 93
   7) 네트워크 마케팅은 피플즈 비즈니스이다 ·· 97
   8) 자기 자신을 인간적으로 성장시키면 주위에 사람들이 몰려든다 ········· 98
   9) 성공하면 할수록 읽는 책의 수가 늘어난다 ······································ 100
10. 제5조건 : 스폰서가 추천한 테이프를 듣는다 ·· 100
    1) 인간적으로 성장하려면 좋은 정보를 받아들여라 ···························· 100
    2) 테이프의 내용을 잠재의식에 입력하려면 적어도 7회는 들을 것 ········· 101
    3) 헤드폰을 이용하면 무리 없이 테이프를 들을 수가 있다 ············· 102
    4) 왜 테이프를 들을 필요가 있는가? ·· 103
    5) 셀프 모티베이션(Motivation) 시스템을 갖는 것이 성공의 열쇠 ········· 105
11. 제6조건 : 모든 펑션에 참가한다 ·· 106
    1) 회의장에는 가능한 빨리 가고, 늦게까지 남는다 ···························· 106
    2) 네트워크 마케팅은 90일 비즈니스 ·· 107
    3) 성공한 사람은 모든 펑션에 참가한 사람들 ···································· 108
    4) 모든 펑션에 참가해야 할 4가지 이유 ·· 109
    5) 성공한 사람은 처음부터 성공하는 자의 사고 방식, 가치관, 분위기를 갖고 있다 ··· 112
    6) 남을 존경하는 자는 언젠가 꼭 존경을 받는다 ······························ 114

차 례

    7) 그룹 리더가 되어야 성공할 수 있다 ·················· 115
    8) 행동으로 상대방의 생각을 짐작할 수 있다 ·············· 116
    9) 네트워크 마케팅을 이해하려면 고정 관념을 바꿔야 한다 ······· 118
12. 제7조건 : 팀워크를 배운다 ························· 118
    1) 네트워크 마케팅은 팀 비즈니스 ···················· 118
    2) 스폰서나 업라인을 모방해서 사업 방식을 바꾸지 않는다 ······· 120
    3) 배운 대로 사업을 하고, 배운 시스템을 그룹원들에게 가르친다 ····· 121
    4) 겸허한 태도를 가진 사람들이 성공한다 ················ 123
13. 제8조건 : 정기적으로 카운셀링을 받는다 ················ 124
    1) 8가지 조건 중에서 어떤 조건이 보다 중요한가? ··········· 124
    2) 카운셀링이란? ···························· 125
    3) 3가지 파트너십 ··························· 126
    4) 왜 카운셀링이 필요한가? ······················· 130
    5) 카운셀링 가이드라인 ························· 132
14. 마지막으로 한 번 더 ···························· 135

P·A·R·T ②
성공으로 이끄는 10가지 원칙

1. 성공한 사람의 공통 조건 ·························· 138
2. 왜 리더의 조건을 갖추면 성공할 수 있는가? ··············· 140
3. 5대 영양소 ································· 141
4. 균형 잡힌 사업 방식 ···························· 143
5. 10가지 원칙은 사업에 일관성을 부여한다 ················· 144
6. 제1원칙 : 꿈 (목적 또는 목표) ······················ 147
    1) 성공의 첫걸음이란? ······ 꿈! ···················· 147
    2) 네트워크 마케팅을 계속할 수 있는 파워는? ······ 꿈! ········ 148

차 례

3) 네트워크 마케팅에서 가장 먼저 할 일은? 150
4) 자신의 감정을 뒤흔드는 꿈을 갖는다 151
5) 돈은 목적이 아니라 수단이다 152
6) 꿈을 실현하는 것과 배경은 관계가 없다 155
7) 성공이란 자기 힘으로 쟁취하는 것 157
8) 꿈은 세계 공통어 158
9) 가능한 큰 꿈을 갖는다 159
10) 꿈이 생각나지 않으면 단기간에 실현 가능한 목표를 가져 본다 160
11) 꿈을 자세하게 묘사한다 163
12) 드림 북이란? 166
13) 실제로 드림 북을 작성한다 169
14) 대뇌의 메커니즘 172
15) 신경세포의 기본 구조 174
16) 뇌의 자극 전달 메커니즘 179
17) 신경 전달 물질의 움직임 180
18) 드림 북은 왜 효과가 있는가? 183
19) 드림 북보다 효과 있는 것은 실물을 보는 것 184
20) 오감을 전부 이용해서 상상한다 185
21) 꿈을 실현시키는 데에는 룰이 있다 187
22) 성공하고 싶다면 동작이 잠재의식에 들어가야 한다 188
23) 잠재의식이란? 190
24) 반복된 행동과 강한 신념으로 맺어진 목표는 잠재의식에 들어간다 193
25) 나쁜 습관도 잠재의식에 들어간다 195
26) 긍정적인 사고, 부정적인 사고도 잠재의식에 들어간다 196
27) 항상 드림 북을 들고 다닌다 197
28) 기한을 정하면 꿈은 목표로 바뀐다 199
29) 목표 설정은 인생에서 성공하기 위해서도 중요하다 201
30) 1주일에 40시간, 40년간 일한 사람의 정년 퇴직 후 운명은? 203
31) 네트워크 마케팅은 인생의 행방을 스스로 결정할 기회를 제공한다 204

차 례

32) 큰 목표는 장기, 중기, 단기 3단계로 나누어 설정하라 206
33) 목표를 적은 종이나 원하는 것의 사진을 눈에 보이는 곳에 붙여 둔다 ... 208
34) 꿈이 시들지 않도록 계속해서 에너지를 준다 210
35) 자신의 꿈을 주변 사람들에게 공표하고 협력을 청하자 211
36) 상대의 꿈도 들어준다 213
37) 마지막으로 한 번 더 213

7. 제2원칙 : 네임 리스트 214
1) 네트워크 마케팅에 있어서 사업 자산이란? 214
2) 가장 먼저 할 일은 네임 리스트 작성 215
3) 네임 리스트 작성시 주의점 216
4) 성공하는 디스트리뷰터의 공통된 특징 217
5) 네트워크 마케팅은 네임 리스트 작성 없이는 시작할 수 없다 219

8. 제3원칙 : 접근 (미팅에 참가하도록 약속을 잡는다) 219
1) 전화로는 절대로 사업 계획을 설명하지 않는다 220
2) 왜 텔레폰 스크립트를 이용해서 접근하는가? 221
3) 대화 중에 기업 이름을 꺼낼 필요는 없다 222
4) 네트워크 마케팅을 하는 최대 목적은 자유를 갖는 것 224
5) 가능한 많은 사람들에게 이 놀라운 사업 기회를 알릴 것 225
6) 성공하는 비결은 서툴러도 스스로 해보는 것 226
7) 마지막으로 한 번 더 227

9. 제4원칙 : 미팅 (프로스펙터에게 사업 계획을 설명한다) 227
1) 네트워크 마케팅의 기본은 홈 미팅 227
2) 홈 미팅+회장 미팅이 사람들에게 결단을 내리게 한다 229
3) 네트워크 마케팅은 '카피 비즈니스' 230
4) 업라인에 당신의 경의를 행동으로 표시한다 231
5) 프로스펙터가 돌아가기 전에 '인포 팩'을 건넨다 231
6) 인포 팩을 건넬 때의 3가지 주의 사항 232
7) 꿈이 없는 사람에게 당신의 꿈을 빼앗기지 마라 234

| 차 례 |

10. 제5원칙 : 사후 관리 (프로스펙터를 A, B, C의 3가지 타입으로 분류한다) **238**
    1) 미팅의 목적은 사후 관리의 계기를 만드는 것 **236**
    2) 정보가 적으면 네트워크 마케팅을 부정적으로 생각한다 **237**
    3) 사후 관리의 최대 목적은? **239**
    4) 왜 사후 관리는 72시간 이내에 실행하는가? **241**
    5) 사후 관리의 또 다른 목적은 상대가 무슨 생각을 하는지 파악하는 것 **241**
    6) 프로스펙터가 결심하는 것은 첫 번째나 두 번째 사후 관리 때 **242**

11. 제6원칙 : 종적인 확장 (그룹을 종적으로 키운다) **244**
    1) 그룹을 크게 만드는 2가지 방법 **244**
    2) 타입 A 디스트리뷰터란? **245**
    3) 그룹 리더를 찾는 방법 **246**
    4) 그룹을 종적으로 확장하는 3가지 포인트 **248**
    5) 그룹을 종적으로 확장하면 그 그룹은 안정된다 **248**
    6) 종적 확장과 수직 구축은 다르다 **250**
    7) 가장 일반적인 잘못의 하나는? **251**
    8) 오버라이드를 손에 넣으려면 어느 그룹을 독점해도 좋다 **252**
    9) 매일 회사에 출근하는 것은 잃는 것이 있으므로 **253**
    10) 왜 리더를 3명 찾는가? **254**
    11) 타입 A 디스트리뷰터를 찾으면서 그룹을 종적으로 확장한다 ... **257**
    12) 한 계열을 가능한 짧은 기간에 10단계 구축하는 방법 **258**
    13) 언제 그룹을 종적으로 확장시킬 것인가? **260**

12. 제7원칙 : 매출 규모 (그룹의 총 매출을 증가시킨다) **261**
    1) 그룹에 제품을 유통시키지 않으면 아무도 수입을 얻을 수 없다 **261**
    2) 디스트리뷰터에게 자사 제품을 사용하게 할 목적으로 상품 설명을 한다 ... **262**
    3) 연간 총 매출액의 80% 이상은 디스트리뷰터에 의해 소비된다 **264**
    4) 연간 매출 규모 증가 이유는 디스트리뷰터 수가 순조롭게 늘어난 결과 ... **265**
    5) 매출 규모를 증가시키는 키포인트는 '액세스' **266**
    6) 작은 수라도 많이 모이면 큰 숫자가 된다 **267**
    7) 연간 총 매출 규모를 증가시키려면 디스트리뷰터의 수를 증가시켜라 **267**

| 차 례 |

    8) 판매보다는 제품을 사용하게 하는 편이 간단하다 ······················ **269**
    9) 왜 어떤 사람은 성공하고 어떤 사람은 성공하지 못하는가? ········ **270**
    10) 마지막으로 한 번 더 ·· **271**
13. 제8원칙 : 인간적 성장 (리더가 되기 위한 준비) ···························· **272**
    1) 네트워크 마케팅은 피플즈 비즈니스 ·· **273**
    2) 사업을 하면서 인간적으로 성장한다 ·· **274**
    3) 인간적인 성장을 촉진하는 4가지 방법 ·· **266**
    4) 네트워크 마케팅은 리더를 찾아내는 사업 ···································· **277**
14. 제9원칙 : 모방성 (쉽게 모방할 수 있는가?) ································· **278**
    1) 네트워크 마케팅은 카피 비즈니스 ·· **278**
    2) 시스템에서 가장 중요한 것은 누구나 쉽게 쓸 수 있을 것 ········· **278**
    3) 메신저보다는 전할 수 있는 메시지가 더 중요하다 ······················ **280**
    4) 스폰서 활동을 하는 데는 근사한 집이나 비싼 차가 필요 없다 ··· **281**
    5) 미팅에서 반드시 말해야 하는 것 ·· **282**
    6) 마지막으로 한 번 더 ·· **284**
15. 제10원칙 : 신뢰 (서로 믿고 돕는다) ··· **284**
    1) 말은 상대를 격려하기도 하고, 상처 입히는 힘을 갖고 있다 ······· **284**
    2) 모든 사람들의 험담이나 잘못을 일절 말하지 않는다 ···················· **286**
    3) 상대의 장점을 찾아서 그것을 칭찬해 준다 ·································· **287**
    4) 사업 동료를 믿고 서로 돕는다 ·· **287**
    5) 인생의 팀 메이트에게 감사한다 ·· **292**
    6) 타 계열 사람들과 서로 격려하고 서로 돕는다 ····························· **293**
    7) 자기 자신을 칭찬한다 ·· **297**
    8) 회사를 신뢰한다 ··· **300**
    9) 자사 제품을 신뢰한다 ·· **301**
    10) 당신이 쓰고 있는 시스템을 선전한다 ·· **302**

  ■ 참고문헌 ·· **304**

P·A·R·T

서장

네트워크 마케팅이란 무엇인가?

네트워크 마케팅이란 무엇인가?

1. 시간과 수입 양쪽을 얻을 수 있는 비즈니스

　대부분의 사람들은 시간이나 돈 어느 한쪽을 가지고 있다. 가령 의사나 파일럿은 고수입을 얻을 수 있을지 모르지만, 가족과 보내는 자유로운 시간은 거의 없는 것이 현실이다. 반대로 운 나쁘게 구조 조정 등으로 일자리를 잃은 사람은 시간은 많이 남지만 수입이 없다. 그리고 일반 샐러리맨은 생활을 즐길 자유로운 시간도, 수입도 충분하지 못한 것이 현실이 아닐까?
　이처럼 '고수입'과 '자유로운 시간', 두 가지를 동시에 갖고 있는 사람은 극히 드물다. 일반적으로 시간이 남아도는 사람은 돈이 없고, 돈이 있는 사람은 자유로운 시간이 없다. 그러나 고수입과 자유로운 시간을 갖는 것은 양질의 인생을 영위하기 위한 필수 조건의 하나이다. 이 세상에는 고수입과 그것을 즐길 시간을 동시에 줄 수 있는 방법이 없을까?
　있다! 시간과 돈을 동시에 가질 수 있는 한 가지 사업이 있다.

네트워크 마케팅이란 무엇인가?

그리고 현재 그 사업은 전세계에서 놀라운 기세로 성장하고 있다. 그것이 바로 지금부터 설명할 '네트워크 마케팅 사업'이다.

네트워크 마케팅 사업은 미국에서는 일반적으로 멀티 레벨 마케팅(Multi-Level-Marketing / MLM)이라 불리는 매우 대중적인 사업 형태이지만, 한국에서는 그 이름을 들으면, '멀티 마케팅' 또는 '피라미드 조직' 등 부정적인 이미지를 갖고 있는 사람들이 적지 않다. 그러나 멀티 마케팅이란 미국을 중심으로 전세계에서 행해지고 있는 합법적인 사업이다. 왜 한국에서는 '멀티 마케팅'='악덕 상행위'라고 생각하게 되었을까?

그 주된 원인으로 2가지를 들 수 있다. 첫 번째는 이 판매 방법의 구조를 악용하는 사람이 끊이지 않았다는 점. 두 번째는 매스컴이 합법적인 사업인 '멀티 마케팅'을 잘 이해하지도 못하고, '멀티 마케팅=사기 마케팅'의 대명사로 보도했기 때문이다.

이유야 어찌되었든, '멀티 마케팅=악덕 마케팅'이라는 오해를 피하기 위해 한국에서는 멀티 레벨 마케팅(MLM)을 '네트워크 비즈니스'나 '네트워크 마케팅 비즈니스' 등으로 부르게 되었다. 이 책에서는 MLM을 미국에서 가장 일반적으로 쓰고 있는 '네트워크 마케팅'으로 부르기로 한다.

2. 네트워크 마케팅의 특징과 불안

1) 네트워크 마케팅이란?

네트워크 마케팅이란 제품을 제조업자로부터 소비자에게 유통시키는 시스템 중에서 가장 효율적인 시스템의 하나이다. 지금부터 네트워크 마케팅을 하면 어떻게 고수입과 자유로운 시간을 동시에 얻을 수 있는지를 설명하겠다.

'네트워크 마케팅'은 한국에 소개된 지 10년도 안 된 새로운 타입의 유통 시스템이다. 그래서 대부분의 프로스펙터(유망 후보자)는 그 컨셉에 익숙하지 않으며, 이해하지 못하는 점도 적지 않다. 때문에 프로스펙터에게 사업 계획을 이해시키기 위해서는 간단하게 네트워크 마케팅에 대해 설명해야 한다.

네트워크 마케팅에 이용되고 있는 네트워크란 한 개의 점(点)인 '사람'이 신뢰와 공통된 목적, 가치관, 인생관, 꿈, 목표와 같은 눈에 보이지 않는 실처럼 연결되어 '거미줄' 또는 '어망'과 같은 상태를 이루는 것의 총칭이다. 그리고 마케팅(유통)을 간단하게 정의하면, 제품을 제조업자에서 소비자로 이동시키는 것이다. 즉 네트워크 마케팅이란, 사람과 사람의 연결(네트워크)을 이용해서 물건을 유통시키는 새로운 타입의 유통 사업이다.

그러나 네트워크라는 말은 사업에만 쓰이는 것이 아니라 네트워크를 이용해서 정보를 교환하거나 연락하는 것에도 쓰인다. 따라서 네트워크를 이용해서 제품을 유통시키는 것, 정보를 교환하는 것, 긴급 사항을 연락하는 모든 것을 따로 구분하지 않고 '네트워킹'이라고 부른다. 일반적으로 '네트워크'라는 말은 명사가 아니고, '네트워킹'이라는 동사로 쓰이고 있다.

베스트셀러 『메가트렌드』의 저자인 존 네이스비치는 네트워킹을 "사람들이 서로의 생각과 아이디어, 자원, 정보 등을 함께 나누는 것"이라고 정의하고 있다. 이처럼 네트워킹은 정보 교환, 자원 봉사 활동 육성, 사회제도 변혁, 생산성과 노동 조건의 향상, 자원의 효율적인 사용 등에 널리 이용되고 있다. 왜냐하면 네트워킹에 의

한 정보 전달은 다른 어떤 방법보다 신속하며 인간미가 넘치고, 에너지 면에서도 효율적이기 때문이다. 따라서 최근에 네트워킹은 사업뿐만 아니라 여러 가지 활동에 이용되고 있다.

2) 네트워킹의 가장 친숙한 응용 사례 … 학교 연락망

네트워킹의 가장 흔한 응용 사례가 학교의 '전화 연락망'일 것이다. 예를 들어, 한밤중에 쌓인 눈 때문에 휴교를 해야 하는 긴급 사태에, 전교생에게 연락할 가장 빠르고 확실한 방법은 전화 연락망을 이용해서 전화를 거는 것이다. 교장 선생님 혼자서 전교생에게 연락한다면 엄청난 수고와 시간이 걸리겠지만, 연락망을 이용하면 한 사람이 다른 한 사람에게 전화하는 걸로 끝이다.

이것이 네트워킹이 갖고 있는 위력으로 다른 방법으로라면 꼬박 하루가 걸려도 끝나지 않을 일을, 네트워킹을 이용하면 1시간만에 해치울 수도 있다. 이처럼 네트워킹의 원리는 '네트워크의 한 사람, 한 사람이 사소한 일을 해도, 10명, 100명, 그리고 1000명이 모이면 거대한 결과를 만든다'는 것이다.

그리고 또 한 가지 커다란 특징은 그렇게 얻은 결과는 그룹 전체의 이익이 된다는 것이다. 비즈니스 측면에서 볼 때, 통상적인 판매 방법으로는 30년이 걸려도 달성이 불가능한 매출 규모도 이 네트워킹의 원리를 응용하면 불과 몇 년만에 달성할 수 있게 된다. 그리고 중요한 것은, 그것을 달성함으로써 얻은 이익은 소수의 이익이 아니라 그룹 전체의 이익이 된다는 것이다.

3) 네트워크 마케팅의 4가지 특징

이제 네트워크 마케팅의 특징을 간단하게 살펴보겠다. 메이커,

소비자, 디스트리뷰터, 어느 쪽에 서느냐에 따라서 입장이 다르겠지만, 여기에서는 디스트리뷰터의 관점에 서서 4가지 특징을 살펴보겠다.

① 스스로 희망하는 수입액을 정할 수 있다.
② 권리수입을 얻을 수 있다.
③ 고품질 상품에 접근할 수 있다.
④ 전세계에 사업을 전개할 수 있다.

① 스스로 희망하는 수입액을 정할 수 있다.
네트워크 마케팅은 우리에게 비교적 단시간에 합법적으로 고수입을 올리는 방법을 제공한다. 그러나 이 사업의 최대 특징은, 월 몇 만원에서 연봉 몇 십억까지 원하는 액수의 수입을 올릴 수 있는 방법이 준비되어 있다는 것이다. 때문에 네트워크 마케팅에서는 스스로 얻고 싶은 수입액을 정해서 사업할 수가 있다.

예를 들어 매달 몇 만원의 수입을 얻고 싶다면, 제품을 팔면 어려움 없이 몇 천 원에서 몇 만원의 수입을 올리게 된다. 또 월수입 25만원을 원한다면 네트워크를 확장하면 된다. 또한 네트워크를 확장시키면 연봉 몇 억도 가능하다.

② 권리수입을 얻을 수가 있다.
우리가 얻는 수입에는 크게 노동수입과 권리수입, 2가지 타입이 있다.

전체 노동자의 95% 이상은 회사에 다니거나 공무원이거나 누군가에게 고용되어 있다. 즉 대부분의 사람들이 시간과 돈을 맞바꾸는 '노동수입'을 얻고 있다는 것이다. 그 노동수입을 얻고 있는 대표적인 경우가 샐러리맨으로, 하루 24시간 중에서 8시간을 회사를 위해 쓴 대가로 매달 월급을 받는다. 노동수입은 일한 시간에 따라서 정기적으로 수입이 들어오므로 편리한 반면, 회사가 도산하거나 병이나 퇴직으로 일할 수 없게 되면 수입은 끊기고 만다. 따라서 회사와 국가, 자치단체나 누군가에게 고용되어 있으면 안정된 생활은 할 수 있어도 자유를 얻는 것은 절대 불가능하다.

한편 권리수입이란 ⓐ 인세수입 ⓑ 주식이나 증권 수입 ⓒ 아파트나 주차장 임대료 ⓓ 연금 ⓔ 토지 소유로 얻은 수입 ⓕ 적금 이자 ⓖ 특허료 등 당신이 갖고 있는 권리에서 발생하는 수입의 총칭으로, 여기에서는 '권리수입'이라 부르기로 한다.

왜 권리수입을 설명하는가? 그 이유는, 네트워크 마케팅을 하면 권리수입의 하나인 '인세수입'과 비슷한 수입을 얻을 수 있기 때문이다. 여기에서는 그 수입을 편의상 '인세적(印稅的) 수입'이라 부르기로 한다.

왜 권리수입이 중요한가? 왜냐하면 앞으로 우리의 생활이 풍요로워질 것인가, 비참해질 것인가는 권리수입을 얼마나 얻는가에 크게 좌우되기 때문이다. 지금부터 네트워크 마케팅을 함으로써 손에 쥘 수 있는 '인세적 수입'에 관해서 설명하겠다.

'인세(Royalty)'를 사전에서 찾아보면, ① TV 방송을 위한 영화 필름 매각금 ② (출연료, 작가에 대한) TV 재방송료 ③ 책 발행자가 저자에게 지불하는 돈 등등이다. 권리수입의 하나인 '인세수입'은 뭔가 특수한 물건을 만들거나 근사한 일을 하나 하면, 예를 들어 책을 쓴다면, 그것이 팔리는 한 두 번 다시 그 일을 하지 않아도 들어오는 수입을 말한다. 때문에 평범하고 일반적인 지식이나 특기만으로는 결코 얻을 수 없는 수입이다.

　인세수입을 얻고 있는 대표적인 사람들로는 베스트셀러 작가, 인기 가수, 유명한 영화 배우, 음악가, 만화가 등을 들 수 있다. 예를 들어 가수가 녹음한 CD는 그 가수가 노래를 부르지 않아도 CD가 팔리는 한 수입이 계속 들어온다. 이미 타계한 미조라 히바리의 경우, 그녀의 레코드와 CD가 팔리는 한 그 인세는 그녀 가족에게 계속 들어오게 된다.

　이와 같이, 인세수입은 특별한 사람들만이 얻을 수 있는 것이지만, 네트워크 마케팅의 최대 특징은 특별한 재능이나 특기를 갖고 있지 않아도 원한다면 누구든지 인세수입과 같은 '인세적 수입'을 얻을 수 있는 기회를 제공한다는 점이다. 그리고 네트워크 마케팅 회사의 '인세적 수입'은 사업을 계속하는 한, 자식은 물론 손자에게도 물려줄 수 있다.

　또, 네트워크 마케팅으로 얻은 '인세적 수입'은 정해진 조건을 만족시키면 사업을 계속하는 한 나이에 관계없이 계속 들어온다. 앞으로 고령화 사회에서 일할 수 없는 노후 생활이 여유 있는 생활이 될 것인가, 괴로운 생활이 될 것인가는 권리수입의 하나인 인세적 수입을 얼마나 얻을 수 있느냐에 크게 좌우될 것이다.

　③ 고품질 상품에 접근할 수 있다.
　원래 네트워크 마케팅으로 유통되는 상품은 네트워크로만 구입할 수 있다는 판매 포인트를 무기로 삼아 사업을 전개하고 있다. 때문에 가격이 다소 비싸도 고품질이 보장된다.
　현재 한국에서 활약하고 있는 네트워크 마케팅 회사가 취급하는 상품 수는 수십 개에서 수백 개에 이르는데, 네트워크 마케팅의 발

네트워크 마케팅이란 무엇인가?

상지인 미국에서는 다수의 세계 일류 기업이 네트워크 마케팅 사업에 참여하고 있다. 어떤 유명한 네트워크 마케팅 회사는 7,000개 이상의 상품을 취급하고 있다. 세븐 일레븐에서 다루는 상품 수가 통상 3,000개 전후라고 하니까 2배 이상인 셈이다.

앞으로 한국에서 활약할 네트워크 마케팅 회사가 취급할 상품 수는 미국처럼 증가할 것임에 틀림없으며, 보다 풍부하고 품질 좋은 상품에 접근할 수 있게 될 것이다.

아직은 아니지만, 한국에도 미국처럼 다음과 같은 서비스가 네트워크 마케팅에 도입될 것으로 예상된다. 비자카드 발행, 장거리 전화 서비스, 여행 서비스, 숙박 서비스, 부동산 서비스, 자동차 긴급 지원 서비스, 보험 서비스 등이다. 미국에서는 이미 일반화되어 있는 이들 서비스가 한국에도 도입되는 것은 시간 문제이다.

④ 전세계에 사업을 전개할 수 있다.

네트워크 마케팅의 또 하나의 특징은, 본사가 해외에 자회사를 두고 사업을 전개하면, 한국에 있으면서도 해외에서 사업을 할 수 있다는 것이다.

현재 한국에 진출해 있는 네트워크 마케팅 회사의 다수는 미국의 50주(州)는 물론, 세계 각국에서 사업을 하고 있다. 예를 들어 당신의 네트워크 마케팅 회사가 미국, 캐나다, 중국, 필리핀에 진출해 있을 경우, 그들 나라에 친구나 아는 사람이 있으면, 간단한 수속만 마치면 한국에 있으면서 미국, 캐나다, 중국, 그리고 필리핀에서 사업을 할 수가 있다.

또한 전세계를 무대로 네트워크 마케팅을 하면 보다 안정된 수입을 얻는다는 이점이 있다. 한국은 대체로 80년대부터 90년대에 이르기까지 호경기가 이어졌지만, 지금은 IMF 이후 대불황이라고 할만큼 경기가 좋지 않다. 한편 미국은 한국과 반대로 호경기에 주가가 상승하고 있다. 그러나 앞으로 5년이나 10년 뒤, 한국과 미국의 경기가 어떻게 될지는 아무도 모른다. 만약 지금 당신이 일하고 있는 기업이 한국이나 미국 등의 어느 한 국가에서만 한정된 사업을 하고 있다면, 회사의 장래성에 불안을 느낄 것이다.

그러나, 현재 급성장하고 있는 네트워크 마케팅 회사의 다수는 전세계에, 혹은 적어도 몇 개국에서 사업을 펼치고 있다. 따라서 불경기로 네트워크 마케팅의 존속이 염려되는 일은 없을 것이다. 왜냐하면 한 국가가 불경기일지라도, 다른 국가들은 경기가 좋을 가능성이 충분히 있기 때문이다. 디스트리뷰터 입장에서 볼 때도, 당신이 몇 개 국가에서 네트워크를 만들어 사업을 전개한다면 보다 안정된 수입이 약속된다. 개인이 전세계에 네트워크를 만들어 사업을 전개하고 안정된 수입을 얻을 기회를 가질 수 있는 것은 네트워크 마케팅 외에는 없다.

4) 네트워크 마케팅의 4가지 불안

이제 네트워크 마케팅의 4가지 특징에 대해서는 이해가 되었으리라 생각한다. 네트워크 마케팅을 시작하려고 할 때 프로스펙터들은 어떤 불안과 걱정을 안고 있을까.

"왜 사람들은 네트워크 마케팅에 대해 'NO'라고 말하는가?" 그 이유를 알아보기 위해 프로스펙터로부터 앙케이트를 받아 본 결과, 다양한 불안과 걱정을 안고 있음을 알았다.

다음은 프로스펙터들이 갖고 있는 4가지 불안과 걱정에 관한 것이다.

네트워크 마케팅이란 무엇인가?

---

① 자본금 : 사업을 시작하려면 자본금이 얼마나 필요한가?
② 리스크 : 리스크가 과연 있는가?
③ 사업 경험 : 사업 경험이 없는데 잘할 수 있을까?
④ 시간 : 지금도 바쁜데 사업을 하면 더 바빠지지 않을까?

---

① 사업을 시작하려면 자본금은 얼마나 필요한가?

이것은 사업을 시작할 때 프로스펙터가 가장 먼저 생각하는 걱정 중의 하나일 것이다. 그러나 전혀 걱정할 필요가 없다. 네트워크 마케팅을 시작하는 데 필요한 자금은 디스트리뷰터 자격 취득 신청에 필요한 요금뿐으로, 일반적으로 11만원 이하이다. 새 신발을 사려면 11만원은 필요하니까, 새 신발을 샀다고 생각하면 이 사업을 시작할 수 있는 셈이다. 최근에는 디스트리뷰터가 되는 데에 전혀 돈이 필요치 않은 회사가 등장해서 화제가 되고 있다.

당신이 지불한 신청 요금은 사업에 필요한 회사 안내와 제품 가이드 대금, 사업 매뉴얼 대금, 각종 장부와 전표 대금, 비디오와 카세트 테이프 등이 들어 있는 초기 목표에 드는 비용이다. 또한 당신이 지불한 신청료는, 디스트리뷰터 자격을 취소하면 10%의 수수료를 공제한 전액을 돌려 받는 게 일반적이다.

이 사업은 왜 그렇게 자본금이 저렴할까? 네트워크 마케팅은 디스트리뷰터 개개인이 소비자와 디스트리뷰터를 개척하는 무점포 판매 방식이므로 사업 경비가 전혀 필요하지 않기 때문이다. 또한 일반 소매업과 달리 중간 마진도 없다. 네트워크 마케팅에서 성공하려면, 금전적인 투자보다 적은 시간을 날마다 투자하는 것이 필요하다.

② 뭔가 리스크가 있는가?

자본금은 누구에게나 부담 없는 금액이며, 10% 정도의 수수료가 붙지만, 현금 반환이 보장된다. 예를 들어 11만원을 내고 신발을 샀는데 나중에 알고 보니 발에 맞지 않았다. 그래도 일단 신었으면 반품할 수가 없다. 그러나 이 사업은 나중에 자신에게 맞지 않다는 것을 알고 그만두고 싶으면 언제든지 취소할 수 있으며, 지불한 신청료의 10% 수수료를 뺀 전액을 환불받을 수 있다.

또, 디스트리뷰터가 되어도 정해진 양의 제품 구입과 재고를 강요하는 노르마(norma ; 노동기준량 또는 제품 할당량)는 전혀 없으며, 사업을 하느냐 마느냐의 결정권은 당신 자신에게 있다. 물론 네트워크 마케팅도 사업이므로 수입을 올리려면 제품을 유통시켜야 한다. 하지만 당신이 구입하는 제품은 현재 당신이 사용하고 있는 생필품의 브랜드를 바꾸는 것일 뿐, 불필요한 것은 절대로 살 필요가 없다.

생필품은 당신이 이 사업을 하고 안 하고에 상관없이 반드시 어딘가에서 구입해야 하는 상품이다. 그렇다면 사업을 시작해서 자신한테 상품을 구입하고, 조금이나마 수입을 올려서 가계에 도움을 주는 편이 낫지 않을까. 그리고 보다 많은 수입을 얻고 싶다면 그에 맞는 크기의 네트워크를 만들면 된다. 일반적으로 네트워크 마케팅 회사가 취급하고 있는 제품의 대부분은 100% 현금 반환 보장이 되어 있어서, 만에 하나 제품에 불만이 있을 경우에는 사용을 했든 하지 않았든 언제든지 구입 대금을 돌려 받을 수 있다.

이처럼 네트워크 마케팅은 사업에 실패할지라도 전 재산을 잃을 위험은 있을 수가 없다.

예상할 수 있는 리스크를 한 가지 들어보면 자존심이 상할지도 모른다. 자신은 네트워크 마케팅 사업 기회를 충분히 이해하고 있어도, 일반인들은 그것을 주부의 아르바이트나 노동자가 손대는 일로 생각하는 경우가 있다. 상대방을 생각해서 일생에 한두 번밖에 없는 좋은 기회를 알려 주러 왔는데, 악덕 판매 방식이라고 오해를 받으면 자존심이 상할 수도 있다. 그럴 때에 사업을 포기할 것인가, "뭐야, 두고보라지!"라며 오히려 열정을 불태울 것인가, 그것이 그가 성공하느냐, 아니냐의 명암을 가르게 된다.

③ 비즈니스 경험이 없는데 잘할 수 있을까?
네트워크 마케팅을 시작하려는 사람들의 대부분은, 자신은 사업 경험이 전혀 없는데 '나도 이 사업을 할 수 있을까?'라고 걱정한다. 그러나 이 사업을 하는 데 있어서 당신의 지식이나 경험은 전혀 필요하지 않다.
왜냐하면 대부분의 네트워크 마케팅 회사는 프랜차이즈 업계가 사용하고 있는 것과 같은 사업 매뉴얼을 갖고 있기 때문이다.
맥도널드와 세븐 일레븐의 성공담은 누구나 알고 있을 것이다. 이들 프랜차이즈 업계는 과거 30년간 급성장을 이룩했고, 수많은 사람들에게 거액의 부를 가져다주었다. 많은 네트워크 마케팅 회사는 그것을 흉내낸 매뉴얼을 사용하고 있으므로, 당신의 지식과 사업 경험은 전혀 필요하지 않다. 게다가 사업 방식은 디스트리뷰터 계열을 통해 업라인에서 다운라인으로 전달되므로 사업 경험의 유무는 걱정하지 않아도 된다.

④ 시간:지금도 바쁜데 사업을 하면 더 바빠지지 않을까?
많은 사람들은 '일, 자녀 교육, 가사 등에 쫓겨서 충분히 바쁜데

이 사업을 하면 지금보다 더 바빠지지나 않을까?' 하고 걱정할지도 모른다. 그러나 네트워크 마케팅은 애초에 바쁜 사람들을 대상으로 연구하고 만들어진 사업이다. 때문에 이 사업은 한가한 시간을 이용해서 할 수 있는, 무리 없는 사업이다.

네트워크 마케팅은 1주일에 몇 시간의 투자만으로 할 수 있게 만들어져서, 사업을 하는 시간은 자기 사정에 맞출 수가 있다.

3. 전통적 유통 시스템 VS 네트워크 마케팅

1) 전통적 유통 시스템

우리가 가까운 슈퍼마켓이나 소매점에서 상품을 사는 것은, 결과적으로 '전통적 유통 시스템'을 통해서 제품을 산다는 뜻이다. 그럼 전통적 유통 시스템은 어떤 구조로 되어 있을까?

당신이 소매 가격이 1,100원인 볼펜을 소매점에서 샀다고 가정해 보자.

당신이 1,100원에 구입한 볼펜을 제조업자는 원재료비, 종업원 급료, 연구 개발비, 제경비, 이자, 그리고 선전비 등을 전부 포함해서 약 440원에 제조 출하하고 있다. 공장에서 나온 440원짜리 펜은 다음 단계로 제1중간업자인 '대리점'에 가고, 제조업자와 제2중간업자를 연결하는 역할을 한 보수로 약 55원이 얹혀진 495원이 된다. 그 다음은 제2중간업자인 '도매상' 혹은 '판매업자'에게 가고, 거기에서는 간접비, 적하 운송비, 재고 보관료와 서비스료, 그리고 이익으로 약 275원이 올라가서 770원이 된다. 770원이 된 펜은 제3중간업자인 '소매점'으로 가서 거기서 종업원의 급료, 임대료, 선전비와 제경비, 이익 등을 위해 약 330원이 붙여져 최종적으로 소매 가격 1,100원으로 가게에 진열된다.

이처럼 전통적 시스템에서는, 440원에 출하된 제품이 단지 중간 업자를 경유했다는 것만으로 2배 이상인 1,100원이 되어 버린다. 이 전통적 유통 시스템의 구조를 소매 가격이 1,100원인 볼펜을 예로 들어 살펴보면 <그림 1>과 같다.

<그림 1>

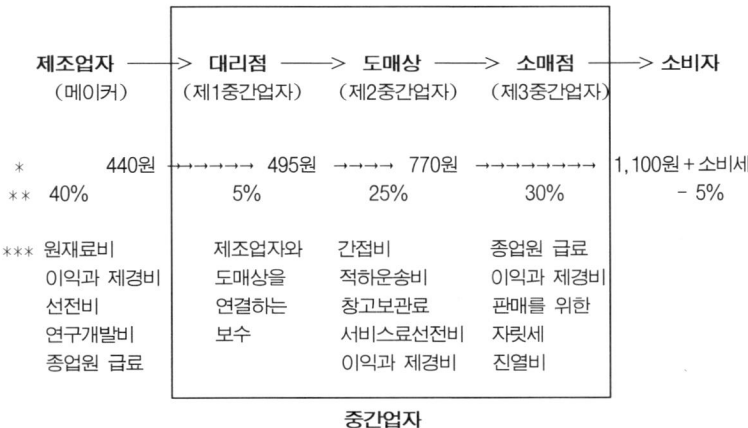

* : 제품 가격의 대략적인 추이.
** : 제품 가격을 100으로 했을 때, 제조 비용 혹은 유통 비용이 제품 가격에서 차지하는 비율을 백분율로 표시한 것.
*** : 메이커 및 중간업자가 필요로 하는 대략적인 사업 경비 내역.

설명에 사용한 가격 구성의 내역은 꼭 정확한 것은 아니며, 문제가 있을지도 모른다. 그러나 개념적으로는 정당한 것이라고 본다.

<그림 2>에서도 알 수 있듯이 우리가 백화점과 슈퍼마켓에서 사는 상품 가격의 60%는 중간업자의 사업 경비다. 그리고 그들 중간업자 중에서 유통마진을 가장 많이 남기는 것이 백화점, 슈퍼마켓, 소매점이다. 왜냐하면 종업원 급료, 진열대, 소매를 위한 공간 확보, 선전비, 광열비 등, 사업 경비가 가장 많이 들어가기 때문이다.

<그림 2>

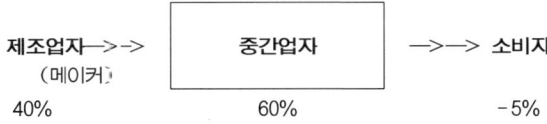

소비자의 입장에서 이 전통적 유통 시스템을 보면, 소비자는 이익을 얻을 기회가 전혀 없을 뿐더러, 오히려 소비세 도입에 의해 상품 가격의 5%를 더 지불하게 되었다. 이 전통적인 유통 시스템을 사용하는 한 당신은 절대로 이익을 얻을 기회가 없다.

여기서 당신은 '중간업자'의 주머니를 두둑하게 해줄 것인가, 유통 시스템의 혁명이라는 네트워크 마케팅을 해서 조금이라도 수입을 올리고 가계에 도움을 줄 것인가, 직접 생각해 보길 바란다.

이처럼 전통적 유통 시스템에서의 상품의 흐름은 '메이커 → 대리점 → 도매상 → 소매상 → 소비자'의 순서이며, 제조업체에서 출하된 상품의 가격은 소비자의 손에 들어올 무렵에는 2~3배 오르는 게 보통이다.

이 사실을 다른 각도에서 생각해 보면, 소비자가 '볼펜'을 중간업자를 통하지 않고 직접 메이커로부터 구입하면, 이론상 반액인 550원 전후에서 구입하는 것도 가능해진다. 그러나 왜 소비자는 볼펜을 제조업자로부터 직접 살 수가 없을까? 또는 제조업자로부터 직접 구입하려고 하지 않을까?

그 이유는 2가지가 있다. 첫 번째 이유는 대부분의 소비자가 구입하는 볼펜은 많아야 몇 자루이지, 볼펜을 무더기로, 예를 들어 1만 자루씩 구입할 일은 없기 때문이다.

가령 소비자가 볼펜을 한꺼번에 1만 자루 구입한다면, 제조업자는 거래를 터주는 것은 물론 가격을 몇 퍼센트 정도 깎아 줄지도 모른다. 그러나 구입한 볼펜 1만 자루를 어떻게 해야 좋을까?

두 번째 이유는, 제조업자가 반드시 소비자 가까이 있다고 할 수 없기 때문이다. 제품을 아무리 싸게 살 수 있어도, 부산에 사는 사람이 볼펜 한 자루를 사러 서울에 있는 제조회사에 가지는 않기 때문이다.

이런 이유로, 소비자가 제품을 제조업자로부터 직접 사는 것이 경제적으로나 시간적으로 반드시 유리한 것은 아니다. 그래서 소비자는 볼펜을 제조업자로부터 직접 사지 않고, 가까운 백화점이나 소매점에서 사는 것이다.

2) 네트워크 마케팅의 유통 시스템

네트워크 마케팅 유통 시스템의 최대 특징은 이제까지 유통 시스템의 주역이었던 대리점, 도매상, 소매점 같은 중간업자를 배제하고, 제품을 제조업자로부터 네트워크 멤버에게 직접 택배로 운송한다는 것이다. 이것은 네트워크 멤버가 소매점이라고 생각하면 이해하기 쉬울 것이다. 누구나 신청서에 사인을 하고 신청 요금을 지불하고 네트워크 멤버가 되면, 소매점의 입장이 되어 전 제품을 30% 싸게 구입할 수 있게 된다. 네트워크 마케팅에서 유통 시스템의 주역은 우리들 디스트리뷰터(Distributer)이다.

또한 이 책에서는 앞으로 '네트워크 멤버'를 네트워크 마케팅 용어인 '디스트리뷰터(Distributer)'라고 부르기로 한다.

네트워크 마케팅의 유통 시스템은 <그림 3>과 같다. 1)과 마찬가지로 1,100원 짜리 볼펜을 예로 들고 있다.

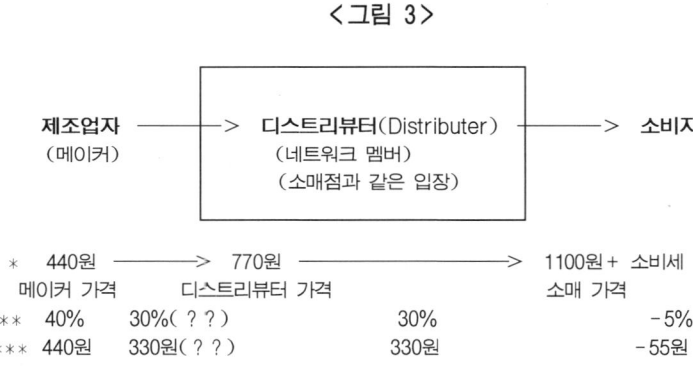

<그림 3>

* : 제품 가격의 대략적인 추이.
** : 제품 가격을 100%로 했을 때, 메이커 가격, 디스트리뷰터 가격, 소매 가격이 제품 가격에서 차지하는 비율을 백분율로 표시한 것.
*** : 제품 가격을 1,100원으로 했을 때, 메이커 가격, 디스트리뷰터 가격, 소매 가격이 제품 가격에서 차지하는 비율을 원으로 표시한 것.

먼저 제품 가격의 40%에 해당하는 440원은 전통적 유통 시스템처럼 제조업자(메이커), 여기에서는 네트워크 마케팅 회사가 차지하고, 원재료비, 제조, 비용, 종업원 급료, 제경비, 이익 등의 사업 경비에 들어간다. 전통적 유통 시스템에서는 이 440원의 일부를 선전비에 투입하는데, 선전비를 무시하고 유통 시스템을 이야기하는 것은 불가능하다.

현재 일본에서 매출 규모 넘버원을 자랑하는 유명한 모 세제 회사는 1년간 4,950억원이라는 막대한 선전비를 방송국, 신문사, 출판사, 탤런트 등에게 지불했다고 한다. 그러나 네트워크 마케팅에서는 구전으로 제품의 장점이 전해지므로, 방송국 등에 대대적으로 선전을 할 필요도 없고, 선전비로 사라졌을 막대한 자금을 신제품의 연구 개발비와 설비 투자에 돌릴 수가 있다. 네트워크 마케팅의 유통 시스템은 제조업자나 소비자에게 큰 이익이 되는 유통 시스템이다.

네트워크 마케팅의 유통 시스템에서는 중간업자를 경유하는 일 없이 제조업체에서 만든 볼펜을 디스트리뷰터와 소비자로부터 직접 주문 받아 그들에게 직접 보낸다. 또한 디스트리뷰터는 전 제품을 30% 할인해서 구입할 수 있고, 그것을 팔면 바로 수입이 된다. 즉 소매 가격이 1,100원인 볼펜을 770원에 구입할 수가 있고, 그것을 1,100원으로 팔면, 즉시 330원이라는 소매 이익을 얻을 수 있다.

판매를 하지 않고 자신이 직접 제품을 소비했을 경우에도, 이익은 없지만 30%가 절약된다. 이처럼 네트워크 마케팅에서는 소비자인 디스트리뷰터가 제품을 싸게 구입할 수 있을 뿐만 아니라, 이익을 얻을 기회까지 생긴다. 그래서 어떤 사람은 네트워크 마케팅을 소비자 참가형 유통 시스템이라고 부른다.

여기에서 네트워크 마케팅에서는 대리점과 도매상이 필요하지 않으니까 440원에 출하된 볼펜을 440원에 구입할 수 있으리라는 의문이 생길 것이다. 그러나 실제로는 디스트리뷰터의 손에 들어

올 때까지 무슨 이유에서인지 330원이 가산된 770원이 되어 있다. 이 가산된 330원은 전통적 유통 시스템에서는 대리점과 도매상 같은 중간업자의 유통마진으로 사라진 금액이다.

그러면 <그림 3>에서 보았듯이 전통적 유통 시스템에서 대리점과 도매상 같은 중간업자에게 돌아갔던 30%에 해당하는 '330원'이 네트워크 마케팅 유통 시스템에서는 어디로 사라졌을까? 제조업자의 이익이 된 것일까, 아니면 택배업자의 이익과 사업 경비로 사라진 것일까? 그 해답은 <그림 4>에 나타나 있다.

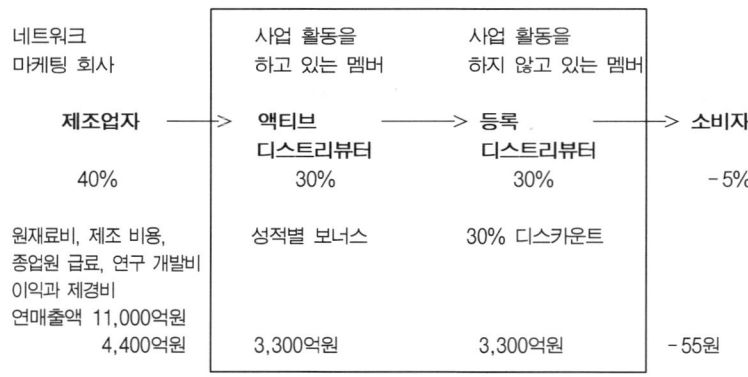

<그림 4>

디스트리뷰터는 사업 활동을 하고 안 하고에 따라서 크게 ① 액티브 디스트리뷰터와 ② 등록 디스트리뷰터 2가지 타입으로 분류된다. 등록 디스트리뷰터는 이름을 회사에 등록만 하고 사업 활동을

> 정기적으로 하지 않는 디스트리뷰터들이다. 그리고 액티브 디스트리뷰터란, 모든 등록 디스트리뷰터 중에서 적극적으로 사업 활동을 하고 있는 디스트리뷰터들을 말한다. 미국에서는 액티브 디스트리뷰터들을 다른 디스트리뷰터들과 구별하기 위해 '네트워커'라 부르고 있다.

당신이 디스트리뷰터로 있는 네트워크 마케팅 회사인 'A사'의 1회계년도 총 매출액이 1조 1천억원이었다고 가정했을 경우, 전통적 유통 시스템처럼, 네트워크 마케팅에서도 그 40%에 해당하는 4,400억원은 제조업체인 'A사'가 갖게 된다(네트워크 마케팅 회사의 대부분은 자사에서 제품을 만들고 있기 때문에, 여기에서 말하는 제조업체란 네트워크 마케팅 회사를 가리킨다). 그리고 나머지 약 60%에 해당하는 6,600억원은 디스트리뷰터들에게 전부 환원된다.

디스트리뷰터에게 환원된 6,600억원의 내역을 살펴보면, 절반인 3,300억원은 <그림 4>에서 알 수 있듯이, 사업 활동을 하고 있는 액티브 디스트리뷰터들에게 공평하게 분배되고 있다. 즉 전통적 유통 시스템에서는 대리점과 도매상의 사업 경비와 이익으로 사라졌던 제품 가격의 30%에 해당하는 3,300억원이, 네트워크 마케팅 유통 시스템에서는 사업 활동을 해서 포인트를 모은 액티브 디스트리뷰터에게 실적에 따른 보너스 형식으로 환원되고 있는 것이다.

이 보너스는 디스트리뷰터가 되었어도 실제로 활동을 해서 제품을 유통시켜야만 받을 수 있다. 그 이유는 전 제품에 포인트가 있어서 얼마나 포인트를 모으냐에 따라 보너스 액이 결정되기 때문이다. 이것은 벨 마크 모으기와 같은 원리로, 아무리 '벨 마크 운동'에 참가한다 해도, 실제로 벨 마크가 붙은 제품을 구입해서 그것을 모으지 않으면 점수를 얻지 못하고 경품과 교환할 수도 없다.

앞에서 디스트리뷰터(네트워크 멤버)가 되면 자동적으로 전 제품을 30% 싸게 구입할 수 있다고 설명했는데, 나머지 3,300억원은 그렇게 디스카운트해 주는 30%에 해당하는 금액이다. 전통적 유통 시스템에서 이 3,300억원은 사업 경비와 이익 등의 중간 유통마진으로 소매점이 차지한 돈이다. 그러나 네트워크 마케팅에서는 디스트리뷰터 전원에게 30% 디스카운트해 주는 형태로 환원되고 있는 것이다. 이 30%는 자격 신청 요금을 지불하고 디스트리뷰터가 되면 누구나 자동적으로 얻을 수 있는 특전이다.

이상에서 설명했듯이, 전통적 유통 시스템에서는 중간업자의 이익과 운영비용 등과 같이 중간 유통마진으로 사라졌던 3,300억원을 네트워크 마케팅에서는 포인트에 따라 지불하는 보너스로 돌리고 있다. 그리고 전통적 유통 시스템에서는 슈퍼마켓과 소매점의 사업 경비와 이익으로 없어졌던 3,300억원을 네트워크 마케팅에서는 모든 디스트리뷰터에게 30% 디스카운트해 주는 방식을 채택하고 있다.

이처럼 네트워크 마케팅에서는 디스트리뷰터 자격 신청 요금으로 지불하는 돈과 회의를 개최할 때의 티켓 값으로 수입을 올리는 것이 아니다. 또한 악덕 판매처럼 교활하게 고가의 상품을 억지로 사게 하거나 수백 만원씩 재고를 떠맡기지도 않는다.

이제 네트워크 마케팅이 합법적인 사업임을 인식했으리라 본다. 여기서 한 번 더, 예전처럼 동네 슈퍼나 백화점에서 상품을 사고 중간업자의 주머니를 두둑하게 해주는 것이 좋을지, 네트워크 마케팅을 해서 조금이나마 이윤을 남겨 가계에 도움을 주는 것이 좋을지 생각해 보길 바란다.

네트워크 마케팅 회사가 디스트리뷰터에게 환원하는 금액은 그 해의 매출액이 많으면 많을수록 많아진다.

예를 들어, 총매출액이 1,100억원에서 2,200억원으로 증가하면, 디스트리뷰터에게 환원되는 합계 금액은 2,200억원의 약 60%에 해당하는 1,320억원으로 증가한다. 디스트리뷰터가 노력하면 할수록 네트워크 마케팅 회사의 총 매출 규모가 높아지고, 그와 동시에 디스트리뷰터에게 환원되는 금액도 증가하는 것이다.

<그림 5>

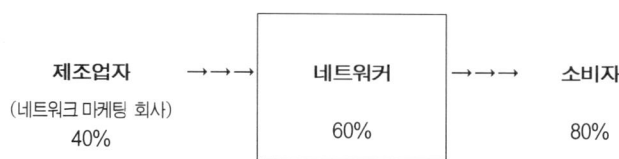

네트워크 마케팅에서는 <그림 5>와 같이 네트워커(모든 등록 디스트리뷰터 중에서 적극적으로 사업 활동을 하고 있는 디스트리뷰터)가 되어 네트워크를 크게 하면, 이론상 약 60% 할인해서 제품을 구입할 수도 있다. 어떻게 60% 할인해서 제품을 구입할 수가 있는가?

그 첫 번째 이유는 네트워크 마케팅에서는 디스트리뷰터가 되면 소매점과 같은 위치에 서게 되며, 제품을 30% 싸게 구입할 수 있기 때문이다. 이것은 디스트리뷰터가 되면 누구나 자동적으로 30%

디스카운트를 받을 수 있는 특전이다. 이 디스카운트의 비율은 기업에 따라 달라진다.

 그리고 두 번째 이유는 네트워크 마케팅에서는 제1, 제2중간업자인 대리점과 도매상이 제외되므로, 회사는 제품 가격의 약 30%를 보너스 형태로 디스트리뷰터에게 환원할 자금을 확보할 수가 있다. 이 보너스 자금은 디스트리뷰터 개인 자금+그룹 전체가 모은 포인트에 맞춘 '성적별 보너스'라고 하며, 사업 활동을 적극적으로 해야만 받을 수 있다. 때문에 디스트리뷰터가 되어 적극적으로 사업 활동을 하고 네트워커가 되면 이론상 60(30+30)% 할인해서 제품을 구입할 수 있게 된다.

 이 사업 아이디어는 일본에도 소개된 지 20년 정도밖에 되지 않았고, 여전히 오해하고 있는 사람이 많다는 현실이 매우 유감스럽다. 그러나 여러분은 이제까지의 설명으로 네트워크 마케팅에 대한 대강의 특징과 어떻게 고수입과 연결되는지 그 구조를 이해했으리라 믿는다.

 현재 미국에서는 이 네트워크 마케팅의 컨셉을 하버드 대학의 비즈니스 스쿨 등, 많은 대학에서 정규 커리큘럼으로 가르치고 있다. 또한 많은 경제학자들은 네트워크 마케팅을 '세일즈 혁명'이라 부르며 21세기 유통 시스템의 주역이 될 것이라고 예상하고 있다.

 나는 여러분 한 사람 한 사람이 이 놀라운 유통 시스템을 이해하고, 사업 기회를 잡았으면 한다. 왜냐하면 앞으로는 제품 가격의 60%를 점유하는 중간 유통 마진을 가능한 낮춘 기업이 경쟁력이 있기 때문이다. 위에서 살펴본 대로 이 중간 마진 비용을 끌어내리는 것이 네트워크 마케팅의 큰 장점이다.

4. 4개의 마켓 에어리어

미국 내에서 최첨단을 달리는 네트워크 마케팅 회사가 취급하고 있는 상품은 다음의 4가지 마켓 에어리어로 구성된다.

<그림 6> 4개의 마켓 에어리어

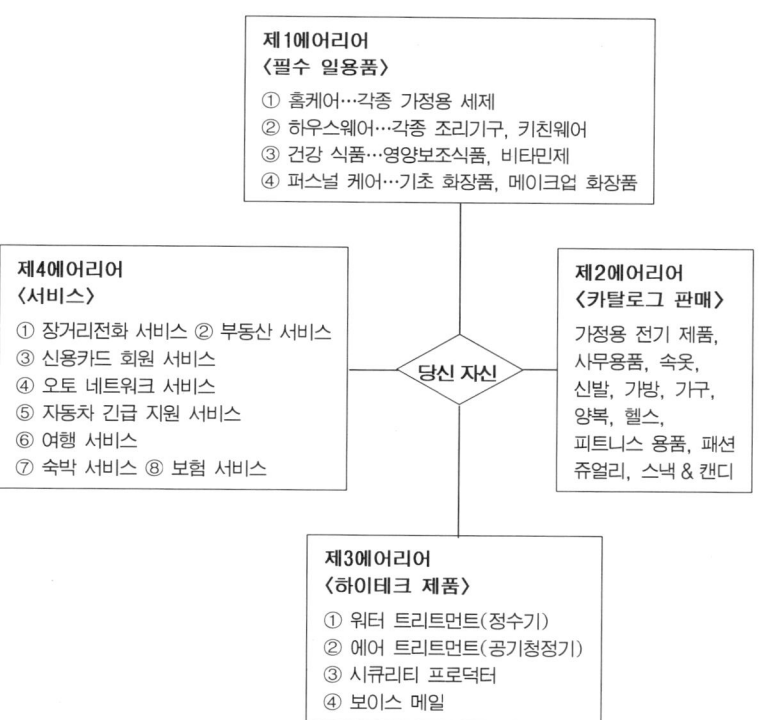

제1에어리어는 '소모품', 즉 생필품을 취급하는 에어리어이다. 제2에어리어는 '카탈로그 판매'이다. 제3에어리어는 정수기와 공기청정기 등으로 대표되는 '하이테크 제품'을 취급하는 에어리어다. 그리고 제4에어리어는 장거리전화 서비스와 신용카드로 대표되는 '서비스'를 하는 마켓 에어리어이다.

"왜 지금 미국에서 하고 있는 네트워크 마케팅의 마켓 에어리어를 설명하는가?" 하고 의아해 하는 사람도 있을 것이다. 그 이유는 2가지가 있다.

첫째, 여러분에게 네트워크 마케팅이 앞으로 한국에서도 계속 성장할 것임을 알려 주기 위해서이다. 미국과 비교하면 한국의 네트워크 마케팅은 막 시작된 것에 불과하다. 그것은 미국에서 전개하고 있는 사업과 한국에서 전개되고 있는 사업을 비교해 보면 분명해질 것이다.

둘째, 미국에서 발생한 것은 좋건 나쁘건 언젠가는 한국에 상륙하기 때문이다. 현재 미국에서 전개되고 있는 네트워크 마케팅은 한국에서도 전개될 가능성이 있다. 따라서 미국의 네트워크 마케팅 상황을 살피는 것은, 한국 네트워크 마케팅의 장래를 보는 것이다.

1) 제1 마켓 에어리어 : 생필품

제1에어리어는 소모품, 즉 각종 가정용 세제, 치약, 화장지, 일회용 기저귀, 화장품, 비타민제 등으로 대표되는 '생필품'이다. 흔히 "사업을 시작한다면 생필품을 다루는 사업을 하라!"고 한다. 생필품은 성별, 국적, 연령, 종교의 차이, 교육의 차이 등에 상관없이 전세계에서 수많은 사람들이 매일 반복해서 사용하고 있기

네트워크 마케팅이란 무엇인가?

때문이다.

　네트워크 마케팅은 일확천금을 노리는 사업이 아니다. 상품이 매일 유통되어야 비로소 보너스를 받을 수가 있다. 10년, 20년이고 쓸 수 있는 내구 소비재 같은 상품을 다루면 유통의 흐름이 멈춰 버린다. 따라서 네트워크 마케팅 회사를 선택할 때는, 그 회사가 소모품, 즉 생필품을 취급하고 있느냐가 하나의 판단 기준이 된다.

　과거에 네트워크 마케팅으로 성공한 A사의 사장이 "왜, 당신은 단가가 싼 생필품을 파는 것에서 시작했습니까?"라는 질문을 받았다고 한다. 그 때 그는, "생필품은 남녀노소에 상관없이 누구나 매일 사용하기 때문입니다."라고 대답했다고 한다. 그는 '만약 적절한 가격에 품질 좋은 제품을 만든다면, 대부분의 소비자는 별다른 고민 없이 지금 쓰고 있는 타사 제품에서 자사 제품으로 브랜드를 바꿀 것이다.'라고 생각했다.

　그의 생각대로 A사가 만든 제품은 적절한 가격에 품질 좋은 생필품이었으므로, 사업에 참가한 디스트리뷰터들도 타사 제품에서 A사의 제품으로 바꿨다. 그뿐만 아니라 쉽게 판매할 수 있어 소비자로부터 반복해서 주문이 들어왔고, 현재는 타의 추종을 불허하는 대기업으로 성장했다.

　제1에어리어는 또한 ① 홈케어(세탁용 세제, 주방용 세제, 자동차용 세제, 하우스 케어용 세제 등) ② 하우스 웨어(고품질의 각종 조리기구, 키친 웨어, 커피 메이커 등) ③ 건강식품(영양보조식품, 비타민제, 청량음료 등) ④ 퍼스널 케어(기초 화장품, 샴푸&린스, 비누, 치약&칫솔 등의 오랄 케어, 메이크업 화장품 등)의 4가지 생산 라인으로 분류된다.

　현재 한국에서 전개되고 있는 네트워크 마케팅은 대부분이 제1

에어리어인 생필품에 집중되어 있다. 여기에 포함되는 제품의 다수는 단가가 낮기 때문에 일반적으로 덜 중요시하는 경향이 있지만, 실제로는 매우 중요하다. 그 증거로, 현재 미국에서 급성장하고 있는 기업을 조사한 결과, 일반적인 네트워크 마케팅 회사의 연간 총매출액의 80% 이상이 이 제1에어리어, 즉 생필품(소모품)에서 비롯됨을 알게 되었다.

2) 제2 마켓 에어리어 : 카탈로그 판매

제2에어리어는 카탈로그 판매이다. 미국 내 카탈로그 판매의 규모와 한국 내 카탈로그 판매의 규모를 비교하면, 한국의 경우는 아직 시작 단계에 불과하다. 또한 가까운 미래에 한국에도 네트워크 마케팅을 하는 기업에 의해 카탈로그 판매가 도입될 것이다.

만약 일류기업의 가정용 전기 제품, 사무용품, 헬스, 건강용품, 가구, 양복, 속옷, 신발, 가방, 액세서리, 스낵과 캔디 등 백화점에 있는 것의 대부분이 카탈로그에 실려 있다고 하면, 그리고 디스트리뷰터가 되면 거기에 실린 전 제품을 30% 싸게 구입할 수 있을 뿐만 아니라 포인트가 가산된다면, 누구든지 디스트리뷰터가 되고 싶어 할 것이다.

한편 기업에서 볼 때도, 광고비 없이 합법적으로 제품을 팔 수 있다면 어떤 기업이라도 네트워크 마케팅 사업에 참가하고 싶을 것이다. 예를 들어 미국에서 네트워크 마케팅으로 급성장하고 있는 'A사'의 카탈로그에 제품을 게재한 일본 기업은 세이코, 샤프, 마츠시타 전기(파나소닉), 키야논, 니콘, 산요, 후지필름, 켄우드, 시티즌, 토시바, 브라더 등이 있다.

카탈로그는 집에서 마음에 드는 상품을 전화 한 통화로 구입할 수 있는 편리함뿐만 아니라, 카탈로그를 내놓는 네트워크 회사의 신용도를 판단하는 하나의 척도가 된다. "그 회사의 신용도를 알고 싶다면 그 회사가 거래하고 있는 회사를 보라."고 말하듯이, 카탈로그에 상품을 싣고 있는 기업의 이름을 보면 그 회사의 신뢰도를 판단할 수 있다. 만약 그 회사의 카탈로그에 세계적으로 지명도가 높은 일류 기업, 예를 들어 코카콜라, 소니, 파나소닉, 필립스, GE, 세이코 등의 이름이 나열되어 있으면, 그 네트워크 회사는 신뢰도가 높다고 판단해도 좋을 것이다. 코카콜라는 워낙 지명도 높은 일류 기업의 하나이지만, 근거 없는 나쁜 소문과 비판 등으로 그 이름에 흠집이 생기는 것에 매우 신경 쓰고 있다. 코카콜라는 전세계적으로 수백 명의 변호사와 법률가를 고용하고 있다. 그런 코카콜라가 카탈로그에 상품을 싣는 것은, 그 카탈로그를 내놓는 네트워크 마케팅 회사를 100% 신용하고 있기 때문이다.

왜 카탈로그 판매가 큰 사업 기회가 되는가? 그것은 'A사'의 카탈로그에서 상품을 사려면 반드시 주문할 때 디스트리뷰터 등록 번호가 필요하기 때문이다. 가령 당신이 어떤 소비자에게 당신의 번호가 적힌 'A사'의 카탈로그를 줬다고 하자. 그가 그 카탈로그를 보고 상품을 사려고 한다면 반드시 당신의 번호를 사용해야 하므로, 그가 구입한 상품에 부여된 포인트가 자동적으로 당신에게 가산되는 것이다. 그러나 당신이 하는 일은 소비자에게 카탈로그를 주는 것뿐이다. 그것만으로, 큰 수입을 얻을 가능성이 있는 것이다.

또 디스트리뷰터가 카탈로그에서 상품을 구입할 경우에는 평균적으로 약 20%를 디스카운트 받을 수 있다. 카탈로그 판매의 특전은 그뿐만이 아니라, 매 회계연도가 끝나는 몇 개월 전부터 재고 처분 세일이 있어서 어떤 때에는 상품을 반액에 구입할 수도 있다.

3) 제3 마켓 에어리어 : 하이테크 제품

제3에어리어의 하이테크 제품에는 워터 트리트먼트(정수기), 에어 트리트먼트(공기청정기), 시큐러티 프로덕트(일반 가정용 경비용 기기), 보이스메일 등이 있다. 현재 한국 시장에는 정수기와 공기청정기만이 투입되어 있다.

4) 제4 마켓 에어리어 : 서비스

제4에어리어는 각종 서비스 사업이다.

① 장거리 전화 서비스 … 장거리 전화 회사와 제휴한 전화 서비스로, 전화 요금 할인과 전화 사용액에 따라 포인트가 쌓인다. 디스트리뷰터가 아닌 사람도 이 서비스를 소개할 수 있으며, 큰 수입과 연결될 가능성이 있다.

② 부동산 서비스 … 부동산을 팔고 싶은 사람, 사고 싶은 사람을 본사에 소개하면 소개료를 받는데다가 포인트가 쌓인다. 소개받은 사람은 부동산 매매에 드는 수수료를 크게 절약할 수가 있다. 또한 이사와 관련해서도 같은 서비스를 받을 수 있다.

③ 신용카드 회원 서비스 … 연간 사용액의 5%가 연 1회 현금으로 되돌아오는 서비스로, 당연히 포인트가 쌓인다. 이 서비스도 디스트리뷰터가 아닌 사람에게 소개할 수 있고, 사업 기회는 무한대로 확대된다.

④ 오토 네트워크 서비스 … 네트워크를 이용해서 GM, 포드, 크라이슬러 등의 차를 세일즈맨을 통하지 않고 싼 가격에 살 수 있다. 차를 사고 싶지만 세일즈맨과 이런 저런 흥정을 하는 것이 질색인 사람에게 최적의 서비스이다.

⑤ 자동차 긴급 지원 서비스 … JAF같은 로드 서비스가 있고, 24

시간 고장난 차와 사고 차량의 색인 서비스를 행하고 있다. 물론 이 서비스를 이용하면 포인트가 있다.

⑥ 여행 서비스 … 지정된 항공회사의 티켓으로 여행하면 항공운임을 할인 받을 수 있으며, 마일리지 플랜에도 참가할 수 있다. 이 서비스를 이용하면 포인트가 가산된다.

⑦ 숙박 서비스 … 제휴 호텔에 숙박하면 요금을 할인해 주는 것 외에 렌트카도 싸게 이용할 수 있다. 포인트도 있다.

⑧ 보험 서비스 … 지정된 보험에 가입하면 할인을 받을 뿐만 아니라 포인트가 붙는다.

미국에서는 디스트리뷰터가 되면 위에서 설명한 4가지 마켓 에어리어의 모든 제품과 모든 서비스를 이용해서 사업을 전개할 권리를 얻게 된다.

P·A·R·T
1

그룹 리더가 되는
8가지 조건

그룹 리더가 되는 8가지 조건

1. 그룹 리더란?

1) 당신의 결심을 행동으로 나타낸다

당신이 스폰서나 업라인과 같은 시스템을 이용해서 사업을 하는 이점은 여러 가지를 들 수 있지만, 특히 커뮤니케이션이 원활하게 이루어질 수 있다는 것과, 어드바이스나 카운셀링을 받기 쉽다는 것 등이 있다. 당신과 스폰서가 몇 천 Km, 가령 한국과 미국에 떨어져 있을지라도, 두 사람이 같은 시스템으로 사업을 하고 있다면 전화로도 카운셀링을 받을 수 있다.

반대로 스폰서와 전혀 다른 시스템으로 사업을 하고 있다면, 전화로 카운셀링을 받기는커녕 스폰서가 말하는 의미조차 이해하지 못할 것이다. 따라서 당신이 네트워크 마케팅으로 성공할 수 있는 확률을 높이고 싶다면, 스폰서, 업라인과 같은 시스템을 이용하는 것이 중요하다.

많은 성공자의 경험으로 네트워크 마케팅에서의 성공은 스폰서와 업라인이 쓰고 있는 시스템으로 사업을 하고 안 하고에 크게 좌우됨을 알 수 있다. 따라서 당신의 스폰서는 당신이 정말로 그들의 시스템으로 사업을 하고 있는지를 알고 싶어한다. 그에 대해서 당신은 오늘이라도 스폰서에게 "나는 당신을 100% 신뢰합니다. 그리고 당신이 사용하고 있는 시스템대로 사업을 하겠습니다."라고 말할 수 있어야 한다.

그러나 스폰서나 업라인은 당신의 결심을 말로 듣는 것 외에, 정말로 당신이 그들을 100% 신뢰하며, 실제로 시스템대로 사업을 하고 있는지를 알고 싶어한다. 따라서 당신은 자신의 결심을 말뿐만이 아닌 '행동'으로 나타내야 한다.

그러면 어떤 행동을 취해야 '그들을 100% 신뢰하며, 시스템대로 사업하고 있다!'라는 강한 결심을 전달할 수 있을까? 그것은 당신 자신이 「그룹 리더가 되는 8가지 조건」을 갖추고 그룹 리더가 되는 것이다. 그것은 당신이 '스폰서와 업라인을 신뢰하며, 시스템대로 사업하고 있습니다'라는 결심을 스폰서에게 표시하는 가장 강한 표시가 된다.

지금부터 '그룹 리더'란 무엇이며 '그룹 리더의 조건'이 무엇인가에 관해서 설명하겠다.

2) 성공한 사람들의 공통된 8가지 조건

1959년에 암웨이에 의해 시작된 네트워크 마케팅은 그 뒤 몇 개의 법적 도전을 극복하고, 사회로부터 그 사업 형태가 다른 비합법적인 마케팅과는 다르며 정당한 사업임을 인정받았다. 그 결과 셀 수 없을 정도의 많은 기업이 네트워크 마케팅에 참가했고, 무수한 '배경'을 가진 성공자를 배출해 왔다.

그러나 그럼에도 불구하고, 일반인들과 디스트리뷰터, 혹은 이미 네트워크 마케팅으로 성공한 사람들 중에는 "네트워크 마케팅으로 성공할 수 있는 것은 다음과 같은 배경을 가진 사람들뿐이다."라고, 착각하는 경향이 적지 않다.

예를 들어, 네트워크 마케팅에서 성공할 수 있는 것은, Ⓐ 사업을 본업으로 하고 있다 Ⓑ 사회적으로 영향력을 갖고 있다 Ⓒ 사회적으로 영향력을 가진 사람을 스폰서했다 Ⓓ 어떤 특정 연령층이다 Ⓔ 결혼했다 Ⓕ 독신이다 Ⓖ 아이가 있다 Ⓗ 아이가 없다 Ⓘ 학력이 있다 Ⓙ 관리직이다 …… 등등의 사람들이라는 것이다.

그러나 많은 성공자가 어떤 특정 그룹 사람들만, 예를 들어 '학력 있는 사람들'만을 골라서 스폰서 했어도, 어떤 사람은 네트워크 마케팅에서 성공하고, 어떤 사람은 성공하지 못했다.

오늘날에는 많은 성공자의 귀중한 경험에서 네트워크 마케팅으로 성공하는 데에 있어, 그 사람의 연령, 성별, 학력, 직함, 국적, 종교, 인종 등의 배경은 전혀 관계가 없음을 알게 되었다. 그러면 "네트워크 마케팅에서 성공하려면 무엇이 '성공하는 요인'인가?"라는 의문이 남는다.

이 의문을 풀기 위해서 네트워크 마케팅으로 크게 성장한 다수의 성공자를 조사해 본 결과, 모든 성공자가 갖추고 있는 몇 가지 '공통 조건'이 밝혀졌다. 그것은 그룹 계열이 다르고 사업을 전개하고 있는 국가나 지역이 달라도 공통된다. 그리고 모든 성공자에게 공통되는 조건은 최저 8가지가 있음을 알게 되었다.

그 공통된 8가지 조건을 이 책에서는 「그룹 리더가 되는 8가지 조건」이라고 부르기로 한다. 현재, 한국에서 네트워크 마케팅으로 성공한 사람들을 만나서 정보를 얻다 보면 반드시 이 「그룹 리더가 되는 8가지 조건」을 갖추고 있을 것이다.

「그룹 리더의 조건」이 최저 8가지라는 것을 알았는데, 실제로는 그 외에도 여러 가지 조건을 생각할 수 있을 것이다. 그러나 사업 시스템에 편성할 수 있는 조건이란, 어떤 '특정' 성공자에게만 해당되는 것이 아닌, '모든' 성공자에게 공통된 조건이어야 한다. 그래야만 모든 사람이 그 시스템을 이용할 수 있기 때문이다.

이 책에서는 이 「8가지 공통 조건」을 모든 디스트리뷰터들이 쉽게 이해할 수 있도록 「그룹 리더가 되는 8가지 조건」으로 정리해서 소개하고 있다. 이들 조건은 이제까지 많은 사람들이 써 왔고, 많은 성공자를 배출함으로써 그 유효성이 입증되었다. 「그룹 리더가 되는 8가지 조건」에서 상세히 설명하고 있으니 참고하기를 바란다.

3) 그룹 리더란?

이 책에서는 스폰서와 업라인이 사용하고 있는 시스템을 100% 신뢰하며 8가지 그룹 리더의 조건을 전부 갖추고 네트워크 마케팅을 하고 있는 디스트리뷰터를 다른 디스트리뷰터들과 구별해서 '그룹 리더'라고 부르고 있다.

어떤 사람은 '그룹 리더'를 특별한 단어를 사용해서 '키 퍼슨' 혹은 '열쇠가 되는 사람'이라고 부르는데, 그 의미는 같다. 만약 당신이 가능한 단기간에 그룹을 효율적으로 크게 만들고 싶다면, '그룹 리더의 조건'을 충분히 이해하는 것이 매우 중요하다.

왜 그룹 리더가 되는 것이 중요할까? 그것은 네트워크 마케팅에서 그룹은 그룹 리더를 중심으로 성장하기 때문이다.

이것은 눈사람을 만들 때의 원리와 같다. 제일 처음 당신은 손안에 들어올 정도의 크기로 눈덩이를 만들 것이다. 이것은 말하자면 눈사람의 '중심'인데, 그것을 굴리다 보면 큰 눈사람을 만들 수 있게 된다. 네트워크 마케팅에서 그룹을 확장시키는 원리도 이와 같다. 이처럼 그룹의 핵심이 되는 것이 '그룹 리더'이다.

2. 왜 그룹 리더가 되어야 하는가?

네트워크 마케팅에서 성공한 사람들은 모두 '그룹 리더의 조건'을 갖추고 있다. 지금부터 네트워크 마케팅에서 성공하고 싶으면 왜 '그룹 리더의 조건'을 갖추고 사업을 해야 하는지를 설명하겠다.

1) 제1 이유
왜 그룹 리더가 되어야 하는가?
가장 큰 이유는, 네트워크 마케팅으로 성공한 모든 사람이 '그룹 리더의 조건'을 전부 갖추었기 때문이다.
그룹 리더가 되지 못하면 네트워크 마케팅에서 성공할 수 있다는 보장도 없고, 반대로 성공했다고 해도 긴 세월이 걸린다. 또한 그룹 리더가 되지 않으면 어느 정도 성공해도 어떤 레벨 이상으로는 절대로 올라갈 수가 없다.

2) 제2 이유
왜 그룹 리더가 되어야 하는가?
그 두 번째 이유는, 스폰서의 시간은 한정된 것이므로 그룹의 모든 사람들을 서포트할 수 없기 때문이다.

스폰서는 당신이 성공하기를 바라기 때문에, 처음 디스트리뷰터가 되었을 때는 여러 가지로 도와줄 것이다. 만약 당신이 원한다면 당신이 성공할 때까지 필요한 충고를 아끼지 않을 것이다. 그러나 네트워크 마케팅에서는 의무나 강제가 전혀 없다. 모든 일들이 자원 봉사 활동이다. 따라서 스폰서의 도움에 대해 당신은 피드백을 해야 한다. 왜냐하면 스폰서의 그룹에는 당신만 있는 것이 아니며, 그의 시간은 한정적이고 매우 귀중하기 때문이다. 아무리 어드바이스를 하고 도움을 주어도, 당신이 진지하게 사업을 할 자세를 보여주지 않으면, 스폰서도 돕기를 포기할 것이다. 그런 일이 벌어지지 않도록 진지하게 네트워크 마케팅을 하는 자세를 보여주어야 한다.

스폰서의 도움에 대한 최고의 피드백은 당신 자신이 '그룹 리더'가 되는 것이다. 또 특별히 스폰서의 도움이나 어드바이스가 필요할 때에는 당신 쪽에서 요청해야 한다. 스폰서에게 어필하는 가장 좋은 방법은 '그룹 리더'가 되어 그에게 열심히 사업을 하겠다는 태도를 보여 주는 것이다.

3) 제3 이유

왜 그룹 리더가 되어야 하는가?

스폰서는 당신이 진지하게 사업을 해서 성공하고 싶어하는지를 알고 싶어할 뿐만 아니라, 「그룹 리더가 되는 8가지 조건」을 갖추고, 사업을 하는지 어떤지를 알고 싶어하기 때문이다.

스폰서는 네트워크 마케팅으로 성공한 사람들이 모두 그룹 리더의 조건을 갖추고 있음을 알고 있다. 때문에 그는 당신에게 그것을 가르쳐 주려고 할 것이다. 당신이 스폰서에게 "나는 그룹 리더의 조건을 갖추고 사업을 하겠습니다."라고 말을 해도 그는 당신이 정말로 그것을 갖추고 사업을 하는지의 여부를 직접적으로 알 길이 없다.

그렇기 때문에 그는 당신이 '그룹 리더'가 되는 것을 통해서 당신이 무슨 생각을 하고 있는가를 파악한다. 만약 당신이 그룹 리더가 된다면 진심으로 성공하고 싶어한다고 생각할 것이며, 안 된다면 그다지 할 생각이 없다고 판단할 것이다. 따라서 당신은 가능한 빨리 그룹 리더가 되어야 한다.

4) 제4 이유

왜 그룹 리더가 되어야 하는가?

네트워크 마케팅이란 그룹 내 사람들이 서로 신뢰하고 서로 돕는 협력 관계에서 성립되기 때문이다.

그 협력 관계는 당신이 "스폰서나 업라인을 신뢰하고, 그들이 쓰고 있는 시스템대로 사업을 하겠습니다."라는 결심을 그들에게 밝히는 것에서 시작된다. 그 가장 좋은 방법이 '그룹 리더'가 되는 것이다. 그러면 스폰서와 업라인은 당신에게 귀중한 시간과 노력을 투자하는 것이 적합하다는 확신을 갖게 된다.

이처럼 네트워크 마케팅에서 가장 먼저 할 일은 가능한 빨리 '그룹 리더'가 되는 것이다. 그리고 그룹 리더가 된다는 것은, 스폰서와 업라인에게 당신이 ⓐ 업라인과 스폰서를 신뢰하며, ⓑ 「그룹 리더가 되는 8가지 조건을 갖추고 열심히 사업을 하겠다는 결의를 전하는 것이다.

이렇게 해야 스폰서와 업라인은 당신이 그들의 귀중한 시간과 노력을 투자할 만큼 가치 있는 인물임을 확인할 수가 있다. 그들의 시간도 당신과 똑같이 한정되어 있으므로 그들의 귀중한 시간과 노력을 의미 있게 써야 한다.

일반적인 사업에 있어서 경영자의 최대 관심사는 채산성과 효율성이다. 이 2가지를 도외시하면 성공할 수 없다. 네트워크 마케팅도 사업인 이상, 가능한 한 손실을 적게 하고 큰 성과를 올리는 방법을 취해야 한다. 디스트리뷰터 개개인도 사업 오너이므로 이것을 진지하게 생각해 봐야 할 것이다.

5) 제5 이유

왜 그룹 리더가 되는 것이 중요한가?

당신이 '그룹 리더의 조건'을 충족시키면, 다음에는 당신의 다운 라인 그룹에서 누가 '그룹 리더의 조건'을 갖추고 있는가를 구분할 수 있어야 되기 때문이다.

그러기 위해서는 당신이 먼저 그룹 리더가 되어야 가려낼 수가 있다. 그렇다면 왜 다운 라인에서 누가 그룹 리더인지를 구별해 내야하는가? 거기에는 4가지 이유가 있다.

첫째, 다운라인 그룹도 눈사람을 만들 때의 원리와 똑같이 '그룹 리더'를 중심으로 커져 가기 때문이다.

둘째, 당신의 시간도 한정되어 있으므로 그룹원 전체에게 시간을 할애할 수 없기 때문이다. 다운라인 그룹에서 누가 '그룹 리더'인가를 파악하면, 귀중한 시간과 노력을 낭비하지 않고 최대한 효과적으로 사용할 수가 있다. 그러나 많은 사람들의 경우, 네트워크 마케팅 사업 컨셉을 듣는 것이 처음이므로 최초에는 뭐가 뭔지 모르는 경우가 많을 것이다. 따라서 스폰서는 처음에 디스트리뷰터가 된 사람이 그룹 리더의 조건을 갖추지 않았어도 여러 가지로 서포트해 줘야 한다.

그룹에 디스트리뷰터의 수가 적은 초기에는 전원에게 개인적으로 도움을 주는 것도 가능할 것이다. 그러나 일단 그룹이 커지면 시간적으로나 체력적으로 그룹 전원에게 시간을 투자할 수 없게 된다. 그렇다면 누구에게 가장 많은 시간을 할애해야 좋을까? 대답은 '그룹 리더'이다.

셋째, 당신의 서포트를 필요로 하는 것은 그룹 리더뿐이기 때문이다. 스폰서 경험이 적은 디스트리뷰터들이 범하는 잘못 가운데 하나가, 디스트리뷰터가 된 모든 사람들이 자신의 도움을 필요로 한다고 착각하는 것이다. 그러나 모든 사람들이 당신의 도움을 필요로 하는 것은 아니다. 도움을 필요로 하지 않는 사람에게 이것저것 가르쳐 주는 것도 상대방의 입장에서는 매우 난처한 일이다. 당신이 스폰서한 사람들 중에서 도움을 필요로 하는 것은 '그룹 리더'뿐이다.

넷째, 스폰서한 사람들이 단기간에 좋은 결과를 얻지 못하면 그들은 낙담하게 된다. 그리고 사업을 포기해 버릴지도 모른다. 그룹 리더가 아닌 사람들은 언젠가는 일을 그만둬 버린다. 왜냐하면, 조건 중에서 하나라도 빠지면 결과가 나오지 않으므로 네트워크 마케팅에서는 크게 성공할 수 없기 때문이다. 설령 그만두지 않더라도, 네트워크 마케팅을 어렵게 생각하든가 또는 좋은 감정을 갖지 않을 것이다. 그런 일이 일어나지 않도록 스폰서한 사람들이 단기간에 좋은 결과를 올리도록 해주는 것이 중요하다. 그 가장 좋은 방법이 그들을 그룹 리더로 이끄는 것이다.

이상의 이유에서 스폰서한 사람들에게 가장 먼저 가르쳐야 할 것의 하나는 "이 사업에서 성공한 사람들의 공통점을 조사해 본 결과, 다음의 8가지 사항을 충실하게 실행했음을 알게 됐습니다."라고 「그룹 리더가 되는 8가지 조건」을 가르쳐 주는 것이다. 그런 뒤에 당신이 스폰서한 사람들을 그룹 리더로 인도하고, 성공의 길로 인도해 주자.

3. 그룹 리더가 되어야 하는 11가지 포인트

왜 '그룹 리더'가 되어야 하는가?
그 이유는 위에서 말했듯이 수없이 많지만, 다음과 같이 알기 쉽게 정리해 보았다.

ⓐ 신념을 갖고 「그룹 리더가 되는 8가지 조건」을 확실하게 갖춰 사업을 하면, 네트워크 마케팅에서 성공할 확률이 비약적으로 높아진다.

ⓑ 왜냐하면 네트워크 마케팅에서 성공한 사람들은 모두 「그룹 리더가 되는 8가지 조건」을 갖추고 있기 때문이다. 또, 「그룹 리더의 조건」을 전부 갖추지 못하면 절대로 일정 랭크 위로 올라가지 못하기 때문이다.

ⓒ 그룹 리더가 아닌 사람들은 좋은 결과를 얻지 못하므로 언젠가 네트워크 마케팅을 그만두게 된다.

ⓓ 네트워크 마케팅에서 그룹은 눈사람을 만들 때의 원리와 같이, 그룹 리더를 중심으로 성장한다.

ⓔ 이 사업은 서로를 신뢰하고 서로 돕는 협력 관계에서 성립한다. 그리고 그 협력 관계의 첫걸음은 스폰서의 도움에 피드백

하는 것이다. 그리고 가장 좋은 피드백은 당신이 그룹 리더가 되는 것이다.

ⓕ 당신이 그룹 리더가 된다는 것은 당신의 스폰서나 업라인에게 당신이 ⅰ) 업라인과 스폰서를 신뢰하며, ⅱ) 열심히 사업을 하겠다는 결의를 보여 주는 것, 그리고 이것은 최초의 기회가 되기 때문이다.

ⓖ 만약 당신이 스폰서의 서포트를 원한다면, 가능한 빨리 그룹 리더가 되어야 한다. 그렇게 하면 스폰서도 당신에게 주목할 것이다.

ⓗ 다운라인 그룹도 예외 없이 '그룹 리더'를 중심으로 그룹이 확장된다.

ⓘ 일단, 그룹이 커지면, 시간적·체력적으로 그룹 내 모든 사람들에게 당신의 시간을 투자할 수 없게 된다. 그렇다면 누구에게 시간을 많이 할애할 것인가? 그 대답은 그룹 리더이다. 당신의 다운라인에서 누가 그룹 리더인가를 파악하고 그에게 아낌없이 시간을 쓴다. 그러기 위해서는 먼저 자기 자신이 그룹 리더가 되어야 한다.

ⓙ 또 당신이 스폰서한 사람들 중에서 정말로 당신의 도움을 필요로 하는 사람들은, '그룹 리더의 조건'을 갖추고 있는 사람들뿐이다.

ⓚ 스폰서한 사람들을 비교적 단기간에 성공시키지 못하면 그들은 좌절하고 디스트리뷰터의 자격을 취소해 버릴지도 모른다. 설령 취소하지 않더라도 네트워크 마케팅을 어렵게 생각할 것이다. 그런 일이 발생하지 않도록 스폰서한 사람들을 단기간에 성공으로 이끄는 것이 중요하다.

4. 가장 먼저 자기 자신을 체크한다

1) 그룹 리더가 되는 조건은 몇 개인가?

이제부터 당신이 이 사업에서 성공하려면 무엇을 해야 하는지에 대해서 설명하겠다. 이제 당신이 가장 먼저 그룹 리더가 되어야 한다는 것은 알았을 것이다.

그럼 그룹 리더가 되는 조건은 정말로 8가지뿐일까? 개인적으로 나는, 그룹 리더가 되려면 약 3,000가지의 조건을 충족시켜야 한다고 생각한다. 그러나 실제로 그룹 리더가 되기 위해서는 단 '8가지 조건'만 갖추면 된다.

어떤 사람은 "그룹 리더가 되는 데에는 8가지 조건밖에 없다지만 실제로 어떤 식으로 일을 해야 하는가?"라고 의문을 품을지 모른다.

여기서 말하는 8가지 조건은 어디까지나 제안 사항이므로, 그런 의문에 대한 나의 대답은 "만약 당신이 원한다면 8가지 조건을 하나도 실천할 필요가 없다". 하지만 내가 다시 네트워크 마케팅을 할 기회가 있다면, '그룹 리더의 조건'을 전부 갖출 것이다.

2) 그룹 리더의 조건은 8가지 이상이다

솔직히 말해서 그룹 리더가 되는 조건은 8가지보다 훨씬 많을 것이다. 왜냐하면 네 번째 조건인, "하루에 20분간 추천 받은 책을 읽는다."를 실행해서 책을 한 권이라도 읽어보면 알겠지만, 책 한 권에는 성공하는 데 필요한 여러 가지 조건이 나열되어 있기 때문이다. 가령 「리더의 조건」, 「성공의 조건」, 「소망 실현의 조건」 등이다.

또 '조건'이란, '어떤 일을 하는 데 중요한 사항'이란 의미이므로 한 권의 책 속에서 서술하고 있는 「성공하기 위해 해야 할 사항」의 모든 것이 '조건'이라고도 할 수 있다. 예를 들어, 어떤 책에서는 큰 네트워크를 구축하는 데 필요한 사항을 70가지 정도로 나열하고 있는데, 넓은 의미에서는 그런 모든 것이 네트워크 마케팅에서 성공하는 데 필요한 조건이라고 할 수 있다.

나도 이 책 속에서 「리더의 조건」과 「소망 실현의 조건」 혹은 「성공하는 데에 해야 할 70가지 사항」 등을 상세히 적을 수가 있다. 그러나 그런 테마에 대해서 쓴다면, 책의 분량이 몇 권씩 될 것이고, 책이 완성될 때까지 몇 년이 걸리게 될 것이다. 게다가 그것을 주제로 한 훌륭한 책들이 이미 출판되어 있다.

어떤 박사는 50년간의 귀중한 체험을 토대로 한 권의 책을 완성시킨다. 또 특별한 책은 80년의 세월과 500명 이상의 성공자로부터 협력을 얻어 완성된다. 그런 책들은 사회에 널리 인정받으며, 모두 베스트셀러가 되었다. 따라서 내가 이 책에서 그런 주제에 관해 쓰기보다는 그런 내용의 베스트셀러를 다운라인에게 추천하는 것이 나을 것이다. 또, 당신이 직접 그런 조건을 다운라인에게 가르치기보다는 책을 통해 그들 스스로 공부하도록 하는 게 좋다.

이것은 다섯 번째 조건 "스폰서로부터 추천 받은 테이프를 듣는다."에도 해당된다.

성공한 사람의 연설을 녹음한 테이프에는, 네트워크 마케팅에서 성공하는 조건뿐만 아니라, 인생에서 성공하는 조건도 실려 있다. 그런 조건은 성공한 사람이 몇 년간의 사업 경험에서 얻은 귀중한 것들이다.

나도 이 책에 그런 것들에 관해서 쓸 수가 있다. 그러나 그러기에는 사업을 실제로 몇 년씩 해 보고, 여러 가지 경험을 해야 하며, 책을 완성하는 데 몇 년이나 걸릴 것이다. 그리고 테이프에서 말하고 있는 내용보다 훌륭하리라는 보장이 없다. 그렇다면 그러한 카세트 테이프를 듣게 하는 것이 훨씬 좋을 것이다.

그리고 사람에 따라서 보충해야 할 조건이 다르다. 타인에 대한 배려심이 있는 사람도 있고, 간단한 인간 관계도 맺지 못하는 사람이 있다. 항상 긍정적으로 생각하는 사람도 있고, 늘 부정적으로 사물을 보는 사람도 있을 것이다. 이처럼 사람에 따라서 가지고 있는 조건과 결여된 조건이 다르다.

따라서 성공하는 조건을 여러 가지 나열해도, 모든 사람들에게 이익이 되리라는 보장이 없다. 그렇다면 "하루에 20분간 추천 받은 책을 읽는다"와, "스폰서한테 추천 받은 테이프를 듣는다"라는 조건을 만들어 그 조건을 실행하는 편이 나을 것이다. 그리고 책과 비디오를 통해 디스트리뷰터 스스로가 자신에게 필요한 조건을 배우는 것이 바람직하다.

이상의 이유에서 이 책의 「그룹 리더가 되는 8가지 조건」에는 네트워크 마케팅에 관한 3가지 조건(1~3조건)과 인간적인 성장에 필요한 5가지 조건(4~8조건)밖에 없다. 그러나 실제로는 이들 8가지 조건만 있는 것이 아님을 알았을 것이다. 그러나 아무리 많은 조건이 있어도, 그러한 것들은 직접 사업을 해보고 랭크가 올라가면서 자연스럽게 몸에 붙게 되므로 걱정할 필요가 없다.

3) 조건 중에 하나가 빠져도 그룹 리더가 될 수 있는가?

어떤 사람은 "8가지 조건을 전부 갖추어야 하는가?"라고 생각할지도 모른다. 만약 당신이 초코&밀크 쉐이크를 만들고 싶다면,

재료에 밀크, 초콜릿, 그리고 아이스크림을 준비해야 할 것이다. 그 재료 중에 하나라도 빠지면 초코&밀크 쉐이크는 절대로 만들 수가 없다.

나는 지금 당신이 그룹 리더가 되는 조건 중에서 어떤 조건을 갖추었고, 어떤 조건이 빠져 있는지 모른다. 그러나 초코&밀크 쉐이크의 예처럼, 그룹 리더가 되는 조건이 하나라도 빠지면 절대로 그룹 리더가 될 수 없다.

또한 당신 그룹에서 누가 '그룹 리더의 조건'을 갖추고 있는가를 생각해 보기 전에, 자기 자신이 그룹 리더인지 아닌지를 생각해 봐야 한다. 이제부터 그룹 리더가 되는 데 필요한 조건을 서술할 텐데, 당신 스스로에게 '나는 그룹 리더에 필요한 조건을 갖추고 있는가?'라고 질문해 보자.

성공하고 싶다면, 매일 자신에게 물어 봐야 한다.

5. 그룹 리더가 되는 8가지 조건

1) 그룹 리더의 조건은 장기적으로 안정된 사업을 구축하는 데 필수

지금가지 그룹 리더가 되는 데에는 8가지 조건이 있음을 몇 번이나 이야기해 왔다. 그 8가지 조건 중에서 첫 3가지 조건은 ① 최소한 1주일에 1회, 사업 계획을 보여 준다 ② 100% 자사 제품을 사용한다 ③ 판매 활동에서 최소한 고객을 15명 확보할 것 등이다.

이들 3가지 조건은 모두 네트워크 마케팅에 관련된 것이다. 네트워크 마케팅이란 일반적으로 ⓐ 제품을 자신이 100% 사용 ⓑ 스폰서 활동 ⓒ 소매 활동 3가지를 가리킨다. 이 세 조건만이 매출 규모를 증가시키는 데 직접 관여하기 때문이다.

극단적인 이야기지만, 처음부터 남에 대한 배려, 적극적인 마음 자세, 리더십을 발휘하는 법, 성공하는 사람의 사고 방식을 갖추고 있는 사람은 위의 3가지 사항을 실행하면 네트워크 마케팅에서 성공할 수 있다.

모두 같은 조건에서 사업을 하는데, 어째서 어떤 사람은 단기간에 성공하는데, 왜 어떤 사람은 성공하는 데 오랜 시간이 걸리는 걸까? 그 주된 이유는 단기간에 성공한 사람은 사업을 하기 전부터 타인에 대한 배려심과 적극적인 마음 자세, 리더십, 성공하는 자의 사고 방식이 갖춰져 있기 때문이다.

나머지 5가지 조건은 ④ 매일, 추천 받은 책을 20분간 읽는다 ⑤ 매일 성공한 사람들의 테이프를 듣는다 ⑥ 모든 미팅에 참가한다 ⑦ 팀 플레이로 사업을 한다 ⑧ 정기적으로 카운셀링을 받는다 등이다. 이들 5가지 조건은 직접적으로는 네트워크 마케팅과 관계가 없다. 따라서 이들 5가지 조건을 실행해도 직접적으로 매출 규모를 올릴 수 있는 것은 아니다. 왜냐하면 책과 테이프에는 포인트가 없으며, 아무리 미팅에 참가해도 포인트가 쌓이지 않기 때문이다. 또 팀 플레이로 사업을 해도 포인트는 가산되지 않는다.

그러나 이들 조건은 전부 당신이 인간적으로 성장하는 데 필요한 조건으로, 장기적으로 강한 네트워크를 구축하는 데에 없어서는 안 되는 조건이다.

네트워크 마케팅에서 성공하는 데 필요한 것은 90%가 '적극적인 마음 자세', 그리고 나머지 10%가 사업 지식이다. 사업 지식 — 예를 들어, 성공하려면 '그룹 리더의 조건'을 갖춰야 한다든가, 접근 방법 같은 것—은 스폰서에게 배우면 몇 개월이면 배울 수 있다.

그러나 성공에 필요한 나머지 90%인 적극적인 마음 자세, 타인에 대한 배려, 리더십 발휘 방법, 성공하는 자의 사고 방식 등은 스폰서의 힘만으로는 가르칠 수가 없다. 그래서 스폰서를 대신해 주는 것이 '그룹 리더의 조건' 중에서 네 번째부터 여덟 번째 조건이다.

2) 성공하는 그룹은 '인간적 성장'에 초점을 맞춘다

일반인들이 보면 네트워크 마케팅은 간단 명료하며, '가족, 친구, 아는 사람에게 제품을 소개하고 제품을 판매하는 세일즈'라고 생각하는 경향이 있는데, 실제는 그렇지 않다. 네트워크 마케팅은 '가족과 친구에게 제품을 판매하는 세일즈'라기보다는 '심리적'인 사업이다. 네트워크 마케팅이란, 인간 관계 위에 성립된 사업이기 때문이다.

네트워크 마케팅은 제품 정보와 사업 정보를 가족과 친구들에게 전한다기보다, 당신이 성공한 사람에게 배운 인생관, 가치관, 사고방식 등을 전달하는 사업이다. 왜냐하면, 많은 경우, 그 사람이 그때까지 자라 온 인생관, 가치관과 사고방식 등을 바꾸지 않으면 네트워크 마케팅에서 크게 성공할 수 없기 때문이다.

따라서 네트워크 마케팅에서 성공하고 싶으면, 디스트리뷰터 개개인의 '인간적 성장'에 초점을 맞춰서 사업을 해야 한다.

당신은 '왜 같은 사업을 해도 어떤 그룹은 큰 네트워크를 만들고 성공하는데, 어떤 그룹은 성공하지 못하는가?'라고 생각한 적이 있을 것이다. 성공하는 그룹은 장기적으로 계획을 세워서 개개인의 인간적인 성장에 초점을 맞춰 사업을 한다. 한편, 그렇지 못한 그룹은 주로 눈앞의 결과만을 보고 제품을 얼마나 유통시키느냐에 초점을 맞춰서 사업을 한다.

당신 그룹에는 디스트리뷰터는 있지만, 아직 1명도 스폰서하지 않은 사람이 있을 것이다. 그 이유는 심리적인 것이다.

그것은 그 사람이 회사를 신용하지 않거나, 당신을 신뢰하지 않거나, 혹은 자기가 할 수 있을지, 스스로에게 자신이 없든지, 아니면 이 세상에는 그런 근사한 일이 있을 리가 없다고 생각하기 때문일지 모른다. 이유야 어찌되었든, 이들 문제는 스폰서 한 사람의 힘으로는 간단하게 해결할 수가 없다.

또, 인간은 그 때까지 자라 온 주위 환경과 교육의 영향을 받아 형성된 인생관, 가치관과 사고 방식 등의 '틀'을 갖고 있다. 또한 누구나 자존심을 갖고 있다. 때문에 현재의 자기 생활과 사고 방식을 바꾸려고 하는 외부의 힘에 저항하는 것은 당연하다.

당신 혼자 힘으로 타인이 오랜 세월에 걸쳐서 형성해 온 '틀'을 바꾸는 것은 곤란하며, 바꿨다고 해도 긴 시간과 인내력이 요구된다. 그러나 그에게 성공한 사람이 쓴 책을 읽거나 테이프를 듣거나 회의에 참가하게 함으로써 그가 자신의 힘으로 문제를 해결하게 하는 것은 가능하다. 그리고 그의 '틀'이 바뀌면, 자연히 자사 제품을 사용하게 되고, 스폰서 활동도 하게 될 것이며, 고객을 최저 15명 정도는 갖게 될 것이다.

3) 그룹 리더가 되는 8가지 조건

> 첫 번째 조건 : 100%, 자사 제품을 사용한다
> 두 번째 조건 : 최소한 1주일에 한 번, 사업 계획을 보여준다
> 세 번째 조건 : 최소한 15명의 고객을 갖는다
> 네 번째 조건 : 하루에 20분간 추천 받은 책을 읽는다
> 다섯 번째 조건 : 스폰서로부터 추천 받은 테이프를 듣는다
> 여섯 번째 조건 : 모든 모임에 참가한다
> 일곱 번째 조건 : 팀 워크를 배운다
> 여덟 번째 조건 : 정기적으로 카운셀링을 받는다

'그룹 리더'가 되는 데에는 위의 8가지 조건을 들 수가 있다. 이들 조건은 모두 기계적인 사항이므로, 조건을 충족시킬지 아닐지는 스스로 컨트롤할 수 있는 것들이다. 당신은 「그룹 리더가 되는 8가지 조건」을 전부 실행함으로써, 네트워크 마케팅에서 성공하는 태도, 마음 자세, 사고방식을 확실하게 익힐 수 있으며, 장기적으로 이득이 되는 안정된 사업을 구축할 수 있게 된다.

당신은 자사 제품을 쓸 수 있는가? 주 1회, 사업 계획을 보여줄 수 있는가? 고객을 15명 서비스할 수 있는가? 하루에 20분간 책을 읽을 수 있는가? 테이프를 들을 수 있는가? 미팅에 참가할 수 있는가? 팀워크로 사업할 수 있는가? 정기적으로 카운셀링을 받을 수 있는가? 물론 그들 8가지 사항을 갖추는 데에 당신의 백그라운드(연령, 학력, 경력, 직함, 성별, 국적, 용모 등)는 전혀 상관이 없다.

이들 조건을 실행하는 데에는 학력도 필요 없으며, 머리의 좋고

나쁨, 남 앞에서 연설을 잘하고 못하고, 안경을 썼느냐 안 썼느냐, 키가 작은가 큰가, 20세 젊은이인가 70세 연장자인가, 미국인이든, 한국인이든, 필리핀이든, 독일인이든 전혀 관계가 없다. 하고자 하는 의지만 있으면, 누구나 이 8가지 조건을 충족시킬 수가 있다. 그리고 이 8가지 조건을 전부 충족시켜서 사업을 하면, 누구나 성공을 손에 쥘 수가 있다.

이것이 일반 기업이었다면 어떨까? 학력도 없고, 나이도 너무 많고, 여성이고, 한국 국적이 아니고, 미경험자라는, 스스로 컨트롤할 수 없는 이유로 면접도 보지 못할 것이다. 그런 의미에서 누구나 받아 주는 네트워크 마케팅은 위대하지 않은가?

4) 성공하고 싶다면 8가지 조건을 전부 실행한다

네트워크 마케팅에서 성공한 사람들은 이상의 8가지 조건을 전부 실행하고 있다. 따라서 만약에 당신이 성공하고 싶다는 강한 신념을 갖고, 스폰서와 친밀한 연락을 주고받으면서 「그룹 리더가 되는 8가지 조건」을 충실하게 갖추고 노력한다면, 당신의 성공은 약속된 것이나 마찬가지이다.

그러나 당신이 8가지 조건 중에서 하나라도 실행하지 못한 결과, 성공하지 못했거나, 생각한 대로 결과가 나오지 않아도 회사나 스폰서, 제품을 탓해서는 안 된다.

스폰서가 사명감을 가지고 가장 먼저 다운라인에 가르쳐야 할 것이 "사업에서 성공한 사람들은 다음의 8가지 조건을 충실하게 실행하고 있습니다. 그러니까 당신이 성공하고 싶다면, 다음의 8가지 조건을 실천하는 것이 매우 중요합니다."라고 말하고, 스폰서한 사람들에게 「그룹 리더의 조건」을 가르쳐 주는 것이다. 그리고 8

가지 조건을 전부 갖추었느냐 아니냐는 다운라인 스스로가 결정하면 된다.

만약 당신이 디스트리뷰터로서 혹은 스폰서로서 다음으로 무엇을 해야 좋을지 모를 때, 난처한 일이 있을 때, 슬럼프에 빠졌을 때는 자기 자신이 「그룹 리더가 되는 8가지 조건」을 갖추고 있는가를 다시 한번 확인해 보자. 그러면 현재 당신을 힘들게 하는 문제의 90%는 해결할 수 있을 것이다.

자사 제품을 쓰고 있는가? 1주일에 한 번, 사업 계획을 보여주고 있는가? 하루에 20분간 책을 읽고 있는가? 고객 15명을 확보하고 있는가? 스폰서가 추천한 테이프를 듣고 있는가? 미팅에 참가하고 있는가? 팀워크로 사업을 하고 있는가? 정기적으로 카운셀링을 받고 있는가?

네트워크가 커지지 않는다, 매출 규모가 늘어나지 않는다 등의 일반적인 문제는 전부 8가지 조건을 충족시키고 있느냐 아니냐에 영향을 받는다.

이처럼 당신이 8가지 조건을 충족하느냐의 여부는 당신이 성공하느냐 아니냐를 좌우한다.

5) 디스트리뷰터에게는 반드시 그룹 리더의 조건을 가르친다

네트워크 마케팅에 있어서 당신의 시간을 가장 많이 투자해야 할 사람은 8가지 조건을 갖추고 있는 '그룹 리더'이다. 그러나 그룹 리더를 발견하려면 먼저 당신 그룹에 들어온 사람들에게 적어도 한 번은 그런 조건을 설명해 줘야 한다. 왜냐하면, 그것을 가르쳐 주지 않으면 아무도 그런 조건이 존재하는 것조차 모르고, 아무리 기다려도 누구도 '그룹 리더'가 되지 않기 때문이다.

따라서 디스트리뷰터가 된 초기 단계에 그룹 리더의 8가지 조건을 가르쳐 주는 것이 중요하다. 그러나 실제로 그룹 리더의 조건을 가르쳐도 처음부터 즉시 모든 조건을 갖추는 사람은 많지 않을 것이다. 어떤 사람은 디스트리뷰터가 된 뒤 바로, 어떤 사람은 몇 년에 걸쳐서 8가지 조건을 갖추게 될지도 모른다. 솔직히 어떤 디스트리뷰터가 언제 어디에서 그룹 리더가 될지는 아무도 알 수 없는 일이다.

따라서 당장 모든 조건을 갖추지 못한 사람들에게도 당신 그룹에 존재하는 가치와 장소를 제공해야 한다. 조건을 갖추지 않았으므로 돕지 않는다든가, 2류 디스트리뷰터 취급을 해서는 안 된다. 중요한 것은 상대의 자존심을 상처 입히는 일은 일절 피해야 한다.

모든 '그룹 리더의 조건'을 갖추려면 어떤 것들을 해야 하는가.

6. 제1조건 : 100% 자사 제품을 사용한다

1) 네트워크 마케팅의 기본 … 자사 제품의 100% 사용자가 된다

그룹 리더의 제1 조건은 자사 제품의 100% 사용자가 되는 것이다. 네트워크 마케팅 회사가 취급하는 제품을 조사해 보면 알겠지만, 제품은 '팔려는 목적'보다는 '사용할 목적'으로 만들어진다. 좀 더 쉽게 말하면, 제품은 일단 가장 먼저 디스트리뷰터들 자신이 사용하기 위해 만들어진 것이다. 회사를 신뢰하고 디스트리뷰터가 된 사람들에게 최고의 물건을 쓰게 하고 싶은 바람에서 고품질의 제품을 만들고 있다. 그러므로 자사 제품의 100% 사용자가 되는 것은 사업의 기본 중의 기본이다.

"자사 제품의 100% 사용자가 되라!"고 말하면, 어떤 디스트리뷰터는 수많은 자사 제품 중에서 2~3점의 제품을 쓰면서 "나는 자사 제품의 100% 사용자다!"라고 착각하는 경우도 있다. 그러나 내가 말하는 100% 사용자란, 현재 당신이 쓰고 있는 생필품을 전부 자사 제품으로 바꾸는 것을 의미한다.

현재 당신이 쓰고 있는 생필품은 자사 제품의 여부를 떠나서 반드시 어딘가에서 구입해야 하는 것들이다. 그렇다면 자사 제품을 사용해서 조금이라도 이윤을 남기고 가계에 도움을 주는 것이 좋을 것이다. 만약 자사 제품이 지금 당신이 쓰고 있는 타사 제품보다 고품질이며 가격도 거의 비슷하다면, 자사 제품을 써 보는 것이 어떨까?

어쨌든 지금 당신이 쓰고 있는 생필품을 자사 제품으로 바꾸느냐, 아니냐는 당신의 수입에 직접 관련이 있다. 그러나 100% 사용자가 된다는 것은 필요로 하지 않는 제품을 사는 것을 의미하지는 않는다. 그러나 무언가를 살 때는 먼저 자기 회사가 어떤 제품을 취급하고 있는지 '제품 안내 카탈로그'를 살펴 본 뒤에 자사 제품을 우선적으로 사는 습관을 붙인다. 이것은 네트워크 마케팅의 기본 중의 기본이다.

2) 자사 제품을 100% 신뢰한다

대부분의 액티브 디스트리뷰터들은 한 번쯤 경험해 봤겠지만, 제품을 실제로 보고도 아무 반응이 없는 프로스펙터가 있다. 그것에 대해 너무 걱정할 필요는 없다. 그것은 제품의 품질이나 설명 방식에 문제가 있는 것이 아니라, 상품을 보고 있는 프로스펙터의 감수성에 문제가 있기 때문이다.

당신 회사는 회사 사활을 걸고 제품을 만들고 있다. 우리 디스트리뷰터가 할 수 있는 것은 자사 제품을 100% 신뢰하는 것이다. 네트워크 마케팅으로 많은 수입을 얻고자 하는 디스트리뷰터가 "자사 제품은 정말로 괜찮을까?"라고 걱정하고 있으면 사업을 해도 성공할 수 없다.

당신은 "우리 회사 제품은 정말 괜찮을까?"라고 걱정하고 있을지도 모른다. 그러나 당신 회사가 만들고 있는 제품을 걱정하기 전에 당신 자신을 걱정하라.

당신은 원대한 꿈을 가지고 있는가? 당신은 사업 계획을 가족과 친구들에게 보여 줄 용기를 갖고 있는가? 그룹 리더의 조건을 해결했는가? 가장 먼저 자신부터 점검하고 나서 제품을 걱정하라.

3) 자신이 그룹 사람들의 모범이 된다

당신이 디스트리뷰터가 된 회사가 화장품을 취급하고 있다고 가정해 보자.

당신은 "지금 쓰고 있는 립스틱을 다 쓰고 나서 자사 브랜드로 바꾸자."고 생각하고 있을지도 모른다. 그러나 당신이 타사 제품을 쓰고 있다면, 그룹 사람들에게 "자사 제품을 100% 쓰세요"나, "자사 제품은 피부에 좋고 품질도 뛰어나니까 사용해 보세요."라고 말할 수 없을 것이다.

또 그룹 사람들 앞에서 다른 회사의 립스틱을 꺼내 화장을 하기 시작했다면, 그들이 뭐라고 생각할까? 그들은 "내 스폰서는 말하는 것과 행동하는 것이 일치하지 않는다."라고 생각할 것이다. 그리고 당신은 절대로 '그룹 리더'가 될 수 없다.

혼다를 타고 도요타를 판다면 고객에게 설득력이 없어진다. 그룹 사람들에게 자사 제품을 쓰게 하고 싶다면 그룹에 모범이 되도록 스스로가 자사 제품을 써야 한다.

4) 몇 백 원을 절약하려는 소심한 사고 방식으로는 성공할 수 없다
디스트리뷰터 중에는 "이 제품의 냄새가 싫다."라면서 자사 제품을 쓰지 않는 사람들이 있다. 그래도 상관없다. 그러나 절대로 그룹 리더는 될 수 없을 것이다.

어떤 사람은 "자사 제품은 가격이 비싸다."고 말하면서 타사 제품을 쓰고 있는 사람도 있지만, 그래도 상관없다. 가끔 슈퍼마켓에서 판매 촉진을 위해 손해를 각오하고 특매품을 바겐 세일한다. 특매품에 싼 가격을 책정해서 전단에 싣고 손님을 끌어들인 뒤, 찾아온 고객에게 다른 상품을 충동 구매하게 만드는 상술이다. 그 특매품의 가격과 당신 회사가 취급하는 제품의 가격을 비교해 보면, 물론 당신 회사 제품의 가격이 비쌀 것이다. 그러나 가격이 싼 타사 제품을 사면 그 때는 절약한 것처럼 생각되지만, 절대로 당신의 꿈을 이룰 수는 없을 것이다.

연봉 5,500만원인 사람은 아무리 절약해도 연봉 6,600만원이 될 수 없다. 싼 세제를 사서 100원, 200원 절약해서 무엇을 사겠다는 건가. '싼 제품을 사서 몇 백 원 절약하자.'라는 소심한 생각으로는 어떤 사업을 해도 절대 성공할 수 없다.

5) 불량품은 모든 신용을 잃게 한다
어떤 사람은 "우리 회사 제품은 정말로 품질이 좋습니까?"라고 말하지만, 품질이 나쁘다면 처음부터 그 제품을 시장에 내놓지 않을 것이다. 그 이유는 불량품을 하나라도 내놓으면, 당신 회사는 몇 억원의 손해를 입을 뿐만 아니라, 그 때까지 구축해 온 신용을 전부 잃어버리기 때문이다.

미국의 경우에는, 실수로 불량품을 시장에 내놓았다가 그것이 원인이 되어 소비자가 병에 걸리거나 다친다면, 막대한 액수의 소송이 제기된다. 소송액은 경우에 따라 다르지만, 중소기업이라면 도산 위기에 처할 정도의 액수인 경우도 드물지 않다.

일본에서도 1995년 7월 1일부터 PL법(제조물책임법)이 시행되어 제조 업체는 이전보다 더 자신이 만든 제품에 책임을 지지 않으면 안 되게 되었다. 또한 한국에서도 재정경제부 관계자에 의하면, 제조물책임법을 1년의 유예 기간을 두고 2001년에 시행할 방침으로, 현재 내부적으로 확정, 보다 적극적인 추진에 나서고 있다고 한다. 당신 회사나 다른 제조 회사에서도 시장에 제품을 내놓을 때는 그 제품의 품질을 충분히 체크한 뒤에 내놓고 있다.

그룹 리더의 제1조건은 지금 사용하고 있는 생필품을 전부 자사 제품으로 바꾸는 것. 당신이 성공하고 싶다면 무조건 자사 제품을 쓸 것. 타사의 싼 제품을 사면 몇 백 원을 절약한 것처럼 생각되지만, 자사 제품을 스스로 사용하고 그 체험담을 이야기하면 그룹 사람들도 사용해 볼 것이다.

그리고 그룹 사람들에게 보다 많은 제품을 쓰게 하면, 타사 제품을 사서 절약한 몇 백 원의 몇 백 배나 되는 보너스를 받을 수 있다. 눈앞의 이익만 생각하면, 커다란 기회를 놓칠 뿐만 아니라, 어떤 사업을 해도 성공할 수 없다.

7. 제2조건 : 최소한 1주일에 한 번 사업 계획을 보여준다

1) 뿌린 씨앗의 수로 수확량이 결정된다

'당신이 뿌린 씨앗의 수로, 수확량이 결정된다.' 당신의 수입, 친구의 수, 소유물, 사회적 지위, 그리고 가족, 전부 당신이 뿌린 씨앗이 자란 결과이다. 이 씨를 뿌리는 일이 바로 행동을 개시하는 것이다. 행동을 개시하면 반드시 반응이 있고, 그것이 어떤 수확으로 이어진다. 사랑의 씨를 뿌리면 사랑의 결실이 열리고, 사회에 이익이 되는 씨를 뿌리면 풍작이 된다.

그럼 네트워크 마케팅에서 씨앗을 뿌리는 행위란 무엇일까? 그것은 사람들에게 사업 계획을 설명하는 것이다. 그리고 뿌린 씨앗의 수로 수확량이 결정되듯이, 몇 사람에게 사업 계획을 보여 주느냐로 당신의 수입이 결정된다.

그렇기 때문에, 그룹 리더가 되는 두 번째 조건은 정기적으로 사업 계획을 프로스펙터에게 보여 주는 것이다. 이것은 사업 계획을 설명하는 회의에 프로스펙터를 데리고 간다는 의미가 아니다. 당신 자신이 최소한 1주일에 1회는 프로스펙터 앞에서 사업 계획을 설명한다. 홈 미팅이나 1대 1 미팅도 프로스펙터 앞에서 계획을 설명하면, 전부 한번 한 것으로 계산된다.

또, 여기에서 말하는 정기적이란, '매주 1회', 반드시 사업 계획을 보여주는 것이다. 이번 주에는 계획을 3번 제시했으니, 앞으로 2주는 할 필요가 없다는 의미가 아니다.

2) 정기적으로 사업 계획을 보여 주지 않으면 테크닉이 녹슨다

가령 내가 새롭게 두 사람을 스폰서 했다고 하자. 한 사람은 정기적으로 최저 1주일에 한 번 사업 계획을 보여주고, 또 한 사람은 첫째 주에는 네 번, 나머지 3주 동안에는 전혀 계획을 보여주지 않았다고 가정하자. 그 달은 양자 모두 평균으로 따지면 1주일에 한 번씩 계획을 보여 준 셈이 되지만, 두 사람 중에 한 사람을 고르라고 한다면, 나는 주저하지 않고 전자를 택할 것이다.

그 이유는 최저, 1주일에 1회 계획을 보여 주지 않으면, 테크닉은 쓰지 않는 도구처럼 녹슬어 버리기 때문이다. 또 네트워크 마케팅을 자동차에 비유해서 말하면, 계획을 보여 주는 것은 시동을 걸고, 차를 출발시키는 것이 된다. 그리고 정기적으로 계획을 보여 준다는 것은 액셀을 서서히 밟고 차를 계속 가속시키는 것이다.

한편 정기적으로 계획을 보여 주지 않는다는 것은, 일단 움직인 차의 액셀에서 발을 떼고 차를 서서히 세우는 것이다. 차나 비행기, 어떤 것이든 그렇겠지만, 정지한 물체를 움직일 때 가장 많은 에너지가 소비된다. 정기적으로 계획을 보여 주고 보여 주지 않는 것은 차를 작동시켰다가 멈췄다가 하는 것을 되풀이하는 것과 마찬가지로, 괜한 가솔린만 낭비할 뿐, 아무리 달려도 목적지에 도달하지 못한다.

따라서 그냥 사업 계획을 보여 주는 것만이 아니라, 적어도 몇 번은 정기적으로 계획을 보여 줘야 한다.

흔히, "의사는 돈을 많이 벌어서 좋겠다!"고 부러워하지만, 의대에 들어가서 공부하지 않으면 결코 의사가 될 수 없고, 의사가 되었어도 환자를 진찰하지 않으면 고수입을 올릴 수가 없다. 의사를 부러워하기 전에 의사가 되기 위해 얼마나 노력을 쏟았는가를 생각해 보라.

마찬가지로 "이전에 네트워크 마케팅을 했지만, 전혀 돈을 벌지 못했다."고 말하는 사람이 있는데, 신청서에 사인만 하고, 정기적으로 사업 계획을 보여 주지 않았다면 수입이 좋지 않은 것이 당연하다. 푸념하기 전에 자신이 얼마나 '그룹 리더의 조건'을 달성했는지를 체크해 보자.

체크해 본 결과, 자기가 성공하지 못한 원인이 그룹 리더의 조건을 실행하지 않았기 때문이면, 다시 한번 디스트리뷰터가 되어 그룹 리더의 조건을 실행하고 네트워크 마케팅을 하면 반드시 성공할 수 있을 것이다. 그리고 놀랍게도 네트워크 마케팅에서 성공하려면 최저 주 1회 계획을 설명하기만 하면 된다.

3) 사업 계획은 누구라도 모방할 수 있도록 간단하게 정리하라

그룹 리더의 제2조건은 최저 주 1회, 사업 계획을 보여 주는 것이다. 그러나 성공한 사람들의 오랜 경험에서 볼 때, "정말로 네트워크 마케팅에서 성공하고 싶다!"고 의욕에 넘치는 사람이라면, 주 1회가 아니라, 그 이상으로 계획을 보여 주는 것이 보통이라고 한다. 가능한 빨리 성공하고 싶다면, 주 2, 3회 계획을 보여 줘도 상관없다. 한 주에 몇 번을 보여 줘도 벌칙은 없으니까.

단, 프로스펙터에게 보여 주는 사업 계획은 누구나 이해하기 쉬운 것이어야 한다. 그와 동시에 누구든지 모방할 수 있는 심플한 것이어야 한다. 왜냐하면, 네트워크 마케팅이란, 초보자가 경험자를 따라 하는 '카피 비즈니스'이기 때문이다. 당신이 사업 계획을 세웠는데, 미팅에 참가한 프로스펙터들은 '그렇게 어려운 설명을 기억해야 한다면 도저히 이 일을 해낼 수 없다.'고 생각할지도 모르기 때문이다.

가령, 최신 컴퓨터 설비를 이용해서 프로처럼 사업 계획을 설명했다면, 참가자는 크게 감탄할 것이다. 그러나 그와 동시에 어떤 사람은 '나는 컴퓨터도 없고, 다룰 줄도 모르니까, 역시 나한테 사업은 무리야.'라고 생각해 버리는 사람도 없지 않을 것이다.

8. 제3조건 : 최저 15명의 고객을 확보한다

1) 고객이란 정기적으로 제품을 주문하는 사람

그룹 리더의 세 번째 조건은 최저 15명의 고객을 갖는 것이다. 그리고 15명의 고객을 서비스해서 얻은 이익을 사업 경비에 쓴다. 그렇게 하면, 가계를 압박하는 일이 없이 사업을 전개할 수 있을 것이다.

그럼 고객이란 어떤 사람일까? 여기에서 말하는 고객이란, 디스트리뷰터 이외에 정기적으로 제품을 주문하는 사람을 말한다. 인정상 제품을 한 번만 사주는 사람이 아니다. 예를 들어 매달 제품을 1개라도 주문하는 사람은 당신의 고객이다.

당신은 프로스펙터의 네임 리스트를 갖고 있을 것이다. 그와 함께 고객 리스트도 만들어 두면, 그룹 사람들에게 보여 줄 수가 있다. 고객 리스트를 보여 주고, "이 6명은 매주 제품을 사고 있습니다. 이 7명은 한 달에 한 번 제품을 삽니다. 그리고 이 두 사람은 1년에 2번 제품을 사고 있습니다."라고 스폰서인 당신이 최저 15명의 고객을 서비스하고 있음을 보여 주자. 당신이 고객을 확보하고 있는 것을 보여 주면, 다운 라인 전원은 아닐지라도 몇 명은 당신을 본받아 최저 15명의 고객을 갖게 될 것이다.

고객들과 오랜 관계를 유지하는 포인트는 제품을 다 썼을 무렵에 전화로 주문을 받거나, 신제품이 나오면 알려 주는 등 세심한 사후 봉사를 하는 것이다. 그렇게 하지 않으면 고객은 아무 망설임 없이 타사 제품을 사 버리기 때문이다.

2) 고객은 자신이 원하는 수만큼 갖는다

세 번째 조건은 15명의 고객을 갖는 것이지만, 어떤 사람은 "100명을 가져도 괜찮을까요?"라든가 "고객을 전혀 갖지 않아도 괜찮습니까?"같은 의문을 가질지도 모른다. 물론, 그것은 당신이 생각하기 나름이고, 원하는 숫자만큼 갖도록 한다. 그러나 당신이 만약 본업은 따로 있고, 아르바이트로 네트워크 마케팅을 해서 큰 수입을 얻고 싶어한다면, 정기적으로 50명의 고객을 서비스한다는 것은 시간적으로나 체력적으로 무리다. 네트워크 마케팅을 본업으로 하고 있다면 얘기가 달라지겠지만.

그러면 본업이 따로 있으면서 네트워크 마케팅에서 성공하려면 몇 명의 고객을 갖고, 제품을 얼마나 유통시켜야 할까? 그 대답은 첫째로, 자사 제품의 100% 사용자가 되고, 둘째는 최저 15명의 고객을 확보하는 것이다. 그것만 충실하게 실행하면, 어려움 없이 한 달에 최저 몇 십 만원의 제품을 유통시키는 것이 가능할 것이다. 디스트리뷰터 한 사람 한 사람이 한 달에 몇 십 만원의 제품을 유통시킨다는 것은 사소한 일 같지만, 몇 십 명, 몇 백 명이 모이면 큰 숫자가 된다.

일반 사람들이 생각하는 것처럼, 네트워크 마케팅에서 성공하려면, 혼자서 수백 명의 고객을 갖고, 매달 몇 천 만원의 매상을 올려야 하는 것은 아니다. 네트워크 마케팅의 특징은 "네트워크인 개개인이 사소한 일을 하고 있어도 10명, 100명, 1,000명이 모이면 큰 결과가 나온다. 그리고 그 큰 결과는 그룹 전원의 이익이 된다".

3) 왜 고객은 최저 15명인가?

그룹 리더가 되는 조건은 최저 15명의 고객을 보유할 것. 20명도, 50명도 아니다. "왜 15명인가?"라고 이상하게 생각하는 사람이 있을지도 모른다. 그런 사람은 다음을 생각해 보기 바란다.

당신의 그룹 사람들, 예를 들어 100명의 디스트리뷰터들이 당신처럼 최저 15명의 고객을 갖고 있다고 하면, 자신을 포함해서 그룹 전체적으로 1,515명(101×15)의 고객을 서비스하는 셈이 된다. 가령 1,515명의 고객 전원이 평균 10,000원 만큼 제품을 구입하면, 그룹 전체적으로는 한 달에 1,515만원의 제품이 유통된다는 얘기다. 만약 고객 한 사람이 매달 10만원의 제품을 구입했다고 가정하면, 그룹 전체로는 한 달에 1억 5,000만원 이상의 매상을 올리게 된다. 그래도 각 디스트리뷰터가 하는 일은 자사 제품의 100% 사용자가 되고, 최저 15명의 고객 서비스를 하는 것뿐이다.

이처럼 개개인이 서비스하는 수는 15명이라도 모이면 엄청난 숫자가 된다. 그리고 중요한 것은 그룹 전체적으로 15,000만원 이상의 매상을 올려도, 아무도 무리해서 일하지 않는다는 것이다.

4) 100% 이해하지 못해도 사업은 어드바이스대로 할 수 있다

스폰서나 업라인의 어드바이스대로 사업을 시작할 때 여러 가지 이해가 안 되는 부분이 있을지도 모른다. "네트워크 마케팅을 하는데 이런 게 왜 중요한가?"라든가, "왜 이런 것을 어드바이스하는 걸까?", 혹은 "정말로 이런 일이 나한테 도움이 될까?" 등등, 의

아하게 생각할지도 모른다. 그러나 중요한 것은 스폰서나 업라인의 어드바이스대로 사업을 하면, 반드시 성공할 수 있다는 확신을 갖는 것이다.

당신이 등산을 하러 갔다가 길을 잃고 헤매고 있을 때, 유니폼을 입고 당신을 구하러 온 구조 대원에게 "어느 대학을 졸업했습니까?", "당신은 이 산을 잘 알고 있습니까?" 또는 "나를 구조하기 위해서 왔습니까?"라고 질문하지 않을 것이다. 확실한 것은, 구조 대원은 등산 경험이 풍부하며 정확한 지도를 갖고 있으므로 무사히 산을 내려오는 길을 당신보다 잘 알고 있다는 것이다. 길을 잃고 어려움에 처했을 때는, 구조 대원을 믿고 그들의 뒤를 따라서 산을 내려오면 된다.

혹시 당신이 디스트리뷰터가 되어서 사업에서 성공하자고 결심했다면, 회사를 믿고, 제품을 믿고, 시스템을 믿고, 스폰서나 업라인을 믿고, 그들이 어드바이스한 대로 사업을 해서 성공을 거머쥐면 된다. 엔진 속의 자세한 구조까지는 몰라도 운전은 할 수 있듯이, 스폰서나 업라인이 말하는 것을 잘 이해하지 못해도 그들을 쫓아서 사업을 할 수는 있다.

중요한 것은, 스폰서나 업라인이 하는 말을 잘 이해하느냐 못하느냐가 아니라, 100% 그들이 말하는 것을 이해하지 못해도 그들이 어드바이스하는 대로 사업을 펼칠 의사가 있느냐이다. 네트워크 마케팅에서 스폰서나 업라인은 당신을 성공시키지 못하면 수입이 없다는 것을 잊지 말자.

만약 고객 15명을 보유하는 방법을 모를 때는 스폰서나 업라인에게 물어 보도록 한다. 그러면 반드시 질문에 대한 답을 얻을 수 있을 것이다. 그러면 내일 당장 고객 15명을 확보해야 하는가?

대답은 '노'이다.

원한다면 15명을 보유하는 데 10년이 걸려도 상관없다. 그러나 「그룹 리더의 조건」을 갖추지 못하는 한, 당신은 네트워크 마케팅을 해도 절대로 성공하지 못한다. 따라서 당신의 스폰서는, "이 일에서 성공하고 싶다면 가능한 빨리 100% 사용자가 되고, 가능한 빨리 고객 15명을 발견해야 됩니다."라고 어드바이스 할 것이다. 당신은 스폰서나 업라인의 어드바이스대로 사업을 할 수 있는가?

5) 네트워크 마케팅과 악덕 판매법의 차이

악덕 판매 행위의 대명사인 '피라미드 판매'의 특징은 ⓐ 판매 활동이 아니라 권유 활동을 목적으로 하는 금전 배당 조직이다 ⓑ 가입자에게 많은 입회금을 의무화한다 ⓒ 판매원을 등록시키는 행위 자체에서 수익 발생 ⓓ 업무 구조가 전업화 유도 ⓔ 사업 성격이 단기간에 손쉽게 돈을 벌려는 판매 방식 ⓕ 품질이 나쁜 고가의 내구재 ⓖ 품질 보증 및 환불 제도가 없음 ⓗ 재고 부담을 강제적으로 의무화 등을 들 수 있다. 그러나 당신이 하고 있는 네트워크 마케팅은 이러한 특징에 전혀 해당되지 않는 합법적인 사업이다.

그러나 당신이 판매 활동을 일체 하지 않고 스폰서 활동만 한다면, 네트워크 마케팅을 잘 모르는 사람들이 '사업 방식이 피라미드 같아.'라고 생각해도 어쩔 수 없다. 그렇다고 해서 판매 활동만 하면 세일즈 사업이 되어서 네트워크 마케팅으로는 크게 성공할 수 없다. 왜냐하면 네트워크 마케팅의 특징은, 네트워크를 만들어서 그 네트워크 속에 제품을 유통시키는 사업이기 때문이다. 따라서 성공하기 위해서는 되도록 큰 네트워크를 만들어야 한다. 그리고 큰 네트워크를 만들려면 스폰서 활동은 반드시 필요하다.

그룹 리더의 두 번째 조건은 스폰서 활동과 네트워크를 확장하는 역할을 분담하는 것이다. 그리고 첫째와 셋째 조건을 실천함으로써 네트워크 마케팅을 악덕 상행위에서 보다 명확하게 분리시킬 수 있다. 즉, 첫째와 셋째 조건은, 스폰서 활동뿐만 아니라 실제로 네트워크 안팎으로 제품을 유통시키는 일이며, 네트워크 마케팅을 보다 명확하게 합법적인 사업으로 만들어 준다.

9. 제4조건 : 하루에 20분간 추천 받은 책을 읽는다

네 번째 조건은 그룹 리더는 하루에 최저 20분간 책을 읽는 사람이다. 이 때 책은 스폰서나 업라인이 추천한 것이어야 한다. 아무리 바쁜 사람이라도 통근 시간과 회사의 점심시간을 잘 이용하면 특별히 시간을 만들지 않아도 하루에 20분 정도는 독서 시간이 있을 것이다. 책 읽는 시간은 20분으로 짧지만, 매일 계속하는 것이 비결이다.

1) 하루에 20분간 책을 읽어야 하는 3가지 이유

왜 하루에 최저 20분간 책을 읽어야 하는가? 그 이유는 3가지이다.

첫째, 대부분의 사람들은 일단 회사에 나가면 책을 읽지 않게 되기 때문이다. 얼마 전 NHK에 성인 남녀가 한 달에 책을 몇 권 읽는가를 앙케이트 조사한 결과가 나왔다. 그것을 보면 한 달에 책을 한 권도 읽지 않는 사람이 전체의 56%를 차지하고 있었다. 왜 책을 읽지 않는지 이유를 물어 보자, 책을 읽는 것보다 만화나 TV를 보는 게 재미있기 때문이라고 한다.

이 앙케이트처럼 대부분의 사람은 책을 읽는 대신 만화나 TV를 보는데, 책을 읽지 않다가 읽는 습관을 기르려면 단 한 번 읽는 것으로는 불가능하다. 조금씩 습관을 들일 목적으로 처음에는 하루에 20분씩 책을 읽게 한다. 그것을 3개월 이상 계속하면 독서가 습관화 될 것이다.

여기에서 질문이 있다. "당신은 식사 후에 이를 닦지 않아도 괜찮습니까?" 나는 식사 후에 양치질을 안 하면 참을 수가 없다. 양치질하는 것이 습관화되었기 때문이다. 반대로 이를 닦지 않는 사람들은 하루 종일 닦지 않아도 괜찮을 것이다.

"우리 일상 생활의 대부분은 습관의 집적(集積)이다!"… 일에서도 예외는 없다. 일이 잘 풀리는 사람은 일이 잘 풀리는 습관(패턴)을 갖고 있다. 그리고 일이 잘 안 되는 사람은 나쁜 습관을 갖고 있기 때문이다. 나쁜 습관을 버리기 위한 최상의 방법의 하나가 성공한 사람이 쓴 책을 읽고, 저자의 귀중한 체험을 통해서 얻은 지식과 비결을 배우는 것이다.

따라서 처음에는 책 읽는 습관을 붙일 목적으로 하루에 20분씩 독서를 한다. 일단 습관이 들면, 책을 읽지 않으면 견딜 수 없기 때문이다. 그리고 독서가 습관이 되고, 독서하는 일이 고통스럽지 않은 사람은 20분이 아니라 좀더 오랜 시간 책을 읽어도 된다. 하지만 하루종일 책을 읽고 있으면, 사업을 할 시간이 없어지므로 적당히 하는 것이 필요하다.

하루에 20분 독서를 하는 두 번째 이유는, 그것을 한 달간 지속하면 보통 두께의 책을 한 권 읽을 수 있기 때문이다.

TV에서 이런 뉴스를 들었다. 후쿠시마현에 있는 고등학교에서 학생들이 활자와 멀어지는 것을 염려한 선생님이 어떻게 하면 학생들에게 책을 읽게 할 것인가를 고민한 끝에 생각해 낸 아이디어가 수업 전에 20분간 독서를 하는 방법이었다. 이 아이디어를 3개월간 계속했더니 독서가 습관이 되었고, 보다 많은 학생들이 독서를 즐기게 되었다고 한다.

그런데 20분 동안 얼마나 많은 페이지를 읽을 수 있을까? 실험해 본 결과, 보통 책이라면 약 10페이지 정도 읽을 수 있는 것으로 나왔다. 이것을 매일 계속하면, 한 달에 약 300페이지 전후로 읽게 된다. 이것은 딱 보통 두께의 책 한 권 분량에 해당한다.

셋째, 미국의 유명한 심리학자, M. J 라일리 박사에 따르면, 평범한 인간이 한 가지 일에 집중할 수 있는 시간은 25분이 한계로, 그 이상이 되면 주의가 산만해진다고 한다. 그래서 집중력이 산만해지기 5분 전인 20분을 독서 시간으로 고안해 낸 것이다. 긴 시간을 할애하는 것보다 단기간에 집중해서 책을 읽는 것이 보다 효율적이다.

또 바쁜 현대인은 총 25분의 독서 시간을 만드는 것이 어려우므로 20분이 적합하다. 물론 가능한 한 편안한 상태에서 읽어야 보다 좋은 효과를 기대할 수 있다. 그러나 시간을 낼 수 없는 사람은, 시간이 있을 때 5분이든 10분이든 책을 읽어서 총 20분을 채워도 상관없다.

2) 독서는 단기간에 여러 가지 지식을 습득하는 최상의 방법

하지만 네트워크 마케팅을 하는데 왜 책을 읽어야 하는가?

그것은 비교적 단기간에 여러 가지 지식과 지혜를 습득하는 최

상의 방법의 하나가 신뢰할 수 있는 책을 읽는 것이기 때문이다. 책 속에 등장하는 주인공에 자신을 이입시켜, 주인공이 시련과 체험을 통해 얻은 교훈과 지식을 실제로 자신이 체험한 것처럼 얻을 수가 있다.

어떤 사람은 자기가 원하는 길과 다른 인생을 걷고 있음을 깨닫지 못하고 있을지도 모른다. 혹은 길을 잃고 헤매고 있는데도 깨닫지 못하고 있을 수도 있다. 그러나 책을 읽으면 "나는 이 책의 주인공과 똑같이 잘못된 길을 걷고 있어. 나는 이 책의 주인공과 아주 똑같은 상황에 놓여 있어."라고 책 속에서 현재의 자기 모습을 발견할 수 있으며, 자신이 걸어가야 할 원래의 길을 발견할 수가 있다.

또, 감동적인 장면이 있으면 그것을 몇 번이고 반복해서 읽을 수 있고, 그 감동에 흠뻑 젖기 위해 그 부분을 천천히 음미해서 읽을 수도 있다. 독서 속도는 자기 페이스에 맞추면 된다.

그런데 책을 읽는 것과 달리 테이프를 듣거나 남의 이야기를 들을 때는, 거기에 이미 말하는 사람의 감정이 들어가 있기 때문에, 이야기 속의 주인공에 자기 자신을 동화시키는 것이 불가능하다. 그래서 책을 읽는 것이 중요하다.

왜 많은 우수한 사람들이 인생에서도 일에서도 성공하지 못하고 인생을 끝마치는가. 그 최대 이유는 처음부터 자기 혼자 해내려 하기 때문이다. 마을 도서관에 가면 많은 사람들의 경험에서 나온 귀중한 지식과 노하우가 적힌 책이 산처럼 쌓여 있는데, 그것을 활용하지 않기 때문이다.

한번 도서관에 소장되어 있는 책의 수와 이제까지 당신이 읽은 책의 수를 비교해 보라. "사람은 읽은 책의 수와 사귄 사람의 수만큼 위대해진다."고 하는데, 이제까지 당신이 읽은 책의 수는 도서관에 있는 책과 비교하면 몇 %에도 미치지 못할 것이다. 도서관에 있는 책 한 권, 한 권이 모두 지식이라고 하면, 당신의 생각, 인생관, 가치관을 지탱해 주는 지식은 매우 미미한 것이다.

그런 미미한 지식으로 이 세상 모든 것을 정확하게 판단할 수 있다고 생각한다면 부끄럽지 않을까? "난 아직 대단한 지식을 갖고 있지 않아. 멀었어."라고 생각하는 것이 옳다. 그리고 고등학교와 대학을 졸업하면 세상에 대해 다 알아 버려서 재미가 없다고 느끼는 건 아닌지. 우리는 이 세상에서 일어나는 일의 대부분을 알지 못한다. 그러므로 인생은 재미있다. 그래서 책을 읽는 것이 중요한 것이다.

3) 환경을 바꾸면 그 때까지의 가치관, 인생관, 마음 자세를 바꿀 수 있다

그러면 네트워크 마케팅을 하려면 책을 읽는 것이 정말로 중요할까? 대답은 '예스'이다. 우리 몸이 먹은 음식에서 영양을 얻어 성장하듯이, 우리들 정신은 정신이 '먹은' 음식에서 영양분을 얻어 성장해 간다. 그렇다면 우리의 '정신이 먹는 음식'이란 과연 어떤 음식일까?

그것을 생각하기 전에 다음을 생각해 보길 바란다. 만약 당신이 한국이 아닌 인도에서 자랐다고 하면, 한국에서 자란 지금의 자신과 같은 음식을 먹고 같은 놀이를 하고 같은 생각을 갖고 있을까? 아무도 이 질문에 대한 올바른 대답을 할 수 없을 것이다. 왜냐하면, 인도에서 자랐어도 한국 기업에서 파견된 한국인 주재원과만 교류를 했다면, 한국 음식을 먹고, 한국인이 하는 놀이를 하고, 한국적인 사고 방식을 갖게 됐을 것이고, 현지 인도인 사회에

흠뻑 물든 생활을 했다면, 인도 요리를 먹고, 인도인들이 하는 놀이를 하고, 인도적인 사고 방식을 갖게 될 테니까.

이처럼 우리의 '정신', 즉 모든 일의 기초가 되는 생각인 '가치관, 인생관, 마음 자세' 등은 그 사람이 놓인 환경에 크게 영향받는다. 그리고 가치관, 인생관, 마음 자세 등은 우리의 태도(매너), 개성, 음식과 옷의 취향, 오락의 종류, 목표, 종교, 직업, 결혼할 상대, 차의 취향 같은 모든 것을 결정한다.

자, 본론으로 돌아가자. '정신이 먹는 음식'이란, 우리를 둘러싸고 있는 환경에서 발산된, 우리의 정신(가치관, 인생관, 마음 자세)에 영향을 주는 모든 것들이다. 우리들 정신에 영향을 주는 것에는 그 환경에서 자란 경험, 만난 사람들, 정보, 읽은 책, 본 영화나 TV, 교육, 친구 등을 들 수가 있다.

우리를 에워싼 환경이 우리들의 인생관, 가치관, 사고 방식에 영향을 준다면, 환경을 개선하면 가치관들도 개선할 수 있게 된다. 가령 우리가 네트워크 마케팅에서 성공하는 데 부적절한 인생관, 가치관, 사고 방식을 갖고 있을지라도, 환경을 좋은 방향으로 바꾸면 가치관들도 사업에서 성공할 수 있는 좋은 방향으로 바꿀 수 있게 되며, 결국 네트워크 마케팅에서 성공할 수 있게 된다.

그러면 네트워크 마케팅에서 환경을 바꾸는 것은 어떤 의미일까? 그것은 스폰서나 업라인이 당신에게 추천하는 책을 읽고, 성공 테이프를 들은 후 미팅에 참가해서 가능한 성공한 사람 가까이 있는 것이다.

우리는 자신의 가치관, 인생관, 사고 방식을 척도로 해서 모든 사물을 판단하고 행동한다. 그것들은 우리가 태어나고 자란 환경(가정 환경, 교육 환경, 사회 환경 등), 즉 그 때까지의 경험과 체험을 통해 얻은 정보와 지식 등에 의해 형성된다. 그리고 경험, 지식, 정보 등은 가까운 사람들 즉, 양친, 가족, 형제자매, 친구 혹은 TV, 신문, 잡지나 책 등에서 얻고 있다.

따라서 적극적인 부모 밑에서 자란 아이는 대개의 경우, 적극적인 사고를 하게 되고, 소심한 친구와 오래 사귀다 보면 자기도 소심한 사람이 된다. 음란한 영화나 TV만 보고 있으면 음란한 생각을 하게 되고, 항상 교육적인 잡지를 읽고 있으면 훌륭한 인격을 가진 사람이 된다. 만약 인생에서 성공하고 싶다면, 정신에 좋은 영양을 주는 것을 선택해야 한다.

4) 새로운 아이디어를 받아들이려면 유연한 가치관, 인생관이 요구된다
일반적으로 사람들이 갖고 있는 '일'에 대한 이미지는 아침 7시 50분까지 회사에 출근해서 오전 8시부터 12까지 상사가 지시한 대로 일을 하고, 12시부터 1시까지 식사하고, 오후 1시부터 저녁 5시까지 상사가 말한 대로 일한다. 그것을 일주일에 5일이나 6일 하고, 그 달의 25일에 월급을 받는다. 그걸 55세나 60세까지 열심히 하는 것이다.

그리고 '사업'에 대한 일반인들이 갖고 있는 생각은, 소매업이나 자영업처럼 점포를 갖추고 제품을 진열해서 손님이 오기를 기다리는 것. 이런 것들이 일반인들이 갖고 있는 일과 사업에 대한 상식적인 이미지이다. 슬픈 것은 이것이 전부라 생각하고, 새로운 일과 사업 아이디어를 받아들일 수 없을 만큼 생각이 굳어 있다는 것이다. 지금, 세계는 하루가 다르게 변화해 가고 있고, 이제까지의 상식이 통용되지 않는 세상이 되고 있다. 과거의 상식에 얽매여 있으면, 새로운 아이디어나 사업 기회를 놓치고 말며, 정신이 들었을 때는 이미 늦어 버린다.
 에이본, 암웨이, 타파웨어, 뉴스킨으로 대표되는 네트워크 마케팅은 역사도 짧고, 매우 독특한 사업이다. 따라서 평범한 일반인들이 갖고 있는 일이나 사업에 대한 이미지에 쉽게 와 닿지 않는 것 같다.
 네트워크 마케팅을 올바르게 이해하려면, 이제까지 없었던 유연성 있는 가치관과 인생관, 사고 방식이 요구된다. 그리고 유연성 있는 가치관과 인생관, 사고 방식을 가지려면, 보다 폭넓은 경험과 지식, 정보를 갖출 필요가 있다. 그러기 위해서는 다양한 장르에서 성공한 사람들이 쓴 여러 가지 책을 읽는 것이 중요하다.

5) 리더에게는 폭넓은 인생관과 가치관, 사고 방식이 요구된다

 네트워크 마케팅에서 큰 그룹을 만들려면, 그룹 리더가 되어 리더십을 발휘할 필요가 있다. 그리고 다른 사람 위에 서서 리더십을 발휘하려면 폭넓은 인생관과 가치관, 사고 방식을 갖고 있어야 한다. 그러기 위해서는 다양한 정보와 지식을 얻고 성공과 실패 등의 다양한 경험을 쌓아서 인간적으로 성장할 필요가 있다.
 인간적으로 성장하는 가장 좋은 방법은 자기 스스로 여러 가지 체험을 통해 새로운 정보와 지식, 사고 방식을 습득하는 것이다. 그러나 우리의 인생은 스스로 다양한 체험을 하기에는 너무도 짧다. 그래서 책을 읽는 것이 가장 적합한 방법인 것이다.
 네트워크 마케팅에서는, 스폰서나 업라인이 추천한 책을 읽음으로써 네트워크 마케팅에서 성공하는 데 도움이 되고, 다양한 지식, 정보, 리더십을 얻는 데에 필요한 인생관, 가치관, 사고방식을 단기간에 얻을 수가 있다.

인생에서, 그리고 네트워크 마케팅에서 성공하고 싶다는 강한 의지를 갖고 노력하면, 어떤 배경을 갖고 있는 사람일지라도 성공할 수가 있다. 그런데 대부분의 사람들이 인생과 사업에서 성공하지 못하는 것은, '성공하고 싶다는 강한 뜻을 갖고 노력하면, 어떤 배경을 가진 사람들이라도 성공할 수 있다.'는 지식조차 갖고 있지 않기 때문이다.

왜 이처럼 중요한 사실을 모르는 걸까? 다양한 분야에서 성공한 사람이 쓴 책을 읽지 않았기 때문에 인간적으로 성장하지 못한 까닭이다.

또 이 사실을 알고 있는 사람들도 성공하고 싶은 분야에서 성공하지 못한 것은, 그 분야에서 무엇을 얼마나 하면 성공하는지, 또 무얼 하면 성공하지 못하는가를 모르기 때문이다. 그러면 왜 모를까? 원인은 그 분야에서 성공한 선구자가 쓴 책을 읽지 않기 때문에 정보를 얻지 못해서이다.

선구자가 쓴 책을 읽으면, 무엇이 당신을 성공시키고, 무엇 때문에 성공하지 못하는지, 그 이유와 원인을 자연스럽게 알게 된다. 또, 책을 읽으면, 자기 스스로 모든 일을 생각해 내고, 제로에서 시작할 필요도 없다.

만약 당신이 추천 받은 책을 매일 20분씩 읽으면, 한 달에 책 한 권을 읽을 수 있고, 1년이면 12권을 읽게 된다. 1년에 12권을 읽는 것은 독서를 즐기는 사람의 입장에서는 그다지 많은 분량이 아니지만, 12권을 읽는 것이 당신 인생에, 그리고 네트워크 마케팅에서의 성공에 얼마나 공헌하는가를 생각해 보길 바란다. 당신은 하루에 20분, 스폰서나 업라인이 추천한 책을 읽을 수 있는가?

6) 일본에서 발간된 네트워크 마케팅에 관련된 책들

우리의 인간적인 성장을 도와주는 책, 네트워크 마케팅에서 성공하는 데에 도움이 되는 책을 몇 권 소개할까 한다.

㉠『크게 생각하는 것의 마술 The Magic of Thinking Big』

데이비드 J. 슈왈츠 박사가 50년 이상 걸쳐 얻은 지식을 기초로 쓴 인생철학서이다. 박사는 책에서 "인생에서, 사업에서, 스포츠에서, 학문에서 성공하려면, 그 사람의 마음 자세와 사고 방식이 매우 중요하다."고 서술하고 있다. 또 박사는, "스스로 성공할 수 있다는 강한 신념을 갖고 있으면, 반드시 성공할 수 있다." 그리고 "우리들의 성공은 다른 사람들의 도움으로 이루어진 것이므로, 올바른 사고 방식으로 타인을 대하는 것은 매우 중요하다."고도 말하고 있다.

네트워크 마케팅을 본격적으로 하기 전에 이 책에 시간을 투자한 뒤, 인생에서 성공하려면 어떤 사고 방식을 가져야 하는지를 충분히 이해하고 나서 친구들에게 사업 계획을 설명해도 결코 늦지 않는다.

＊데이비드. J. 슈왈츠 박사 지음 / 桑名一央 번역 / 實務敎育出版

㉡『사고는 현실화한다 Think &Grow Rich !』

철강왕(鐵鋼王) 앤드류 카네기가 기초를 잡고, 나폴레옹 힐 박사가 발전시켜 체계화시킨 성공의 노하우를 W. 클레멘트스톤이 프로그램으로 완성시킨 것이다. 완성하는 데에 500명 이상의 저명인의 협력과 80년 이상의 세월이 걸려서 완성된 성공 철학서로, 현대 사회에 살아가는 비즈니스맨에게는 필독서 중의 하나이다.

나폴레옹 힐 박사는 그 중에서 "확실한 꿈과 목표를 가질 것, 그리고 그것을 달성하기 위해서는 불타는 의욕을 키울 것"이 모든 성공의 출발점이라고 서술하고 있다. 또, 박사는 "강한 의욕을 동반한 꿈은 기적을 낳는다. 그리고 그 기적을 끌어내는 것은 당신 자신이다."라고 말하고 있다.

　＊나폴레옹 힐 지음 / 田中孝顯/騎虎書房 번역

ⓒ『암웨이 주의 *Compassionate Capitalism*』

암웨이의 전사장 리차드 디보스가 저술한 것으로, 타인에 대한 컴패션(동정) 위에 구축된 암웨이의 기본 이념을 이해하는 데에 큰 도움이 되는 책이다. 이 책은 네트워크 마케팅의 개척자이자, 40년이 지난 오늘까지 리더적 존재인 암웨이가 어떻게 여기까지 성공할 수 있었는가에 대한 이유를 이제 시작하는 디스트리뷰터에게 가르쳐 줄 것이다.

네트워크 마케팅을 진짜로 하는 이유는 "진정한 자유를 손에 넣고, 스스로 자기 인생의 방향을 찾기 위해"이다. 그리고 진정한 자유를 손에 넣으면 좀더 타인을 생각하는 마음을 가질 수 있고, 경제적으로 곤란에 처한 사람들에게 구호의 손길을 뻗칠 수가 있다. 이것은 모든 네트워크 마케팅을 하는 디스트리뷰터에게 공통된 것으로, 아직 이 책을 읽지 않은 사람들은 반드시 읽어야 하는 필독서 중의 필독서이다.

　＊리차드 디보스 지음 / 門田美鈴 번역 / 다이아몬드사

ⓓ『현실에의 길 *Step To The Top, And See You There*』

사회 봉사와 인간 개개인이 갖는 잠재력을 심신 양면에서 끌어

내는 것을 목적으로 하는, 지그. 지그라 社의 이사장인 지그. 지그라가 쓴 책으로, "적극적인 사고는 인간의 마음을 고양시키고, 고양된 마음이 인간을 성공으로 이끈다."는 신념에 기초를 두고 씌어졌다.

　네트워크 마케팅을 시작한 사람 중에는 이미 많은 어려움에 직면한 사람들도 있을 수 있다. 그러나 이 책에 등장하는 인물들은 당신이 겪은 것보다 훨씬 큰 난관을 극복하고 성공했다. 그들이 어떤 사고, 신념, 행동에 따라 그러한 난관을 극복했는가를 아는 것은 네트워크 마케팅에서 성공을 거머쥐는 데 매우 큰 도움이 될 것이다.

　＊지그 지그라 지음 / 我妻榮良 번역 / 騎虎書房

㉰『첫 네트워크 비즈니스』
　네트워크 마케팅은 법률에 반하는 판매 행위가 아닐뿐더러, 악덕 상행위는 더더욱 아니다. 법에 근거한 사업이자, 21세기에는 주류가 될 것이라고 예상되는 새로운 유통 형태이다. 그러나 네트워크 마케팅의 기초 지식을 잘 알지도 못하고 참가하면, 따끔한 실패의 맛을 볼뿐만 아니라, 주위 사람들에게 폐를 끼치고 만다.

　이 책의 목적은 세간에 떠도는 네트워크 마케팅에 대한 어두운 부분과 의문을 명백히 밝혀서 올바른 네트워크 마케팅 방식을 공개한 것이다. 네트워크 마케팅은 멀티 레벨 마케팅(MLM)이나, 커뮤니케이션 비즈니스, 소개 판매, 혹은 네트워크 비즈니스라고도 불리고 있지만, 모두 같은 사업이다.

　＊吉永雅彦 지음 / 二期出版

ⓗ『네트워크 비즈니스 / 네트워크를 구축하는 70가지 법칙』
　네트워크 마케팅은 어떤 배경을 가진 사람이라도 참가할 수 있고, 성공할 수 있는 기회를 갖고 있다. 그러나 아무 궁리나 노력도 없이 평범하게 일을 처리하고 있다면 성공할 리가 없다. 네트워크 마케팅도 사업인 이상, 성공하는 노하우가 있다. 저자는 네트워크 마케팅 전문 기자로서 다양한 회사의 톱 디스트리뷰터를 취재한 경험을 토대로 네트워크 마케팅에서 성공하는 법칙을 70개 항목으로 정리했다.
　＊竹中信 지음 / 파루출판

ⓢ『21세기 FC vs NB 어느 한쪽이 성장한다』
　버블 경제 붕괴 후 디플레이션에 따른 불황은 한때의 낙관적인 예상을 크게 뒤엎고 평성 9년에는 4대 증권의 한 기업의 도산, 시중 은행의 도산과 유례없는 대 실업 시대가 도래했다. 이러한 불황 하에 매우 건전한 업종이 존재하고 있다. 그것이 프랜차이즈 비즈니스(FC)와 네트워크 비즈니스(NB)이다. 이제부터 본격적인 대불황 시대를 맞이해서 FC와 NB중 어떤 사업이 사회적 효용이 보다 높은지, 또 어느 쪽이 많은 성공자를 양산할 것인가를 저자의 시점에서 말하고 있다.
　＊大友義隆 지음 / 평전사

◎『암웨이의 심리학』
　암웨이로 대표되는 네트워크 마케팅은 전형적인 휴먼 비즈니스로, 바람직한 인간 관계를 유지하려면 어떻게 해야 하는가, 어떤 행동이 인간 관계를 망치는가, 그 때의 심리적 요인은 무언인가를 알기 쉽게 설명한 것이다. 이 책은 암웨이 디스트리뷰터에 초점을 맞춰 씌어진 책이지만, 앞으로 암웨이 이외의 네트워크 마케팅을 하려는 사람들도 꼭 읽었으면 하는 책이다.
　＊前田嘉明 지음 / 소피아

　㊅ 『사람을 움직인다 How to Win Friends and Influence People』
　저자인 델 카네기는 미국에서 성인 교육 및 인간 관계 연구의 개척자로, 델 카네기 연구소의 소장으로서 화술 및 인간 관계의 신분야를 개척했다. 이 책은 15년에 걸친 카네기의 지도 현장에서 탄생한 것으로, 저서에 나오는 예는 전부 실제 경험에서 나온 것들이다. 네트워크 마케팅은 '피플즈 비즈니스 People's Business'이다. 네트워크 마케팅에서 성공하려면 원활한 인간 관계를 구축하는 것이 매우 중요하다. 이 책은 원활한 인간 관계를 구축하는 테크닉을 가르쳐 줄 것이다.
　＊D.카네기 지음 / 山口博 번역 / 創元社

7) 네트워크 마케팅은 피플즈 비즈니스이다
　네트워크 마케팅이란 사람과 사람이 신뢰하는 보이지 않는 실로 묶여진 사업이다. 그래서 네트워크 마케팅을 '피플즈 비즈니스', '휴먼 비즈니스'라고도 부른다.
　노스캐롤라인 주 라레이하 출신인 폴 밀러는 'C사'의 디스트리뷰터로 대성공했다. 그는 성공 스토리에서 "네트워크 마케팅이란 왼쪽 팔을 위로 올려 스폰서의 손을 잡고, 오른팔을 아래로 뻗쳐 다운라인의 손을 잡고 하는 사업이다."라고 표현하고 있다.
　네트워크 마케팅이란 서로 믿고 도우면서 손과 손을 잡고 하는 사업이다. 업라인이 성공하면 다음에는 다운라인의 팔을 들어 줘서 성공시켜 준다. 그리고 다음 사람이 그 아래에 있는 다운라인의 팔을 끌어 올려 성공하게 만들어 준다. 폴 밀러는 네트워크 마케팅은 이것을 계속 이어가서 그룹 전원을 성공으로 이끌어 가는 사업이라고 말하고 있다.

또 그는, "네트워크 마케팅이란 물건을 사용하거나 사는 사업이기 보다, 심리적인 사업이다."라고도 말하고 있다. 그에 의하면, 올림픽에 참가할 수 있는 것은 육체적으로 단련된 선수들이지만, 네트워크 마케팅에서 성공한 디스트리뷰터들은 심리적으로 단련된 올림픽 선수라는 것이다.

보통 사람들은 네트워크 마케팅을 다른 사람들에게 소개하기 전에 "거절당하면 어쩌지."라든가 "오해받으면 어쩌지." 등등 심리적으로 움츠리고 있지만, 성공한 사람들은 누군가에게 오해받거나 거절당해도 자신의 가능성을 믿고 절대로 포기하지 않는 의지가 강한 사람들이다.

8) 자기 자신을 인간적으로 성장시키면 당신 주위에 자연스럽게 사람들이 몰려든다

「필드 오브 드림」이라는 영화에서, 주인공으로 분한 케빈 코스트너가 옥수수 말고는 아무 것도 없는 옥수수 밭에 야구장을 만든다. 그 영화에서 말하고자 하는 것은 "If you make it, He will come…… <당신이 그것(야구장)을 만들면 그가 올 것이다>."라는 말이다. 이것은 "만약 당신이 자기 자신을 매력적인 인물로 바꾼다면 그는 당신에게 올 것이다."라고도 바꿔 말할 수 있을 것이다.

이 영화는 디스트리뷰터들에게 자기 자신을 인간적으로 성장시키면, 또는 틀을 유연하게 하면 자연히 자기 주변으로 사람들이 몰려들게 된다고 가르쳐 주고 있다.

당신이 받아들일 준비가 되어 있으면, 당신이 찾고 있던 사람이 앞에 나타난다. 당신이 그룹 리더를 찾고 있다면 그룹 리더가 당신 앞에 나타나는 것이다.

네트워크 마케팅을 하는 디스트리뷰터들은 일반적으로 "회사는 믿을 수 있는가?", "제품은 괜찮은가?", "사업 계획 설명은 어떻게 해야 좋을까?", "접근 방법은?", "상품 설명 방법은?" 등을 걱정하는 경향이 있다.

네트워크 마케팅에 필요한 테크닉, 가령, 사업 계획 설명과 상품 설명 방법 등은 스폰서가 하는 것을 몇 번 보면 누구나 할 수 있는 것이다. 그리고, 스스로 몇 번 해 보면 누구나 마스터할 수 있다. 못 하는 것은 하기 싫어서, 할 이유가 없어서 못할 뿐이다.

제품의 품질은 2~3개 써 보면 금방 알 수 있고, 회사의 좋고 나쁨은 사업 계획을 연구하거나 기업 이념을 조사하고, 또 어떤 상품을 취급하고 있는가를 보면 대충 짐작이 갈 것이다. 사회적으로 신뢰받는 기업 조사 회사의 기업 평가를 보면, 그 기업의 신용도가 일목요연하게 나타날 것이다.

그러나 네트워크 마케팅에서 장기적으로 크게 성공하는 데에 필요한 원활한 인간 관계 구축을 위한 테크닉, 적극적인 마음가짐, 타인에 대한 배려, 자신을 대하듯이 남을 대하는 것의 소중함을 마스터하려면 많은 책을 읽어야 할 것이다.

네트워크 마케팅에서 성공하느냐, 못하느냐의 90%가 당신이 가진 인간 관계, 적극적인 마음 자세, 타인에 대한 배려, 자신을 대하듯이 남을 대하는 것에 달려 있다. 따라서 네트워크 마케팅에서 성공하고 싶다면, 하루에 20분 정도 스폰서가 추천하는 책을 읽는 것이 매우 중요하다.

9) 성공하면 할수록 읽는 책의 수가 늘어난다

네트워크 마케팅에서 성공한 사람을 조사해 본 결과, 성공하면 할수록 읽는 책의 수가 증가한다는 것을 알 수 있다. 이것은 네트워크 마케팅만의 특별한 현상이 아니다.

네트워크 마케팅 이외의 전문직을 갖고 있는 사람들을 조사해 보면 알겠지만, 물리학자는 평생 전문 서적을 읽어야 하고, 목사도 성서나 신학 서적을 평생 읽어야 한다. 의사나 치과의사, 안과의도 자신의 전공 분야에서 항상 새로운 테크닉과 치료 방법을 배우기 위해 평생 최신 의학서를 읽거나 정기적으로 학회에 참가해야 한다. 그 밖의 전문직을 가진 사람들도 사정은 마찬가지로, 전문 분야에서 성공하려면 필요한 전문 서적을 평생 동안 읽어야 한다.

이런 것을 생각하면, 네트워크 마케팅에서도 이미 성공했으므로 이제 책을 읽지 않아도 된다, 테이프를 듣지 않아도 된다, 미팅에 참석하지 않아도 된다는 등의 생각은 잘못된 것이다.

10. 제5조건 : 스폰서가 추천한 테이프를 듣는다

1) 인간적으로 성장하려면 좋은 정보를 받아들여라

다섯 번째 조건은 스폰서나 업라인이 추천하는 카세트 테이프를 듣는 것이다. 왜 그룹 리더는 추천 받은 카세트 테이프를 매일 들어야 하는가? 그것은 당신이 이제까지 얻어 온 가치관, 인생관,

사고방식을 바꾸지 않는 한, 성공하거나 꿈을 실현할 수 있다는 보장이 없기 때문이다.

자기 꿈을 실현하려면, 현재 생활의 리듬을 바꾸거나 무언가를 희생해서라도 기필코 해내겠다고 각오를 다지는 강한 인간으로 성장해야 한다. 그리고 인간적으로 성장하려면, 즉 좋은 정보를 받아들이는 것이 필요하다. 그 좋은 정보를 받아들이는 방법의 하나가 성공한 사람의 연설을 녹음한 테이프를 듣는 것이다.

어떤 유명한 햄버거 레스토랑은 모든 프랜차이즈를 한 트레이닝 센터에 모아서 하루 8시간씩, 2주에 걸쳐서 기초적인 트레이닝을 하고 있는데, 그것도 인재를 육성하는(좋은 정보를 받아들이는) 하나의 방법이다. 프랜차이즈가 된 사람은 모두 의무적으로 지금 하고 있는 일을 그만두든지, 2주간 휴가를 얻어서 가족들과 떨어져 트레이닝 센터에 머물면서 트레이닝을 받아야 한다. 일류 비즈니스 환경에서 하루 8시간씩 트레이닝을 받고, 이틀에 한 번 시험을 보고, 통과하지 못하면 다시 해야 한다. 그래도 통과하지 못하면 불합격 처리가 되는 매우 철저한 트레이닝이다.

네트워크 마케팅 회사에서도 새로운 디스트리뷰터에게 그와 같은 집중 트레이닝을 시키면 성공하는 사람이 더 많이 나오지 않을까. 그러나 아마추어 집단인 네트워크 마케팅에서는 그것이 불가능하다. 그러나 테이프 프로그램을 잘 이용하면 그와 같은 효과를 기대할 수 있다.

2) 테이프의 내용을 잠재의식에 입력하려면 적어도 7회는 들을 것

상식적으로 테이프는 한 번밖에 듣지 않는다. 그러나 업라인이 추천한 테이프는 최저 7번은 듣도록 하자. 한 번만 들으면 대강의

내용은 이해해도 중요한 사항을 놓쳐 버릴 가능성이 있기 때문이다. 테이프를 몇 번 듣게 되면 내용을 보다 깊이 이해할 수 있다. 어떤 사람은 같은 테이프라도 매일 들을 때마다 새로운 것을 배울 수 있다고 하는데, 그것은 사실이다.

전에도 설명했지만, 인간이 어떤 것에 집중할 수 있는 시간은 길어야 25분이다. 그러한 집중력으로 테이프에 25분이나 집중할 수 있을 리가 없다. 어떤 순간은 집중력이 올라가도, 다음 순간 '오늘 저녁은 무얼 먹을까?' 같은 다른 생각을 하면서 정신이 산만해진다. 처음 테이프를 들었을 때는 산만해서 내용이 머리에 들어오지 않았던 것이, 두 번째는 정확하게 그 곳에 신경을 집중시켜 잘 이해할 수 있는 경우도 있다.

왜 테이프를 몇 번씩 듣는가? 또 한 가지 이유는 테이프 내용을 당신의 잠재의식에 집어넣으려면 적어도 7번은 들어야 하기 때문이다. 테니스나 골프 같은 스포츠도 같은 연습을 몇 번씩 반복하면, 기본 동작이 잠재의식 속에 들어가 생각하지 않아도 프로처럼 재빠른 동작이 나오게 된다. 따라서 테이프 내용을 잠재의식에 넣으려면, 즉 테이프에서 말하는 것을 실제 사업에서 사용할 수 있게 되려면 테이프를 최저 7번은 들을 필요가 있다.

3) 헤드폰을 이용하면 무리 없이 테이프를 들을 수가 있다

네트워크 마케팅에 필요한 최신 정보를 가장 효과적으로 디스트리뷰터에게 전달하는 방법은 카세트 테이프를 이용해서 정보를 제공하는 것이다. 그 이유는 어떤 집에나 카세트 플레이어가 한 대씩은 있고, 대부분의 차에 카세트 플레이어가 붙어 있기 때문이다.

책과 교과서는 걸을 때나 운전 중에는 읽을 수 없지만, 성공한 사람의 연설을 녹음한 카세트 테이프는 그럴 때에도 들을 수가 있다. 그 때까지는 생산성 없는 시간이었지만, 테이프를 들음으로써 생산성 있는 시간으로 바뀌는 것이다.

누구나 하루에 몇 시간씩은 테이프를 들을 기회가 있을 것이다. 전철을 타고 있을 때나, 목욕을 할 때, 청소할 때, 혹은 그릇을 씻거나 요리를 하고 있을 때 등등 다양한 '자투리 시간'에 헤드폰과 스피커를 잘 이용해서 테이프를 듣는 습관을 붙이면, 특별히 시간을 할애하지 않아도 무리하지 않고 얼마든지 테이프를 들을 수가 있다.

4) 왜 테이프를 들을 필요가 있는가?

네트워크 마케팅을 하는 것을 '대학에 가는 것'으로 가정하면, 그룹 리더는 낮에는 본업인 일을 하고, 밤에 대학에 다니는 '야간 대학생'이다. 그리고 테이프를 듣는 것은 강의를 듣는 것에 해당한다. 강의를 듣지 않으면 시험에 합격할 수 없고, 학위도 딸 수 없다. 따라서 대학 졸업도 할 수가 없다.

네트워크 마케팅을 가르치는 대학(회사)은, 공부에 필요한 도구(테이프)를 학생(디스트리뷰터)에게 제공만 하고, 학생이 강의를 받을 건물이 없다(무점포). 그 대신 학생은 선배(업라인)을 통해서 공부 방법을 배운다. 이 대학의 방침은 ⓐ 학생이 서로 경쟁하는 경쟁주의가 아니고, ⓑ 서로 믿고 도우며, 서로가 성공해 가는 공존주의를 채택해서 ⓒ 선배는 후배(다운라인)에게 공부 방법과 비결을 카세트 테이프에 담아서 가르쳐 주고, ⓓ 후배 몇 명을 시험에 합격(독립)시킴으로써 보너스를 받는다.

따라서 후배는 카세트 테이프를 듣지 않으면 안 된다.

당신이 이렇게 책을 읽고 있는 동안에도 한국과 전세계에서는 수없이 많은 사람들에 의해 최첨단 사업의 노하우를 알려 주는 회의가 열리고 있다. 그런 미팅에 참가해서 성공한 사람의 연설을 듣는 것은 최첨단 지식을 배우거나 새로운 생각을 받아들이거나 회장에서 발산되는 에너지를 호흡하는 가장 훌륭한 방법이다. 그러나 아무리 회의에 참가하고 싶어도 너무 멀거나 시간이 안 맞아서 참석할 수 없는 경우도 있을 것이다. 그런 경우에도 한국과 전세계에서 개최되는 미팅, 랠리, 국제 컨벤션에서 초청 연설가가 한 연설을 녹음한 카세트 테이프를 들으면, 회장에서 발산되는 에너지는 호흡할 수 없어도 최첨단 지식을 배우거나 새로운 생각을 받아들이는 것이 가능해진다.

성공한 사람의 경험에서 분명히 안 것은, 이 사업에서 성공하면 할수록 그룹이 커지면 커질수록 그에 비례해서 리더가 듣는 테이프의 수가 많아진다는 것이다. 왜 이미 성공한 리더들이 테이프를 들어야 하는가? 그것은 테이프를 들으면 집에 있으면서도 현재 네트워크 마케팅에 사용되는 최첨단 테크닉과 정보를 신속하게 배울 수 있기 때문이다.

즉, 카세트 테이프는 초청 연설가가 연설 중에 말한 최첨단 테크닉과 정보를 디스트리뷰터의 집과 차 안으로 배달해 주는 것이다.

사업계는 놀라운 속도로 변해 가고 있다. 따라서 어떤 직종에서 전문가가 된 프로들이라도, 항상 최신 정보와 테크닉을 접하지 않으면, 그들이 현재 쓰고 있는 테크닉과 정보는 금방 시대에 뒤떨어진 것이 되고, 보다 큰 사업 기회를 놓치고 만다.

네트워크 마케팅의 세계에서도 현재, 10년 전, 5년 전의 테크닉은 쓰지 않고 있다. 시대에 맞는 첨단 테크닉을 항상 받아들이지 않으면, 리더로서 그룹 사람들에게 최신 사업 방법을 가르칠 수가 없다. 그래서 사업에서 성공하면 할수록 보다 많은 테이프를 들어야 하는 것이다.

5) 셀프 모티베이션(Motivation) 시스템을 갖는 것이 성공의 열쇠

네트워크 마케팅은 단기간에 고수입을 올릴 수 있는 사업이 아니다. 꿈을 갖고 사업을 시작했을 때는 누구나 정열적으로 사업에 뛰어들지만, 1주일, 한 달이 되어도 생각한 만큼 수입이 생기지 않거나 결과가 나오지 않으면 그 정열도 식어 버리는 것이 보통이다. 특히 기대하고 있던 아는 사람에게 거절당하면 실망하고 좌절하게 된다. 그러나 그럴 때에 남아 있는 정열을 다시 불태워 줄 셀프 모티베이션 시스템을 갖고 있는 것이 네트워크 마케팅에서 성공하는 중요한 열쇠가 된다.

셀프 모티베이션 시스템은 사람에 따라 용기를 주는 책을 읽거나, 비디오 테이프를 보거나 카세트 테이프를 듣는 방법이 있다. 그러나 성공한 사람의 경험에 따르면, 카세트 테이프가 셀프 모티베이션에 최적이라고 한다.

카세트 테이프는 갖고 다니기에도 편리하고, 프로스펙터에게 사업 계획을 보여 주러 가는 도중에 차 안이나 전철 안에서 들을 수도 있고, 자신의 정열을 활활 타오르게 해서 회의에 참석할 수도 있기 때문이다. 또, 미팅에서 생각한 만큼 좋은 결과가 나오지 않았을 때나, 미팅 중에 누군가에게 감정적인 말을 들었을지라도, 돌아가는 차나 전철 안에서 자신에게 용기를 주는 테이프를 들으면 자신의 정열(의욕)을 미팅 전 수준까지 끌어올릴 수도 있다. 그렇게 하면 아주 부정적인 감정을 다음 미팅이나 다음날까지 끌고 가는 일이 없다.

이것이 비디오라면, 운전할 때나 전철을 타고 있을 때는 볼 수가 없기 때문에 스스로에게 용기를 줄 수가 없다. 또 셀프 모티베이션이 책인 경우에도 운전할 때와 걸을 때는 읽을 수가 없다. 그래서 셀프 모티베이션에는 카세트 테이프가 제일 적합한 것이다. 네트워크 마케팅에서 성공하고 싶다면, 듣기만 해도 당신의 정열을 불태워 줄, 흥분시켜 줄, 의욕을 샘솟게 해줄 테이프를 항상 2~3개 갖고 있는 것이 성공을 하는 중요한 열쇠가 된다.

당연히 처음에는 스폰서나 업라인이 도와주겠지만, 사업을 시작해서 몇 개월이 지나면, 자신도 스폰서 활동을 해야 된다. 스폰서나 업라인 대신 자신에게 용기를 줄 모티베이션 시스템을 찾아야 한다.

11. 제6조건 : 모든 펑션에 참가한다

1) 회의장에는 가능한 빨리 가고, 늦게까지 남는다

여섯 번째 조건은 '모든 펑션에 참가한다'는 것이다. 그러나 그냥 단순히 참가하는 것이 아니라 회장에는 되도록 빨리 가서 늦게까지 남는다.

네트워크 마케팅에서는 각종 미팅(홈 미팅 & 그룹 미팅), 컨벤션, 세미나, 랠리 등 비즈니스에 관한 행동의 총칭을 '펑션'이라고 한다. 'Function'을 영어 사전에서 찾아보면, ⓐ 기능, 작용, 역할 등의 의미 외에 ⓑ 행사, 의식, 제전, 식전, 회합 등의 의미가 있다.

디스트리뷰터 중에는 '펑션'이라는 말을 처음 들어본 사람도 많을 것이다. 일반적으로 이 말은 전세계 디스트리뷰터가 사용하는 것이므로 이 책에서는 미팅 대신 펑션을 사용했다. 문장을 이해하기 힘든 분은 '펑션'을 '미팅'으로 바꿔서 생각해 주길 바란다.

2) 네트워크 마케팅은 90일 비즈니스

일반적인 네트워크 마케팅 회사는 3개월에 한 번 꼴로 수천 명에서 수만 명 규모의 펑션을 기획하고 있다. 왜 3개월마다 여는가? 그것은 네트워크 마케팅은 3개월 비즈니스(90일 비즈니스)이기 때문이다.

네트워크 마케팅에서 성공하려면 가장 먼저 큰 꿈을 갖고, 그 꿈을 이룰 수 있는 기간을 정해서 '목표'를 설정해야 한다. 그 중요한 목표 설정은 집에 있으면 좀처럼 하기가 어렵다. 그러나 랠리, 세미나, 컨벤션에 참가해서 흥분했을 때는 "좋아, 나도 성공하겠어!", "한 단계 상승하겠어!"라는 목표 설정을 순조롭게 세울 수가 있다. 그것은 랠리나 컨벤션을 기획하는 기업과 업라인이 참가자가 목표 설정을 하기 쉽게 분위기나 환경을 연출하려고 노력하기 때문이다.

네트워크 마케팅 회사가 펑션을 개최하는 목적은 참가자에게 잊고 있던 꿈을 떠올리게 하고, 어떤 목표라도 좋으니 만들도록 하기 위해서다. 그리고 3개월 후에 한 번 더 펑션에 참석해서 그 결과를 체크하기 위해서이다. 자기 목표에 조금이라도 접근한 사람들에게는 계속해서 그 목표를 향해 가든가, 단상 위로 불러 표창하고 격려한다. 이번에 못한 사람들에게는 새로운 목표를 설정하고 다음 3개월을 열심히 뛰도록 한다. 그리고 결과가 나온 사람들에게는 다음 펑션에 단상 위로 불러 표창한다.

이처럼 네트워크 마케팅은 3개월마다 서로를 격려하면서 꿈을 갖게 하고, 잊고 있던 꿈을 떠올리게 하며, 그 꿈을 실현하기 위해 목표를 세우게 하고 결과를 체크하는 사업이다.

그러나 왜 3개월 단위인가? 그 이유는 아무리 성실한 사람이라도 1년간 의욕을 지속시키는 것은 쉽지 않기 때문이다. 하지만 3개월 정도라면 누구나 비교적 쉽게 의욕을 지속시킬 수가 있다. 따라서 업라인은 정확히 당신이 의욕을 상실할 무렵, 타이밍 좋게 다음 펑션을 기획하는 것이다. 즉, 당신이 펑션에서 에너지를 보충 받고, 다음 3개월도 열심히 해달라고 격려할 목적으로 기획하고 있는 것이다.

3) 성공한 사람은 모든 펑션에 참가한 사람들

그러면 '모든 펑션'이란 어떤 모임을 의미하는 것일까? 시작한 지 얼마 안 되는 디스트리뷰터에게는 스폰서나 업라인이 추천하는 모든 모임이 펑션이 된다.

그것들은 홈 미팅, 회장 미팅, 컨벤션, 혹은 랠리일지도 모른다. 때로는 그 모든 것일지도 모른다. 어쨌든 당신의 스폰서나 업라인이 참가하라고 권한 모임이 여기에서 말하는 모든 펑션이 된다.

덧붙여서 현재 네트워크 마케팅에서 성공한 사람들을 조사해 보면, 성공한 사람들은 예외 없이 사업을 시작한 초기부터 지역에서 개최하는 모든 펑션과 당일 귀가가 가능한 모든 펑션에 반드시 참가했다고 한다.

큰 펑션의 일정은 몇 개월 전부터 알 수 있기 때문에, 그 일정에 맞춰서 휴가를 잡아 두도록 한다. 그리고 모든 펑션에 참가할 때의 마음 자세는 "이번 펑션에 참가할 수 있는가, 못하는가?"라고 생각하지 말고, 항상 '이번 펑션에는 초청 강사가 성공하는 데에 매우 큰 도움이 되는 정보와 비결을 이야기할지도 몰라. 만약 참가하지 않고 그 얘기를 놓친다면 나에게 큰 마이너스가 되겠지.'라면서 펑션에 참가해야 앞으로의 사업에 도움이 될 것이다. 즉, '한번 지나가 버린 시간은 두 번 다시 돌이킬 수 없듯이, 한번 놓쳐 버린 기회는 두 번 다시 돌아오지 않는다.'라고 생각하자. 그러면 모든 펑션에 참가하지 않고는 견디지 못할 것이다.

4) 모든 펑션에 참가해야 할 4가지 이유

당신도 눈치챘을지 모르지만, 미팅, 랠리, 컨벤션 등에서 매번 연설자는 바뀌지만, 기본적으로는 매번 같은 말을 하고 있다. 그래서 네트워크 마케팅을 잘 모르는 사람들이 보면, 스폰서는 "비즈니스에서 성공하려면 모든 펑션에 참가해야 한다."고 말하지만 "같은 일에 몇 번씩 참석하는 것은 시간 낭비다."라고 말할지도 모른다.

그러면 왜 모든 펑션에 참가하지 않으면 안 되는가?

그 첫째 이유는 모든 펑션에 참가할 목적의 하나가 성공한 사람이 어떻게 성공했는지, 왜 운이 좋은지, 그 비결을 배우기 위해서이다. 마츠시타 전기의 故 마츠시타 코노스케 씨는 내가 존경하는 분인데, 평소에 사원들에게 "이왕에 태어났으니, 운 좋게 사시오!"라고 말했다고 한다. 그리고 "운 좋게 살기 위해서는 운 좋은 사람과 사귀어서 왜 운이 좋은지를 배우면 된다."고 입버릇처럼 말했다고 들었다. 펑션에 참가해서 사업 방식과 테크닉을 배울 뿐만 아니라, 왜 그 사람이 성공했는지, 그 사람의 사고 방식, 타인에 대한 마음가짐, 대인 관계 등을 배우는 것이다.

두 번째 이유는 모든 펑션에 참가하면, 당신의 잠재의식에 커다란 심리적 영향을 미칠 수 있기 때문이다. "모든 펑션에 참가하자!"라는 각오가 사업에 대한 당신의 '마음 자세'를 바꾸는 것이다. 결국 다양한 펑션에 참가하는 동안에, '이만큼 다양한 펑션에 참가하고 있으니까, 성공하지 못할 리가 없어.'라고 생각하게 된다는 것이다. 이처럼 '나는 꼭 성공한다.'라고 마음속으로 믿으면 그 생각을 당신의 잠재의식에 들여보내기가 쉽다.

잠재의식은 무의식중에 당신의 행동을 컨트롤하므로, 여기에 자신의 생각을 주입하지 않으면 무슨 일을 해도 성공할 수 없다. 그래서 모든 펑션에 참가해서 '이만큼 많은 펑션에 참가하고 있으므로 나는 대성공한다.'라고 믿는 것이 중요하다. 그렇게 함으로써 사업에 대한 당신의 '마음 자세'가 바뀌고, 잠재의식 중에 '나는 이렇게 진지하니까 반드시 성공할 수 있다!'고 확신할 수가 있다. 그리고 잠재의식에 박힌 생각은 당신의 행동을 컨트롤하고, 성공으로 이끌어 준다.

세 번째 이유는 당신의 불타는 정열을 되도록 오래 유지하기 위해서이다. 처음 펑션에 참가한 직후 붉게 타올랐던 정열도 정기적으로 펑션에 참가하지 않으면 날이 감에 따라 조금씩 식어 간다. 왜냐하면 네임 리스트에 실린 사람들을 홈 미팅에 초대해서 사업계획을 설명해도 반드시 매번 좋은 결과가 나온다고 할 수 없기 때문이다.

특히 사후 관리를 할 때, 친구들에게 "그렇게 그럴 듯한 일이 있을 리가 없어. 넌 틀림없이 속고 있어."라든가 "그런 건 이제 옛날 얘기야."라는 말을 들으면, 보통 사람은 불타던 정열이 조금씩 꺼져들 것이다. 그걸 알기 때문에 스폰서나 업라인은 당신의 고조된 정열이 완전히 사라지기 전에 다음 펑션을 기획하고, 당신에게도 참석하라고 권하는 것이다. 당신을 세뇌해서 이용하려는 것이 결코 아니다. 업라인은 당신이 성공하기를 바라기 때문에 펑션에 초대하는 것이다. 이것을 이해 못하는 사람은 인간적으로 성장하지 못했다는 증거로, 사업을 해도 성공하지 못한다.

이와 같이 성공하고자 한다면, 정열을 갖는 것과 마찬가지로 한번 불타오른 정열을 가능한 한 오래 유지시켜야 한다. 그러기 위해서는 되도록 많은 성공자의 주변에 가서 그들이 발산하는 에너지를 호흡하고, 당신의 정열을 타는 에너지로 바꾸는 것이다. 그 가장 좋은 방법이 많은 펑션에 참석해서 가능한 많은 성공자와 사귀며 왜 성공하는가를 배우는 것이다. 그래서 모든 펑션에 참가해야 되는 것이다.

네 번째 이유는 그 때까지의 인생 경험에서 쌓아올린 가치관, 인생관, 사고 방식을 좀더 유연하게 만들기 위해서이다.

가치관, 인생관, 사고 방식 등을 심리학에서 '틀'이라고 부르는데, 자란 환경에 따라 형성된다. 나쁜 환경에서 자라면 비관적(마이너스 사고)인 사고 방식을 갖게 되고, 좋은 환경에서 자라면 낙관적(플러스 사고)인 사고 방식을 갖게 된다.

안타까운 것은 한번 형성된 틀은 치석을 칫솔로 닦아도 떨어지지 않듯이, 개인적인 설득과 자기 혼자만의 노력으로는 바꾸기가 어렵다는 것이다. 오랜 세월에 걸쳐서 치아에 쌓인 치석을 떼어 내고 싶으면 치과에 가야 하듯이, 긴 세월에 걸쳐 형성된 틀을 바꾸려면 외부로부터의 영향력이 필요하다.

그 외부로부터의 영향력의 하나가 펑션에 참가해서 자신과 같은 처지의 사람들이 자기 인생을 좋은 방향으로 바꾸려고 진지하게 노력하는 모습을 보는 것이다. 그러면 그의 틀에 변화가 일어나고 자연히 새로운 틀이 형성된다. 하지만 언제 그 사람의 틀이 바뀔지는 아무도 모른다. 어떤 사람은 펑션에 한 번 참가했는데 변할지도 모르고, 어떤 사람은 5번째일지도 모른다. 그러나 대부분의 경우, 한 두 번 참가해서 틀의 변화가 일어나는 것은 희박하다.

이상의 4가지 이유 때문에 펑션에 참가하지 않으면 안 된다.

어떤 사람은 "그러면 펑션에 가지 않아도 초청 연사나 여러 사람들의 연설을 녹음한 테이프를 들으면 되잖아. 그리고 '이만큼 테이프를 들었으니까 나는 성공할 수 있다'고 생각하면 되잖아."라고 생각할지도 모른다. 그러나 테이프로는 초청 연사나 회장 전체에서 발산되는 독특한 분위기와 에너지를 느낄 수가 없다.

최상의 방법은 녹음기를 가지고 펑션에 참가해서 연설을 녹음하는 것이다. 그렇게 하면 초청 연사나 회장의 분위기를 몸으로 느낄 수도 있고 에너지도 흡수할 수 있기 때문이다. 게다가 직접 녹음한 연설 테이프를 나중에 반복해서 들음으로써 회장 분위기나 에너지를 받았던 느낌을 다시 한번 떠올릴 수가 있다. 또, 낙담했을 때 그 테이프를 들으면 격려가 될 것이다. 그러므로 녹음기를 들고 가능한 많은 펑션에 참석하길 바란다.

5) 성공한 사람은 처음부터 성공하는 자의 사고 방식, 가치관, 분위기를 갖고 있었다

사업이나 스포츠, 어떤 것이든 마찬가지지만, 성공한 사람들은 반드시 뭔가 몸에서 발산되는 독특한 분위기와 에너지를 가지고 있는 것 같다. 자세히 관찰해 보면, 시작한 지 얼마 안 된 사람이나 크게 성공한 사람이나 그 수준에 맞는 분위기와 에너지를 내뿜고 있음을 알 수 있다.

그리고 성공하지 못한 사람도 그 수준에 맞는 분위기와 에너지를 발산하고 있다. 그러면 사업으로 성공하려면, 언제부터 성공한 사람이 갖고 있는 분위기와 에너지를 발산해야 할까?

대통령과 총리가 된 사람들은 처음부터 많건 적건 그 품격을 갖추고 있던 사람들이다. 대통령이 되고 나서 대통령의 품격을 갖추려고 하면 대통령 후보도 될 수 없다. 후보자 자신이 "나는 대통령에 적합한 인간이다!"라고 처음부터 확신을 갖고 있어야 하며, 스스로 자신 있는 태도를 갖지 않으면 후보에도 오르지 못하고, 절대로 대통령이 될 수 없다.

본론으로 돌아가서, 네트워크 마케팅에서 당신이 큰 그룹을 만들어서 성공하고 싶다면, 사인을 끝낸 순간부터 성공한 사람의 사고 방식과 가치관, 분위기를 가져야 한다. 그렇다면 사업을 막 시작한 당신이 성공한 사람과 같은 분위기와 에너지를 발산하는 방법은 무엇인가? 그것은 당신이 성공한 사람처럼 행동하면 가능하다. 그렇게 하면, 당신 주변의 사람들도 당신을 그렇게 대해 줄 것이기 때문이다.

성공한 사람처럼 행동하는 것은 '나는 꼭 성공할 수 있다.'고 스스로 자신감을 갖는 것인데, '나는 다른 사람과 다르다.'고 허세를 부리거나 타인을 업신여기는 것은 아니다. 왜냐하면 누구나 '나는 위대하다.'고 잘난 척하는 사람을 싫어하기 때문이다.

또, 내가 "성공한 사람처럼 행동하라."고 말하는 것은 성공한 사람처럼 비싼 차나 수백 억씩 하는 집을 사라는 '물질적'인 의미가 아니다. 내가 말하고 있는 의미는 '정신적'인 것이다.

사인을 했을 때부터, 성공해서 몇 천 만원의 보너스를 받고 있는 자신의 모습을 수없이 상상한다. 그 때부터 성공한 사람들이 갖고 있는 사고 방식과 인생관, 가치관을 배우고 그들이 갖고 있는 분위기를 자신의 것으로 바꿔야 한다는 뜻이다.

성공한 사람들은 성공하고 나서 지금과 같은 사고 방식, 인생관, 가치관을 갖게 된 것이 아니다. 그들은 네트워크 마케팅을 시작한 초기부터 리더에 적합한 사고 방식, 인생관, 가치관을 갖고 있었기 때문에 성공한 것이다.

그러나, 네트워크 마케팅의 독특함은 당신이 사업을 시작한 초기부터 성공한 사람의 사고 방식, 가치관, 인생관을 갖고 있지 않아도, 어떤 일정한 수의 사람들을 스폰서 하면 그 안에 디스트리뷰터가 된 초기부터 성공자가 갖는 분위기나 에너지를 자아내는 사람이 반드시 몇 명 나온다는 것을 알게 된다.

이것은 당신이 반드시 처음부터 성공자가 지녀야 할 분위기나 에너지를 갖고 있지 않아도 큰 사업을 할 수 있는 가능성을 갖고 있다는 뜻이다. 하지만 디스트리뷰터가 되었기 때문에 아무 것도 하지 않아도 성공할 수 있다는 의미는 아니다. 왜냐하면 당신은 네트워크 마케팅에서 성공하는 사람이 당신의 그룹에서 나올 때까지 프로스펙터를 스폰서 해야 되기 때문이다.

6) 남을 존경하는 자는 언젠가 꼭 존경을 받는다

그룹 리더는 그냥 펑션에 참가만 하는 게 아니라 되도록 빨리 가서 의자를 배열하거나 칠판과 마이크로폰을 준비하고 스스로 나서서 돕는 사람이다. 또 펑션이 끝난 뒤에도 가능한 회장에 남아서 의자를 정리하고 청소를 돕는 사람이다.

회장에 나와 있는 의자와 책상은 누군가가 배열해야 하고 칠판과 마이크로폰도 누군가가 준비하지 않으면 안 된다. 그리고 펑션이 끝나면 당신처럼 일하느라 지친 사람들이 의자와 책상을 치우고 회장을 청소한다. 그 중에는 의자와 책상에 발이 달려서 저절로 배열되고 정리된다고 생각하는 사람도 더러 있다.

그룹 리더는 다른 사람을 위해 봉사하는 것을 아까워하지 않는 사람들이다. 당신이 회장에서 돕고 있으면 초청 연사와 이야기할 기회도 있고, 생각지 못한 체험과 정보를 얻을 수도 있다. 이것은 봉사하는 사람들만이 얻을 수 있는 특권이다.

"남에게 봉사하면, 언젠가 그 몇 배로 불어나서 자신에게 돌아온다." 이러한 세상의 법칙을 직접 몸을 써서 그룹 사람들에게 가르쳐 주는 것이다. 그룹 리더가 되는 사람은 그룹원들에게 "이렇게 하라, 저렇게 하라."고 입으로 떠드는 게 아니라, 자신이 직접 해보이는 것이 중요하다. 당신의 다운 라인은 당신이 한 말이 아니라, 당신이 하는 행동을 모방하기 때문이다.

7) 그룹 리더가 되어야 성공할 수 있다

여러분은 음악회에 가 본 경험이 있을 것이다. 거기에 가는 대부분의 사람들은 음악회가 시작되기 조금 전에 회장에 들어간다. 그 이유는 무엇일까?

그것은 집에서 회장까지 몇 분 걸리는지 계산해 보고, 음악회가 시작되기 조금 전에 도착하도록 시간을 조정해서 집을 나오기 때문이다. 그러면 음악회의 중심인물인 지휘자나 악기를 연주하는 사람들도 음악회가 시작되기 조금 전에 회장에 도착할까?

그들은 몇 시간 전부터 회장에 와서 연주 연습을 하고 있을 것이다. 그뿐만이 아니다. 그들은 몇 개월, 혹은 수년 전부터 음악회

준비와 연주 연습을 하고 있다. 이처럼 음악회에는 크게 나눠서 음악을 연주하는 사람들과 그것을 듣는 사람들이 있다. 그러나 지휘자나 연주자는 수입을 얻지만, 연주를 듣는 사람들은 수입을 얻지 못한다.

네트워크 마케팅 회사가 주최하는 평션에서도 음악회와 똑같이 2가지 타입의 사람들을 볼 수 있을 것이다. 전자는 무대 위에 올라가서 연설하는 강사와 상을 주는 리더들, 그리고 후자는 그 연설을 듣거나 무대 위로 올라간 사람들을 부러워하거나 축복하는 참가자이다.

네트워크 마케팅에서는 그룹의 중심 인물이 되는 사람들을 다른 디스트리뷰터와 구별해서 '그룹 리더'라고 부른다. 전자는 그룹 리더이고, 후자는 그룹 리더가 아니다.

네트워크 마케팅에서 그룹 리더가 아닌 사람들은 야구 경기에서 말하면, 관중석에서 야구 시합을 관전하는 '관중'이다. 그리고 그룹 리더는 시합(게임)에 참가하는 야구 선수이다. 양자는 같은 경기장 안에 있는 것은 확실하지만, 각각의 목적은 다르다.

전자인 관중은 동료와 함께 즐거운 시간을 보내는 것이 목적이고, 수입을 얻지는 못한다. 후자인 선수는 시합을 하는 것이 목적으로, 많은 수입을 얻을 수 있다. 네트워크 마케팅에서는 누가 성공을 하고 큰 수입을 올릴 수 있을까? 그렇다. 그룹 리더들이다.

8) 행동으로 상대방의 생각을 짐작할 수 있다

평션에 참가할 때 한 가지 주의할 점이 있다.

평션이 끝났어도 곧장 주차장으로 가지 말기를 바란다. 먼저 돌아가려는 사람들로 주차장이 엄청나게 붐비기 때문이다. 앞을 다튀 집에 돌아가려는 사람이 누구인지 알 수 있을 것이다. 누구나 사람들이 마음속으로 무슨 생각을 하고 있는지 알 수 있는 것은 아니다. 그러나 그 사람의 행동을 보면, 그 사람이 이 사업을 어떻게 받아들이고 있는가, 무슨 생각을 하고 있는가를 어느 정도 판단할 수 있다.

당신은 그룹 사람들이 마음속으로 무엇을 생각하고 있는지 알 수 없을 것이다. 그러나 그들의 행동을 관찰함으로써, 그들이 사업을 어떻게 생각하고 있는지, 대강은 짐작할 수 있을 것이다. 디스트리뷰터가 되었어도 정기적으로 펑션에 참가하지 않거나, 참가해도 펑션이 시작하기 직전에 도착하고, 끝나면 바로 집에 돌아가 버리는 사람을 보면, 그 사람이 어느 정도 사업을 진지하게 생각하고 있는지 대충은 알 수가 있다.

펑션이 시작되기 조금 전에 회장에 가서 펑션이 끝남과 동시에 돌아가 버리는 사람들은 그룹 리더가 아니며, 초청 연사나 회장 준비를 해주는 사람들에게 감사의 마음을 갖지 않는 사람들이다. 유감스럽게도 펑션에 참가하는 진정한 의미를 이해하지 못한 사람들이다.

한편, 그룹 리더는 항상 펑션이 예정대로 진행되도록 신경을 쓰는, 다른 사람들을 배려할 줄 아는 사람들이다. 그래서 그룹 리더는 되도록 빨리 회장에 가서 무언가를 돕고, 펑션이 끝나도 회장에 남아서 뒷정리하는 것을 돕는다. 혹은 펑션이 끝난 뒤, 초청 연사에게 감사의 마음을 전하고, 프로스펙터를 초청 연사에게 소개하면서 늦게까지 회장에 남아 있는 사람들이다.

펑션이 끝나도 금방 집에 돌아가지 않으면 이로운 점이 있다. 예상치 못한 좋은 일이 일어나는 것은 펑션이 끝난 뒤이기 때문이다.

끝난 뒤 패밀리 레스토랑 같은 곳에서 열리는 '애프터 미팅'은 초청 연사와 직접 이야기하거나 얼굴을 익히거나 궁금하게 생각했던 것을 물어 볼 수 있는 절호의 찬스이다. 펑션 중에는 좋은 일이 생기지 않는다는 말이 아니다. 단지 업라인에게 카운셀링을 받거나 최신 정보를 들을 수 있는 것은, 펑션 후의 애프터 미팅이라는 뜻이다.

9) 네트워크 마케팅을 이해하려면 고정 관념을 바꿔야 한다

긴 역사로 볼 때, 네트워크 마케팅이 매스컴의 화제가 되게 된 것은 극히 최근의 일이다. 따라서 아직 보통 사람들은 익숙하지 않고 그들이 갖고 있는 사업 관념에서 네트워크 마케팅은 멀리 떨어져 있다. 그래서 일반인들은 무작정 네트워크 마케팅을 오해해 버리는 것이다.

네트워크 마케팅을 이해하려면 그 고정 관념을 바꿀 필요가 있는데, 그러기 위해서는 여러 펑션에 참가해서 자신과 비슷한 처지의 수많은 사람들이 진지하게 사업에 임하고 있는 모습을 보는 방법밖에 없다.

12. 제7조건 : 팀워크를 배운다

1) 네트워크 마케팅은 팀 비즈니스

그룹 리더가 되는 일곱 번째 조건은 '팀워크를 배운다', 즉 팀 플레이어가 되는 것이다.

네트워크 마케팅에서 성공하려면, 타인의 성공을 질투하지 않고,

팀 메이트의 성공을 서로 기뻐하고, 칭찬하고, 서로 교화해 가고, 타인의 험담이나 잘못을 일절 말하지 않을 것. 왜냐하면, 네트워크 마케팅은 야구나 축구처럼 팀워크로 하는 사업이지, 권투 선수나 마라톤 선수처럼 혼자서 하는 사업이 아니기 때문이다. 그래서 네트워크 마케팅을 휴먼 비즈니스 또는 피플즈 비즈니스라고 부르는 것이다.

팀워크를 배우려면 우선 가장 먼저 자기 자신이 팀 플레이어야 한다. 그리고 팀 플레이어가 되려면, 다른 사람한테 배우려는 겸허한 자세를 가져야 한다. 이 사업을 시작할 때에는 학력, 직함, 연령, 성별 등에 관계없이, 누구나 1년간 학교에 다니는 듯한 마음 자세로 사업을 해야 한다. 수강료를 내고 수영이나 테니스, 컴퓨터를 배우는 사람이 있는데, 네트워크 마케팅도 그런 느낌으로 하면 된다. 그리고 열심히 하면 생각지 못한 수입을 얻을 수도 있다.

스폰서나 업라인은 교본으로 삼을 만한 선배이고, 당신을 믿고 스폰서 해줬으므로, 존경하는 마음을 가져야 한다. 가령 그들이 당신보다 나이가 어리고 학력이 낮아도, 직함이 없어도, 여성이든 남성이든 당신의 스폰서이므로 그들이 말하는 것에 귀를 기울여야 한다. 만약 당신에게 배우고자 하는 의지가 있고, 1년간 열심히 사업을 하면, 사업에 관한 것뿐만 아니라, 인생에 관한 여러 가지 지식을 배울 수 있을 것이다.

그룹 리더도 팀 플레이어다. 왜냐하면 그들은 Ⓐ 스폰서나 업라인에게 사업 방식을 배우는 겸허한 태도를 갖고 있고, Ⓑ 그들이 말하는 사항을 전부 실행하고, Ⓒ 배운 노하우나 지식을 다운라인에게 가르치는 사람들이기 때문이다.

2) 스폰서나 업라인을 모방해서 사업 방식을 바꾸지 않는다

네트워크 마케팅에서 생각할 수 있는 스폰서 방법은 수십, 수백 개가 있을 것이다. 그러나 모든 방법이 매번 프로스펙터를 100% 스폰서할 수 있는 것은 아니다.

가령, 당신이 스폰서나 업라인의 스폰서 방법을 흉내내어 자기 식으로 스폰서 활동을 하고, 운 좋게 누군가를 스폰서 했다 하자. 그 경우 당신은 한동안 그 방법을 계속해서 사용할 것이다. 그러나 그것도 완벽하지 않으므로 언젠가는 누군가에게 거절당할 것이다. 그 때, 당신은 그 때까지 사용하던 스폰서 방법을 약간 바꾸자고 생각할 것이다.

그러나 새로운 방법도 완벽하지 않으므로 또 거절당할 것이고, 당신은 다시 방법을 바꿀 것이다. 그러나 또 문제는 스폰서 방법을 바꿀 때마다 그 방법이 보다 완벽에 가까워진다는 보장이 없다는 것이다. 왜냐하면 당신이 프로스펙터를 스폰서 할 수 있는가, 없는가는 스폰서 방식만으로 좌우되는 것이 아니라, 주로 스폰서 받는 사람이 꿈을 갖고 있는가, 할 의지가 있는가, 무언가를 추구하고 있는가에 좌우되기 때문이다.

또 하나의 문제는, 스폰서 방식에 시행착오를 거듭하고 있는 당신을 보고 그룹 사람들이 무슨 생각을 하느냐이다. 그룹 사람들은 "스폰서는 매번 스폰서의 방식을 바꾼다. 이전에는 이걸 해야 한다고 하더니, 오늘은 정반대의 것을 말하고 있다. 정말로 사업 방식을 알고는 있는 걸까?"라든가 "스폰서 할 수 있을까, 할 수 없을까는 완전히 운에 달려 있군!"이라고 생각할 것이다. 그런 생각을 하지 않더라도 당신에 대한 신뢰감을 잃어버릴 것이다. 따라서 스폰서나 업라인이 하고 있는 방법을 모방해서 사업을 하는 것이 중요하다.

또 하나, 스폰서나 업라인을 모방해서 사업하는 것이 중요한 이유는 다운 라인에게 자신감을 갖고 자기 의견을 말할 수 있기 때문이다. 당신이 사업을 해 가는 과정에서 때로는 그룹의 누군가가 뭔가 새로운 사업 방식에 관해서 의견을 물어 올 것이다. 그럴 때 스폰서나 업라인을 흉내내서 사업을 하고 있다면, "그 방법은 스폰서와 업라인이 하고 있는 사업 방식이 아니므로 그걸 해도 성공할 수 있다는 보장을 못합니다."라고 자신 있게 의견을 말할 수 있다.

3) 배운 대로 사업을 하고, 배운 시스템을 그룹원들에게 가르친다

축구는 팀 단위로 플레이하는 게임이다. 팀의 일원은 코치가 하는 말을 충실히 따르고, 코치는 감독의 방침에 복종해야 한다. 네트워크 마케팅에서 새로운 디스트리뷰터가 된 사람은 비즈니스 팀의 일원이다. 그룹 리더는 코치, 그리고 업라인은 감독이다.

축구팀처럼 그룹의 코치 격인 '그룹 리더'는, 첫째로 업라인의 사업 방식을 배우고, 둘째로 배운 대로 사업을 전개하고, 셋째로 그 방식을 그룹 사람들(선수들)에게 가르쳐 주고, 넷째로 그룹 사람들은 배운 대로 사업을 해야 한다. 왜냐하면, 아무리 사업 방식을 배워도 그룹 사람들에게 가르치지 않거나, 방식을 가르쳐도 그룹 사람들이 그것에 따르지 않으면 아무 것도 안 되기 때문이다.

"사업 방식을 배우고, 그룹 사람들에게 가르치고, 배운 대로 사업을 진행한다."는 것은 말로 표현하기는 쉽지만, 실제로 실행하는 것은 간단하지가 않다. 그룹 사람들에게 사업 방식을 가르치는 최상의 방법은 당신 자신이 배운 대로 사업을 해 보이는 것이다. 입으로 "이렇게 해, 저렇게 해."라고 말하기보다, 그룹 사람들의 모범이 되도록 스스로 하는 것이다.

처음부터 잘되지 않더라도, 왜 이런 것을 해야 하는가, 그 이유를 완전히 이해하지 못해도, 스폰서나 업라인을 100% 신뢰하고 절대로 방식을 바꾸면 안 된다. 사업 방식에 일관성이 없거나, 방법을 이리저리 바꾸면, 그룹 사람들은 당신을 믿어 주지 않는다.

고교 스포츠 선수를 스카우트할 때, 대학 코치가 가장 중요시하는 것은 무엇일까? 어떤 유명한 코치는 인터뷰 중에 스카우트 기준을 다음과 같이 말했다. "우리가 스카우트하려고 하는 선수가 기술적으로 다른 선수보다 뛰어난 것은 당연하지만, 그 이상으로 우리가 중시하는 것은 그 선수가 코치의 지도에 잘 따를 수 있는가 하는 것입니다."

이 유명한 코치는 단순히 운동 실력이 좋은 선수들만 모아 놓는다고 해서 강한 팀을 만들 수는 없음을 경험으로 알고 있었던 것이다. 팀워크를 필요로 하는 게임에서는 팀 선수 개개인이 감독과 코치의 충고나 지시를 적극적으로 받아들여서 다른 멤버와 하나가 되어야만, 훌륭한 성적을 얻을 수 있다.

네트워크 마케팅은 팀워크로 하는 팀 비즈니스이다. 그래서 우리 디스트리뷰터 개개인이 스폰서나 업라인의 어드바이스나 지시를 적극적으로 받아들이고 다른 디스트리뷰터와 일치되어 사업을 하지 않는 한, 그룹은 좋은 성적을 거둘 수가 없다.

어떤 디스트리뷰터는 네트워크 마케팅의 가장 큰 매력은 다른 사람의 인생에 긍정적인 영향을 줄 수 있는 점이라고 말한다. 타인의 꿈이 실현되도록 지원해 주면, 자신의 꿈에 한 걸음 다가갈 수 있다는 것이다. 네트워크 마케팅은 그룹의 디스트리뷰터가 하나의 팀이 되어 서로 협력하면 할수록 그룹 전체가 발전한다. 혼자서는 네트워크 마케팅에서 성공할 수 없다.

4) 겸허한 태도를 가진 사람들이 성공한다

이전에 어떤 사람이 이런 말을 했었다. "나는 새로운 방법을 생각해 내는 것이 아주 싫습니다. 그러나 다른 사람이 하는 방법을 흉내내는 것은 매우 잘합니다."라고.

우리가 네트워크 마케팅에서 추구해야 할 것은 그와 같은 사람이다. 네트워크 마케팅에서는 그처럼 "당신이 말한 것을 전부 할 테니까, 나에게 사업 방식을 가르쳐 주세요."라고 다른 사람에게 무언가를 배우려는 겸허한 태도를 가진 사람을 찾아야 한다. 이와 같은 사람들이 '그룹 리더'가 되고, 성공할 가능성이 가장 높기 때문이다.

일반 사람들은 타인으로부터 무언가를 배워야만 하는 입장이 되면, 크게 2가지 그룹으로 나뉜다. 첫 번째 그룹은 남한테 배우는 것에 아무런 저항을 느끼지 않는 사람들. 그리고 두 번째 그룹은 그런 것에 저항감을 느끼는 사람들이다.

네트워크 마케팅에서도 스폰서한 사람들에게 "성공하려면 성공한 사람이 하는 대로 사업을 해야 합니다."라고 말하면 크게 2가지 그룹으로 나뉜다. 앞 그룹은 스폰서나 업라인한테 사업 방식을 배우는 것에 아무 저항감도 표시하지 않는 사람들이다. 그리고 후자는 저항을 표시하는 사람들이다.

후자 쪽은 이제까지 얻어 온 자신의 인생 경험과 지식으로 이 사업을 판단하고 "그런 방법은 안 돼. 나라면 이렇게 하겠어."라고 생각하면서, 자기 생각대로 사업을 하려고 하는 사람들이다. 이 그룹 사람들 중에는 사업 방식을 받아들이기는커녕, 스폰서나 업라인에게 자기 생각과 아이디어를 가르치려고 드는 사람도 나타날지 모른다.

　어떤 사람이든, 그의 옷차림과 외모만 보고 그가 마음속으로 무슨 생각을 하고 있는지 아는 것은 불가능하다. 그러나 시스템을 설명하고 있을 때, 상대가 "그러나……."라든가, "그것보다 이쪽 방법이……."라고 말하는 사람은 스폰서나 업라인에게 사업 방법을 배우기보다 자기 식으로 일할 확률이 높다.

　만약 빨리 축구를 잘하고 싶다면, 프로에서 활약하고 있는 선수에게 트레이닝 방법과 비결을 배우고 그것을 흉내내면 된다. 도자기를 잘 만들고 싶다면, 자신이 모시고 있는 선생님을 잘 따라 하면 된다. 이 사업으로 성공하고 싶다면, 성공한 스폰서나 업라인에게 사업 방식과 비결을 배워서 모방한다. 당신도 스폰서나 업라인에게 사업 방식을 물어 보면, 성공하는 방법과 비결을 가르쳐 줄 것이다.

13. 제8조건 : 정기적으로 카운셀링을 받는다

1) 8가지 조건 중에서 어떤 조건이 보다 중요한가?

　그룹 리더가 되는 8번째 조건은 '정기적으로 카운셀링을 받는다'는 것이다. 이것이 마지막 조건인데, "8가지 조건 중에서 어느 것이 가장 중요합니까?"라는 질문에 대한 내 대답은 "전부입니다."일 것이다.

　그룹 리더의 조건을 이런 식으로 생각해 주길 바란다. 천을 짜려면 여러 가지 실이 필요하다. 그룹 리더의 조건도 천을 짜는 것처럼 여러 요소가 섞여서 한 장의 천으로 성립되는 것이다. 그러나 천을 봐도 어떤 실이 중요하고 어떤 실이 중요하지 않은가를 지적할 수는 없다. 각각의 실이 전부 섞여서 아름다운 천을 만들기 때문이다.

그룹 리더의 조건도 천을 형성하는 실과 똑같이 어떤 조건이 더 중요한지는 아무도 알지 못한다. 나도 어떤 조건이 더 중요한지 대답할 수 없지만, 확실하게 말할 수 있는 것은, 8가지 조건 중에서 하나라도 실행하지 않으면, 당신은 절대로 그룹 리더가 될 수 없다는 것이다.

2) 카운셀링이란?

'카운셀링'이란, 난처한 일이나 모르는 일이 있을 때, 그 분야에서 성공한 사람에게 의논하고, 의견을 묻고, 충고를 받는 것을 말한다. 가령, 병원에 가서 전문의로부터 식생활과 운동 방법 등 건강에 대한 충고를 받는 것은 '카운셀링을 받는다'고 말한다.

그러나, 의사가 권한 식사 방법을 실행하는 것, 담배를 끊는 것, 음주량을 줄이는 것, 매일 운동하는 것은 당신 하기에 달렸다. 또 당신이 원한다면, 애초에 누구로부터 카운셀링을 받지 않고 스스로 건강 관리를 하면 된다. 그러나 자기 몸을 정확하게 관리하려면, 의사에게 카운셀링 받는 것이 가장 좋다. 의사에게 카운셀링 받는가? 혹은 스스로에게 의논하는가? 어떤 방법을 취하는가는 당신 스스로가 선택하길 바란다.

네트워크 마케팅에서는 스폰서나 업라인이 당신에게 카운셀링해 준다. 혹시 당신이 뭔가 새로운 것을 할 때나, 무엇을 어떻게 하면 좋을지 모를 때는 혼자서 고민하거나 해결책을 찾으려 하지 말고,

스폰서나 업라인과 의논하도록 하라.

이처럼 디스트리뷰터의 특권 중의 하나는 현역에서 활약하고 있는 업라인 리더들에게 정기적으로 카운셀링을 받는 것이다. 카운셀링을 정기적으로 받음으로써, ⓐ 많은 사업 지식과 테크닉을 배울 수 있다 ⓑ 뭔가 모르는 것이 있으면, 질문할 수 있다 ⓒ 사업 진행 상황을 알 수가 있다 ⓓ 사업의 미래 전망을 알 수가 있다 ⓔ 업라인과 같이 목표를 세울 수가 있다 ⓕ 수고와 기쁨을 업라인과 나눌 수가 있다. 이상과 같이 네트워크 마케팅에서 성공하려면, 스폰서·업라인과 은밀하게 연락을 취하면서 정기적으로 카운셀링을 받는 것이 필수 조건임을 명심하길 바란다.

그러나 카운셀링을 하는 것은 스폰서와 업라인의 당연한 의무가 아니라, 전부 '자원 봉사 활동'임을 잊지 말아야 한다. 원칙상 카운셀링의 주도권은 당신이 쥐어야 한다. 가장 먼저 당신이 사업에 진지하게 착수하고 있다는 의지를 스폰서와 업라인에게 보여 준다. 그러려면 당신 스스로 '그룹 리더의 조건'을 빨리 갖추어야 한다.

3) 3가지 파트너십

네트워크 마케팅에서 목표를 달성하려면, 다음의 3가지 사업 파트너가 서로 도우면서 사업을 하는 것이 중요하다.

---
① 네트워크 마케팅 회사
② 디스트리뷰터 계열(스폰서&업라인)
③ 당신 자신
---

① 네트워크 마케팅 회사

네트워크 마케팅 회사는 네트워크 마케팅에서 가장 중요한 '사업 계획'을 우리에게 제공할 뿐만 아니라, 신제품의 연구 개발, 제품 제조, 공급, 배달, 각종 사무 관리, 시장 조사를 하고, 매달 보너스를 계산해서 디스트리뷰터들에게 지불하고 있다. 또, 디스트리뷰터가 자기 나라 이외에서도 사업을 전개할 수 있도록 회사가 진출을 계획하고 있는 외국 정부와의 교섭, 법적 수속과 사업에 필요한 서류 작성 등도 맡아서 하고 있다.

또한, 디스트리뷰터들의 사업을 지원할 목적으로 사업에 필요한 자료, 카세트 테이프나 비디오 등과 같은 사업 도구의 작성 및 세미나, 랠리, 컨벤션 등을 개최하는 것 외에 유통 시스템 정비, TV 광고에 의한 기업 이미지 상승을 계획하면서 디스트리뷰터들이 조금이라도 사업하기 쉬운 환경을 제공하고 있다. 그리고 고객 서비스 번호를 설치해서 소비자에게서 걸려 오는 온갖 종류의 민원과 문제 처리 등을 떠맡고 있다. 또, 디스트리뷰터를 위해 핫라인을 설치하고, 가능한 쉽게 사업을 할 수 있도록 하고 있다.

이상과 같이 네트워크 마케팅 회사는 사업을 하는 데 필요한 제품의 구조와 공급, 사무적인 수속과 서류 작성 등을 디스트리뷰터를 대신해서 거의 대부분 해주고 있다. 만약 이 모든 것들을 혼자 힘으로 하게 된다면, 막대한 시간과 노력을 허비해야 하고, 사업을 할 시간이 없어지기 때문이다.

그러나, 네트워크 마케팅 회사가 하고 싶어도 시간과 자금상 할 수 없는 일이 한 가지 있다. 그것은 디스트리뷰터 개개인에게 개인적인 사업 트레이닝과 지원을 하는 것, 그리고 카운셀링을 하는 것이다.

② 디스트리뷰터 계열(스폰서 & 업라인)

　시간적으로나 자금적으로나 네트워크 마케팅 회사는 디스트리뷰터 개개인에게 개인적인 사업 트레이닝, 카운셀링, 서포트를 할 수가 없다. 이 문제를 해결하기 위해서 네트워크 마케팅 회사는 디스트리뷰터가 되려면 의무적으로 '스폰서'를 필요로 하도록 하고 있다. 회사를 대신해서 스폰서가 개인적으로 다운 라인을 트레이닝하거나, 홈 미팅을 개최하거나 어드바이스와 카운셀링을 해주는 시스템을 만든 것이다. 그리고 그 보수로, 스폰서가 자신의 다운 라인 디스트리뷰터를 많이 성공시킬수록 보너스를 많이 받을 수 있게 했다.

　이런 시스템에서는 스폰서가 네트워크 마케팅의 사업 컨셉과 사업 방식을 잘 이해하고 있으면 아무 문제가 없겠지만, 문제는 다들 알고 있듯이 네트워크 마케팅을 하고 있는 디스트리뷰터는 사업에 있어서 완전한 아마추어 집단이라는 것이다. 많은 경우, 스폰서한 사람도, 스폰서를 받은 사람도 '네트워크 마케팅이란 무엇인가'조차 충분히 이해하지 못하는 경우가 적지 않다.

　아무리 사업 매뉴얼에서 "모든 디스트리뷰터는 사업 경험이 풍부한 스폰서의 어드바이스를 받아서 사업을 해야 한다."고 말해도 실제로는 스폰서 자신도 사업 방식을 잘 모르는 경우가 대부분이다. 또 스폰서가 사업 방식을 잘 이해하고 있다고 해도 많은 디스트리뷰터들은 스폰서와 대화를 나누지 못하고 지금까지의 인생 경험을 토대로 자기 식대로 사업을 해 버리는 경우가 적지 않다. 그렇기 때문에 자기도 성공을 못하고, 그 사람에게 스폰서 받은 사람도 성공하지 못한다.

　이처럼 스폰서와 함께 사업을 하는 시스템만으로는 네트워크 마케팅을 잘 이해하지 못하는 사람과 자기 식으로 사업을 하는 사람에게 스폰서를 받는 사람은 비극적이 될 수밖에 없다.

이 문제를 해결하기 위해 네트워크 마케팅 회사는 디스트리뷰터 계열을 통해서 모든 개개인을 이미 성공한 업라인과 연결시키는 방법을 쓰고 있다. 이 방식이라면 스폰서가 ⓐ 사업 방식을 모르는 경우나, ⓑ 자기 식으로 사업을 하려 하거나, ⓒ 사업을 그만뒀어도, 사업에 필요한 올바른 지식과 정보를 업라인으로부터 얻을 수가 있다. 그리고 업라인도 그 그룹 계열을 통해서 그 위의 업라인에, 그리고 최종적으로 그룹 내에서 가장 높은 위치에 있는 업라인과 연결되도록 해 놓았다.

이 시스템이라면, 당신의 스폰서나 직속 업라인이 어떻게 해야 할 지 잘 모를 때, 혹은 당신의 질문에 대답하지 못할 때도, 그 계열에서 사업 경험이 가장 풍부한 가장 높은 업라인한테 답을 얻을 수가 있다.

이상과 같이, 우리들 디스트리뷰터가 사업에서 필요로 하는 모든 '노하우'는 스폰서를 경유해서 업라인이 제공해 준다. 당신에게 직접 어드바이스나 카운셀링을 해주는 것은 스폰서이지만, 실제로는 사업에서 성공한 업라인의 어드바이스이다. 따라서 스폰서의 어드바이스는 업라인이 해 준 것이라고 생각하고 존중해야 한다.

③ 당신 자신

네트워크 마케팅에 필요한 여러 가지 정보, 어드바이스, 카운셀링을 개인적으로 해주는 것은 예전이나 지금이나 스폰서와 업라인임에 변함이 없다. 그러나 왜 사업 방식을 설명한 매뉴얼 북을 보면서 혼자서 사업을 할 수 없는 걸까?

그것은 같은 말을 들어도 아무렇지 않게 생각하는 사람이 있는가 하면 화를 내는 사람이 있듯이, 같은 문장을 읽어도 사람에 따라서 받아들이는 법이 다르기 때문이다. 가령, "네트워크 마케팅에서는 소매보다 스폰서 활동에 중점을 두고 있습니다."라고 말하면 이것은 "소매는 하지 않아도 되는구나."라고 자기 편한 대로 해석해 버리는 사람이 반드시 나오기 때문이다. 이 말은 소매와 스폰서 활동을 비교하면, 소매도 중요하지만 후자가 더 중요하다는 뜻이다. 또 어떤 사람은 매뉴얼 중에서 자기 마음에 드는 부분만 하고 마음에 들지 않는 부분은 빼 버리거나 하지 않는 사람도 있다.

그래서 네트워크 마케팅에서 성공하고 싶다면, 당신에게 올바른 매뉴얼 해석 방법과 올바른 사용법을 가르쳐 주고 결과를 체크해 주는 개인 코치가 필요하다. 그 개인 코치의 역할을 하는 것이 스폰서와 업라인이다.

당신은 회사를 신뢰하고, 스폰서와 업라인을 믿으며, 정기적으로 카운셀링을 받을 수 있는가. 네트워크 마케팅에서 성공할 수 있는가, 아닌가의 '열쇠'는 바로 당신 자신이 쥐고 있다.

4) 왜 카운셀링이 필요한가?

왜 네트워크 마케팅에서 성공하려면 정기적으로 카운셀링을 받아야 하는가? 이유가 생각나지 않는다면, 당신이 프로 스키어나 골퍼, 테니스 선수, 혹은 파일럿이 되는 것을 생각해 보라. 당신은 이런 분야에서 여러 가지 지식과 테크닉을 가르쳐 줄 지도자나 코치의 도움 없이 프로가 될 수 있을까?

자기 힘만으로 그 분야에서 프로가 되려고 하는 자신의 모습을 상상해 보라. 과연 당신은 프로 스키어나 골퍼가 될 수 있을까?

혹시 됐다고 하면 얼마나 시간이 걸릴까? 지도자나 코치는 그 분야에서 이미 성공했고, 당신의 성공을 믿고 있을 뿐만 아니라, 당신에게 뭐가 필요한지, 어떤 일을 집중해서 하지 않으면 안 되는지를 잘 알고 있다. 그리고 그런 것들을 당신에게 가르치는 방법도 알고 있다.

네트워크 마케팅도 예외가 아니다. 당신의 스폰서와 업라인은 사업에서 성공하는 조건과 원칙을 알고 있을 뿐만 아니라, 이미 성공의 길을 걸어 본 경험을 갖고 있다. 그래서 성공하려면 처음에 무얼 해야 하는지를 당신에게 가르쳐 줄 수 가 있다. 따라서 당신이 그들에게 카운셀링을 받느냐 안 받느냐는 사업에서 성공할 수 있는가, 아닌가의 커다란 관건이 된다.

왜 네트워크 마케팅에서 성공하는데 카운셀링을 받을 필요가 있는가. 그 이유를 당신이 프로 스키어가 되려고 한다는 가정 하에 설명하고자 한다. 스키를 잘 타지 못한다면, 「스키를 잘 타는 완벽한 매뉴얼」을 사서 그 안에 있는 사진과 해설서를 읽어 보면 금방 요령을 익힐 수 있을 것이다. 그러나 정말로 스키를 잘 타고 싶다면 실제로 스키장에 가서 스키를 타지 않으면 안 된다. 물론, 당신은 매뉴얼을 들고 실제로 스키장에 가서 미끄러져 볼 수도 있을 것이다. 문제는 누가 당신의 스키 폼을 체크해 주느냐이다. 스스로 자신의 틀린 점을 체크한다는 것은 어렵다.

단기간에 스키를 잘 타고 싶다면, 틀린 부분을 지적해 주고 고쳐 줄 프로 지도자가 필요하다. 프로 스키어가 되어 생계를 꾸릴 생각이라면, 더 한층 프로 지도자에게 레슨을 받고 정기적으로 카운셀링을 받을 필요가 있다. 이 프로 지도자에 해당하는 것이 네트워크 마케팅에서는 당신의 스폰서와 업라인이다. 그들은 실제로 사업을 하면서 이해하기 쉽게 노하우를 가르쳐 줄 것이다.

5) 카운셀링 가이드라인
① 카운셀링은 업라인이 자동적으로 다운라인에게 해줘야 할 의무가 아니다. 또, 업라인이면 누구나 자신의 다운라인에 카운셀링을 해줄 수 있는 것도 아니다. 카운셀링이란 다운라인이 자기 계열 내에서 자기 보다 레벨이 높은 '업라인 그룹 리더'에게 요청하는 것이다.
 '업라인 그룹 리더'란 ⓐ 당신보다도 레벨이 높고, ⓑ 이미 5인 이상의 프론트라인 디스트리뷰터를 스폰서하고, ⓒ 모든 '그룹 리더의 조건'을 충족하고 있는 사람으로, ⓓ 그 사람도 업라인 그룹 리더로부터 정기적으로 카운셀링을 받고 있다. 다운라인을 카운셀링할 수 있으려면 이상의 4가지 조건을 갖추어야 한다.
② 카운셀링이라면, 신규 디스트리뷰터들만 받는 것이라고 생각하는 경향이 있지만, 실제로 이미 성공한 디스트리뷰터들도 정기적으로 그들의 업라인 그룹 리더로부터 카운셀링을 받고 있다. 그리고 그 업라인 그룹 리더들도 정기적으로 그들의 업라인 그룹 리더에게 카운셀링을 받는다(이하 업라인 그룹 리더를 업라인 리더라 부른다).
③ 당신이 업라인 리더에게 카운셀링을 받는 것은 당신의 인간적 미숙함과 무지를 의미하는 것이 아니다. 카운셀링을 받는 것은, ⓐ 당신이 인간적으로 미숙하다. ⓑ 처음으로 팀워크의 중요성을 이해했다. 그리고 ⓒ 네트워크 마케팅에서 성공하려면 업라인의 카운셀링이 필요하다는 것을 이해했다는 '표시'이다. 네트워크 마케팅은 팀 비즈니스이다. 당신은 마라톤 주자나 단독 모험가가 되

어서는 안 된다. 정기적으로 카운셀링을 받는 것은 성공에의 첫걸음이다.

④ 정기적으로 업라인 리더로부터 카운셀링을 받을 때, 혹은 그렇게 하도록 업라인 리더로부터 지시가 떨어진 경우에 한해서, 사업 경험이 적은 스폰서는 다운라인에게 사업 어드바이스를 하거나 사업 트레이닝을 할 수가 있다. 기업에서는 사장이, 스포츠계에서는 감독만이 리더십을 발휘할 수 있듯이, 네트워크 마케팅에서도 그 그룹에서 가장 레벨이 높은 업라인 리더만이 리더십을 발휘할 수 있다. 따라서 사업 경험이 없는, 스폰서가 된 지 얼마 안 되는 사람은 아무리 자기가 스폰서한 다운라인이라도, 독자적으로 리더십을 발휘하고 그 사람에게 어드바이스를 하거나 사업 트레이닝을 하거나 카운셀링을 하면 안 된다.

왜 이미 성공한 업라인 리더만이 리더십을 발휘할 수 있을까? 그 이유는 자동차를 한 번도 운전해 본 적 없는 사람이 조수석에 타서 자기 생각만으로 남에게 운전을 가르친다면, 그 자신이나 운전자에게 몹시 위험하듯이, 사업 경험이 없는 사람이 성공하는 법을 가르치는 것은 불가능하며, 가르치는 사람이나 배우는 사람에게나 위험하기 때문이다.

⑤ 업라인과의 카운셀링 횟수는 한 달에 적어도 1회는 가져야 될 것이다. 그러나 그룹이 단기간에 성장한 경우에는 카운셀링 횟수는 최저 1주일에 한 번, 그룹이 더 한층 크게 성장한 경우에는 하루에 한 번 꼴이 되는 일도 있다. 횟수는 당신이 업라인 리더와 대화를 통해 결정하길 바란다.

⑥ 당신이 스폰서 활동을 많이 하면 할수록 많은 사람들을 스폰서 할 수 있을 것이다. 그리고 당신의 그룹이 커지면 커질수록 자

주 업라인 리더로부터 카운셀링을 받아야 한다. 그리고 카운셀링의 횟수가 많아질수록, 그리고 이 사업을 알게 될수록 자신이 아무 것도 모르고 있었음을 통감하게 될 것이다. 이미 성공한 업라인 리더는 경험으로 당신이 모르는 지식을 많이 가지고 있다. 만약 당신이 카운셀링을 받지 않는다면, 그들이 갖고 있는 지식을 이용할 수가 없다.

⑦ 카운셀링은 원칙상 얼굴을 맞대고 해야 하지만, 같은 방식으로 사업을 하고 있을 경우에는 먼 곳에 있는 그룹에 한해서 전화로 해도 상관이 없다. 이처럼 같은 방식으로 사업을 하고 있다면, 전화로 하는 카운셀링도 가능해진다. 또, 전화를 하는 목적은 어디까지나 카운셀링이며, 제품의 주문을 받기 위함이 아니다.

⑧ 혹시 불행하게도 당신의 다운라인이 모두 그만둬서 그룹에 아무도 존재하지 않을 때와 그룹 리더에서 탈락했을 경우에는 업라인 리더의 카운셀링을 전화로 하게 되는 일도 있다. 또 카운셀링 대신 업라인 리더는 독서나 테이프를 들을 것을, 혹은 미팅과 랠리에 참가할 것을 숙제로 내줄지도 모른다. 많은 경우, 당신이 숙제를 하지 않는 한, 업라인 리더는 다음 단계를 지시할 수 없음을 명심해 주길 바란다. 왜냐하면 서서 걷지도 못하는 아이에게 달리는 법을 가르치면 다리가 부러질 테니까. 우선 가장 먼저 아이에게 보행 연습을 충분히 시킨 뒤에 상황을 봐서 달리는 연습을 시켜야 한다.

마찬가지로 다음 단계로 갈 준비가 되어 있지 않은 사람에게 다음 단계를 가르치면 오히려 그 사람에게 해가 될 뿐이다. 그래서 업라인 리더는 다음 단계의 준비 과정으로 당신에게 여러 가지 숙제를 내주는 것이다. 업라인 리더는 당신을 자주 관찰하고 있고,

언제 당신이 다음 단계로 갈 것인가, 그 타이밍을 알고 있다.

⑨ 네트워크 마케팅에 있어서 카운셀링을 받는 과정이란 서로가 갖고 있는 최첨단 지식과 테크닉을 '서로 나누는' 것을 체계화하는 것이다. 이 과정을 체계화하면 성공한 사람이 갖고 있는 최첨단 정보가 그룹 구석구석까지 침투된다. 또, 카운셀링을 통해서 처음으로 그룹 내 사람들 사이에 강한 신뢰 관계가 생겨난다.

이상으로 카운셀링이란 무엇인가, 3개의 파트너십, 카운셀링이 필요한 이유, 그리고 카운셀링의 가이드라인을 설명했다. 스폰서나 업라인은 당신이 확실한 목표를 갖도록 도와주고, 그 목표를 실현하는 수단과 방법을 가르쳐 주는 당신의 생명선이다. 그래서 성공하고 싶다면, 정기적으로 카운셀링을 받을 필요가 있다.

그러나, 카운셀링을 받기 전에 먼저 당신이 해야 할 일이 있다. 그것은 당신을 도와줄 업라인에게 '이 사람은 진지하게 성공하고 싶어한다.'는 인식을 심어 주는 것이다. 그러기 위해서 당신은 가능한 빨리 그룹 리더가 되어 업라인에게 정기적으로 카운셀링을 받아야 한다.

14. 마지막으로 한 번 더

모든 네트워크 마케팅에서 성공한 디스트리뷰터들을 조사해 본 결과, 이상에서 설명한 「그룹 리더가 되는 8가지 조건」을 전부 갖추고 있음이 밝혀졌다. 그 명백한 8가지 조건을 전부 갖추고 네트워크 마케팅을 하고 있는 디스트리뷰터들을 다른 사람들과 구별해서 '그룹 리더'라고 부른다.

그룹 리더는 따로 '키 퍼슨' 또는 '열쇠가 되는 사람'이라고도 부르지만, 그 의미는 같다. 만약 당신이 네트워크 마케팅을 해서 단기간에 성공하고 싶다면, 「그룹 리더의 조건」을 충분히 이해하는 것이 매우 중요하다.

그렇다면, 왜 그룹 리더가 중요한 것일까? 그것은 네트워크 마케팅에서 그룹을 크게 만드는 방법이 눈사람을 만드는 원리와 똑같기 때문이다. 커다란 눈사람을 만들려면, 처음에는 눈사람의 '중심'이 되는 덩어리를 만들고, 그것을 굴려서 점점 큰 눈덩어리로 만든다.

이와 마찬가지로 네트워크 마케팅에서는 그룹 리더가 중심이 되어 그룹이 커져 간다. 네트워크 마케팅에서 그룹을 크게 만들어 가는 과정이란, 그룹의 중심이 되는 그룹 리더를 찾는 일이다. 따라서 사업 초기 단계에 당신이 해야 할 일의 하나는 되도록 빨리 '그룹 리더'가 되는 것이다. 당신이 그룹 리더가 되어 그 조건을 잘 이해하고 있지 못하면, 당신 눈앞에 그룹 리더가 있어도 깨닫지 못하기 때문이다. 또 자기가 처음에 그룹 리더가 되지 못하면, 다운라인에 그룹 리더의 조건을 가르칠 수가 없다.

왜 다운라인에게 「그룹 리더의 조건」을 가르쳐야 하는가. 왜냐하면, 다운라인이 「그룹 리더의 조건」이 무엇인지 모르면, 아무도 조건을 갖추려고 노력하지 않기 때문이다.

마지막으로 다운라인 그룹 중에서 누가 「그룹 리더의 조건」을 갖추고 있는가를 분별해야 한다. 다운라인 그룹도 예외 없이 그룹 리더를 중심으로 성장하기 때문이다.

P·A·R·T
2

성공으로 이끄는 10가지 원칙

성공으로 이끄는 10가지 원칙

   네트워크 마케팅으로 성공한 디스트리뷰터들이 「그룹 리더가 되는 8가지 조건」을 전부 갖추고 있다는 것은 1장에서 이미 서술했다. 그리고 그룹 리더의 조건을 자세히 분석한 결과, 네트워크 마케팅에서의 성공을 좌우하는 「10가지 원칙」이 있음이 밝혀졌다. 그런 원칙을 이 책에서는 「네트워크 마케팅 - 성공으로 이끄는 10가지 원칙」이라고 부르기로 한다.

   이제부터 설명할 「10가지 원칙」을 이해하면, 반대로 '왜, 「그룹 리더가 되는 8가지 조건」을 갖추면 네트워크 마케팅에서 성공하는가'에 대한 그 이면의 가려진 이유를 이해할 수 있을 것이다. 지금부터 「그룹 리더가 되는 8가지 조건」과 「성공으로 이끄는 10가지 원칙」의 인과 관계를 설명하겠다.

1. 성공한 사람의 공통 조건

   네트워크 마케팅을 하고 있는 디스트리뷰터들의 큰 궁금증은 예나 지금이나 "왜 같은 사업을 해도 어떤 사람은 단기간에 성공하고, 어떤 사람은 성공할 수 없는가?"일 것이다. 그 대답을 찾아내기 위해 수많은 성공한 사람들을 관찰하고 연구한 결과, "성공한 사람들은 그 사람의 배경, 예를 들어, 연령, 성별, 학력, 직업, 직함, 국적, 종교, 피부색 등과 연설을 잘하고 못하고에 전혀 관계없이 성공한다"는 것을 알아냈다.

그렇다면, 성공이 그러한 배경과 관계없다면, 무엇이 네트워크 마케팅에서 성공하는 요인일까? 그룹이 크게 성장한 성공자를 조사한 결과, 그들 모두가 갖추고 있는 몇 개의 '공통 조건'이 존재함을 알아냈다. 현재 그런 공통 조건은 그룹 계열이 달라도 혹은 사업이 전개되고 있는 국가나 지역이 달라도 공통됨을 알 수 있다. 그것은 1장에서 이미 설명하였다.

그러나, 그 사업에서 성공하는 공통 조건이 있는 것은 특별히 네트워크 마케팅에 국한된 것이 아니다. 한국에 진출한 성공한 외자계 기업을 조사해 본 결과, 업종이나 취급하는 제품의 종류, 국적 등에 상관없이, 성공한 대부분의 기업에 어떤 공통점이 있음을 알았다.

그 공통점이란 ⓐ 상품력 ⓑ 한국 및 한국 시장에 대한 이해와 대응 ⓒ 일본인에의 권한 위임 ⓓ 본사의 신뢰와 백업 등이다. "성공하는 데에는 성공하는 조건이 있다."는 것은 비즈니스, 학업, 스포츠, 어디에서나 마찬가지일 것이다.

네트워크 마케팅을 시작한 여러분도 시행착오를 겪으면서 사업을 전개하게 될 것이다. 그러나 사업에서 시행착오란, 자신뿐만 아니라 그룹에 포함된 사람들의 귀중한 시간과 노력을 헛되게 하고, 결과적으로 자신의 꿈뿐만 아니라 타인의 꿈까지 망가뜨리게 된다.

그래서 이 책에서는 '현재, 사업을 하고 있는 사람들', 그리고 '이제부터 사업을 하려고 하는 사람들'이 시행착오를 겪고 귀중한 시간과 노력을 낭비하지 않도록, 어떤 사람은 왜 단기간에 성공하는지, 그 조건과 그 이면에 숨겨진 원칙을 설명하려고 한다.

2. 왜 리더의 조건을 갖추면 성공할 수 있는가?

모든 성공한 사람은 예외 없이 「그룹 리더가 되는 8가지 조건」을 실행하고 있음이 확실해졌다. 그러나 두 번째 의문은 "네트워크 마케팅에서 성공한 사람들이 갖추고 있는 그룹 리더의 조건은 어떤 원칙에 따르고 있는 것이 아닌가?"라는 것이었다.

그리고 「그룹 리더의 조건」을 상세히 분석한 결과, 네트워크 마케팅에서 성공하려면 「10가지 원칙」이 있음이 드러났다. 그런 원칙이 이제부터 설명할 '네트워크 마케팅 성공으로 이끄는 10가지 원칙'이다.

네트워크 마케팅에서 성공하려면 적어도 「성공으로 이끄는 10가지 원칙」을 항상 염두에 두고, 다음 순서에 따라서 사업을 해 나갈 필요성이 있다.

첫째, 사업에 필요한 지식을 배운다.
둘째, 배운 지식을 반복해서 사업에 응용하고 자신의 것으로 만든다.
셋째, 배운 지식을 그룹 사람들에게 가르쳐 준다.

당신이 네트워크 마케팅에서 성공할지 어떨지는 「성공으로 이끄는 10가지 원칙」을 얼마나 고려해서 사업을 하느냐에 좌우된다. 만약 당신이 안정된 사업을 구축하고 싶다면, 모든 원칙을 이해하고 사업에 10가지 원칙을 균형 있게 적용시키는 것이 최대 관건이다. 「성공으로 이끄는 10가지 원칙」 중에서 하나라도 빠지면, 이 사업에서는 절대로 크게 성공할 수 없다.

성공으로 이끄는 10가지 원칙이 명백해진 결과, 이제 우리는 "네트워크 마케팅에서 성공하는 것은 운명과 기회가 아니라, 10가지 원칙에 따라 나 자신의 힘으로 일궈 내는 것이다!"라고 확신에 찬 목소리를 낼 수 있게 되었다.

3. 5대 영양소

그러면 「성공으로 이끄는 10가지 원칙」은 네트워크 마케팅에서 어떤 역할을 하고 있을까? 5대 영양소가 우리들의 건강 유지에 어떤 역할을 하고 있는가와 비교해 보면 이해하는 데 도움이 될 것이다. 우리가 장기적으로 건강을 유지하려면, 5대 영양소를 균형 있게 섭취하고, 적당한 운동과 규칙적인 생활을 해야 한다. 그러면 5대 영양소란 무엇인가?

5대 영양소는 탄수화물, 지방, 단백질, 비타민, 미네랄 등 건강한 몸을 유지하는 데 없어서는 안 되는 영양소를 말한다. 각각의 영양소는 체내에서 특유의 역할을 수행하고 있다. 예를 들어 탄수화물과 지방은 에너지원으로 쓰이고, 단백질은 전부 세포의 기초 물질이 되고, 비타민은 단백질, 지방, 탄수화물이 체내에서 에너지로 전환되는 것을 돕고, 미네랄은 골격과 치아 형성에 중요한 역할을 맡고 있다. 그리고 그들 영양소를 균형 있게 섭취하려면 다양한 종류의 음식물을 섭취해야 한다. 5대 영양소와 각 영양소가 함유되어 있는 음식물과 체내에서의 움직임을 다음과 같이 정리해 보았다.

영양소   주로 함유된 음식물과 체내에서의 역할

① 탄수화물·····곡류, 감자류, 콩류에 많이 함유되어 있고, 체내에 흡수되어 에너지원이 된다.
② 지방········버터나 라드 등에서 취할 수 있는 동물성 지방, 그리고 샐러드 오일이나 대두유 등에서 얻을 수 있는 식물성 지방의 2종류가 있으며, 에너지원으로서 체내에 축적된다.
③ 단백질······생선, 달걀 등에 들어 있는 동물성 단백질, 두부나 등에 들어 있는 식물성 단백질의 2종류가 있다. 단백질은 모두 세포의 기초 물질이 된다.
④ 비타민······체내에서의 흡수 방법에 따라, 양배추, 사과, 무 등에 많이 함유되어 있는 수용성 비타민과 피망, 시금치, 당근 등에 많이 들어 있는 지용성 비타민으로 분류된다. 비타민은 단백질, 지방, 탄수화물이 체내에서 에너지로 전환되는 것을 돕는다.
⑤ 미네랄······유제품, 해조류, 작은 생선 등에 들어 있고 뼈와 치아 형성에 중요한 역할을 한다.

이상의 5대 영양소가 네트워크 마케팅에서는 「성공으로 이끄는

10가지 원칙」에 해당된다. 그리고 각 영양소를 포함한 음식물이 네트워크 마케팅에서는 「그룹 리더의 조건」에 해당한다고 생각해 주길 바란다.

4. 균형 잡힌 사업 방식

 네트워크 마케팅을 당신 몸이라고 가정하면, 건강을 유지하기 위해서는 위에서 나열한 5대 영양소가 들어간 음식을 균형 있게 적당량을 섭취해야 한다.
 네트워크 마케팅에서 건전하고 장기적으로 안정된 사업을 유지하는 데 필요한 영양소는 10가지가 있다. 그 영양소가 이제부터 설명할 '성공으로 이끄는 10가지 원칙」이다. 그리고 그 영양소를 함유하는 음식물은 8가지가 있다. 그 음식물이 전에 설명한 「그룹 리더의 조건」에 해당된다.
 현재 일본은 세계적인 장수 국가가 되었는데, 그 원인은 ① 의료 기술의 발전, ② 충실한 예방 의학, ③ 완비된 의료 제도, ④ 충실한 건강 보험 제도, ⑤ 식생활의 향상, ⑥ 건강에 대한 사람들의 높은 관심 등등 많이 있겠지만, 이 책에서는 그 가운데 하나인 '식생활'에 관해서 이야기하겠다.
 현재 100세를 넘기고 장수하는 사람들은 19세기 후반에 태어났는데, 그 당시는 5대 영양소 같은 지식이 전혀 없었을 것이다. 그러나 현재 장수하고 있는 사람들은 알게 모르게 5대 영양소가 골고루 들어간 음식을 섭취했던 것으로 생각된다. 유전자 요인도 생각할 수 있겠지만, 오래 사는 유전자를 갖고 있어도 균형 잡힌 식사를 하지 않으면 장수할 수가 없다. 시간이 없어서 간단하게 해결하려고 인스턴트 식품과 가공식품만 먹으면, 영양이 불균형을 이루어 장기적으로 건강을 지킬 수가 없다.

「성공으로 이끄는 10가지 원칙」이 명백해지기 전부터, 네트워크 마케팅에서 성공한 사람들은 10가지 원칙을 갖추는 '조건'을 알게 모르게 하고 있었다. 그 10가지 원칙을 충족시키는 조건이 「그룹 리더의 조건」인 것이다.

내가 확언할 수 있는 것은 현재 한국에서 성공한 디스트리뷰터를 조사해 보면 알겠지만, 모든 성공한 사람이 「성공으로 이끄는 10가지 원칙」에 의해서 「그룹 리더가 되는 8가지 조건」을 갖추고, 균형 잡힌 사업을 하고 있을 것이다.

5. 10가지 원칙은 사업에 일관성을 부여한다

옛날에는 5대 영양소 같은 관념도 없이, 그 계절에 나오는, 혹은 잡을 수 있는 음식만 먹어서 영양이 편중된 경향이 있었다. 그러나 오늘날은 온실 재배와 수입 등으로 계절에 관계없이 풍부한 음식을 구할 수 있게 되었다. 게다가 가이드라인이라는 것이 작성됨에 따라, 어떤 음식을 얼마나 먹으면 어떤 영양소를 얼마나 섭취할 수 있는지도 알 수 있게 되었다.

예로부터 한국인들은 건강에 비상한 관심을 가지면서 여러 가지 음식을 이용한 건강법을 찾아 왔다. 로얄 젤리, 인삼, 버섯 건강법, 요구르트 건강법, 해조 건강법, 벌꿀 건강법, 야채 주스 건강법 등 예를 들자면 끝이 없다. 그러나 대부분의 건강법은 일시적으로 유

성공으로 이끄는 10가지 원칙

행했을 뿐, 몸에 해는 없을지라도 정말로 건강에 좋은지, 어떤지 의문을 품게 하는 것들뿐이다.

왜냐하면 건강을 유지하려면 한 가지 식품만 섭취하는 게 아니라, 5대 영양소를 포함한 6가지 식품 그룹에서 매일 30종류를 균형 있게 먹는 것이 중요하기 때문이다. 이처럼 영양소에 대한 지식이 없으면, 매스 미디어에 휘둘려서 필요 없는 음식과 음료수를 사 버리는 꼴이 되고 만다.

네트워크 마케팅이든 어떤 사업이든 마찬가지지만, 사업에서 성공하는 데 필요한 영양소(원칙)를 모르면, 무엇을 해야 좋을지 모른 채 시간과 돈을 낭비하고 만다. 그러나 「성공으로 이끄는 10가지 원칙」이 명백해진 결과, 누구나 성공하는 데에는 어떤 원칙이 있고, 어떤 일을 어떻게 하면 좋을지를 알게 되었다.

언뜻 보면, 네트워크 마케팅은 '가족과 아는 사람에게 상품을 소개하고 부수입을 올리는 사업'처럼 보인다. 그래서 일반 디스트리뷰터들은 '물건을 파는데 스폰서한테 방법을 물을 필요가 있을까?'라고 생각하고, 자기 생각대로 사업을 하는 경향이 있다. 그러나 사업 방식이 잘못되면, 10년간 네트워크 마케팅을 해도 큰 수입을 얻지 못한다. 사업 방식을 모를 때는 스폰서에게 묻는 것이 철칙이지만, 이제부터 설명하는 「성공으로 이끄는 10가지 원칙」은 장기적으로 안정된 균형 잡힌 사업을 형성하는 가이드라인이 되어 줄 것임에 틀림없다.

이제 막 디스트리뷰터가 된 사람들은 사업 방식을 알고 싶어서 여러 미팅에 참가할 것이다. 대부분의 미팅에서는 성공한 사람이 성공 스토리를 이야기하는데, 그걸 들은 사람, 가령 A라는 사람은 그 이야기 속의 사업 방식을 다소나마 모방하리라 생각한다.

A는 한동안 그 방법을 흉내내서 사업을 하겠지만, 생각한 만큼 결과가 나오지 않아서 좀 더 좋은 방법을 찾기 위해 다른 미팅에 참가할지도 모른다. 왜냐하면, 미팅에서 배운 방법은 반드시 A에게 맞는 방법이라고 할 수 없기 때문이다.

그리고, A가 다음에 참가한 또 다른 미팅에서는 다른 성공자가 다른 것을 해서 성공한 이야기를 할 텐데, 이번에도 A는 그 방법을 따라 할 것이다. 얼마 지나서 그 방법도 맞지 않아 또 다른 미팅에 참가하면, 또 다른 성공자가 다른 방법으로 성공한 이야기를 할 것이고, A는 또 흉내를 낼 것이다.

A는 미팅에 참가할 때마다 사업 방식을 바꾸는 셈이다. 네트워크 마케팅을 「성공으로 이끄는 10가지 원칙」과 꼭 해야 하는 「8가지 조건」을 모르면, 이와 같은 일이 현실로 일어날 수가 있다.

여러 미팅에 참가하는 목적이 성공한 사람과 참가자에게서 발산되는 에너지를 호흡하는 것이라면 좋지만, 사업 방식을 배울 목적으로 참가하면 A처럼 매번 사업 방식을 바꾸는 결과가 되고 만다.

사업을 하는 방식은 그 달의 미팅에 초대된 연사가 하고 있는 방식을 흉내내는 것이 아니다. 사업 방식은 불변하며 일관성이 있어야 한다. 그런 점에서 「성공으로 이끄는 10가지 원칙」과 「그룹 리더가 되는 8가지 조건」을 이해하는 것은 당신의 사업 방식에 일관성을 줄 것이다.

이제부터 「성공으로 이끄는 10가지 원칙」을 자세히 설명하겠다.

제1원칙······꿈 (목적 또는 목표)
제2원칙······네임 리스트 (모든 아는 사람의 이름을 써서 리스트를 작성한다)
제3원칙······접근 (미팅에 참가하도록 약속을 잡는다)
제4원칙······미팅 (프로스펙터에게 사업 계획을 설명한다)
제5원칙······사후 관리 (프로스펙터를 A, B, C 타입으로 분류한다. 가능한 프로스펙터가 갖고 있는 불안과 걱정거리를 파악한다)
제6원칙······다운라인 구축 (그룹을 종적으로 구축한다)
제7원칙······사업 총매출액 (그룹의 총매출액을 증가시킨다)
제8원칙······인간적 성장 (리더가 되기 위한 준비)
제9원칙······모방성 (쉽게 모방할 수 있는가?)
제10원칙······신뢰 (서로 믿고 돕는다)

6. 제1원칙 : 꿈 (목적 또는 목표)

1) 성공의 첫걸음이란?······꿈!

네트워크 마케팅을 성공시키는 제1원칙은 '꿈(Dream)'이다. '내 꿈은 무엇인가', '원하는 것이 무엇인가'를 아는 것은, 인생이나 스포츠, 사업, 모든 부분에서 성공하기 위한 첫걸음이다.

비행기의 발명이나 의학의 진보, 또는 올림픽에서 금메달을 땄든, 지망하는 대학에 합격하든, 그것은 현실로 이루어지기 전에 먼저 사람의 마음속에 꿈과 목표로서 이미지가 떠올랐던 것이다. 탐사 로켓이 화성에 간 것은 우연히 그 쪽으로 향한 것이 아니라 과

학자들이 '화성에 생물이 있는지 알고 싶다'라는 꿈을 먼저 가졌기 때문이다.

많은 사람들이 인생에서 아무 것도 달성하지 못하는 가장 큰 원인은 자신의 꿈이 무엇인지 무엇을 원하고 있는지를 모르기 때문이다. 평생 무언가를 꿈꾸며 행동을 하는데, 그 꿈이 무엇인지 확실하지 않기 때문에, 목적도 없이 헤매거나, 같은 곳을 맴돌거나, 결국에는 돌고 돌아서 출발점에 되돌아오거나 전혀 다른 방향으로 다시 돌진하거나 한다.

만약 당신이 자신의 꿈과 원하는 것을 모른다면, 행선지의 지명과 그게 어느 방향에 있는지도 모른 채 여행을 떠나는 격이다. 어디인지도 모르는 행선지를 향해서 차를 몰고 목적지에 도달하는 것은 절대로 있을 수 없다.

2) 네트워크 마케팅을 계속할 수 있는 파워는? ······꿈!

회사 규모에 관계없이 어떻게 경영자는 5년, 10년씩 같은 사업을 계속할 수 있을까? 현재의 사업으로 생각한 만큼의 이익을 올리지 못하는데도 말이다.

그것은, 경영자에게는 사업 경비를 지불할 의무가 있기 때문이다. 사업 경비는 종업원의 급료, 보험과 연금으로 내는 돈, 사무실 임대료, 대출금 변제, 전화료, 난방비, 광열비, 수도세 등이다. 만약 경영자가 은행에서 거액의 돈을 빌렸다면, 설령 실적 부진으로 적자가 계속되어도, 경영자는 사업을 쉽게 포기할 수가 없고, 사업을 다시 일으키려고 노력해야 한다.

그리고 융자를 내 준 은행은 경영자가 쉽게 사업을 포기하지 못하게 할 것이다. 그 사업의 경영자가 적자 경영에서 벗어날 수 있는 유일한 방법은 파산 신청을 하는 길밖에 없다.

　이처럼 경영자는 대출금과 사업 경비를 지불할 의무가 있어서, 생각한 만큼 이익을 얻지 못해도 5년, 10년씩 같은 사업을 계속하는 것이다. 정확하게 말하자면, 그만두고 싶어도 그만둘 수가 없는 것이다.

　필자의 친구 중에 샐러리맨을 그만두고 레스토랑을 시작한 사람이 있는데, 불경기로 손님이 현저하게 줄어서 이익이 거의 없는 상태가 1년 이상 이어지고 있다고 한다. 그의 진심은 레스토랑 사업에 종지부를 찍고, 한번 더 샐러리맨 생활로 돌아가는 것이다. 그러나 레스토랑을 열 때 은행에서 수천 만원의 빚을 졌기 때문에, 그만두고 싶어도 그만둘 수가 없어서 고민하고 있다.

　그러면 네트워크 마케팅은 어떨까? 이 사업을 시작하는 데 필요한 것은 디스트리뷰터 자격 신청에 필요한 약간의 자금뿐이다. 그리고 사업을 시작할 때 종업원을 고용할 필요도, 사무실을 빌리는 것도, 사무 기기를 구입할 필요도 없다. 네트워크 마케팅에서는 사업 경비가 거의 들지 않는다.

　사업 경비가 없으므로, 당신이 '생각대로 사업이 잘 풀리지 않으니까 그만두자'라고 생각하면, 거액의 손실을 내는 일 없이 언제든지 그만둘 수가 있다. 게다가 디스트리뷰터 자격을 취소할 때, 당신이 지불한 신청 요금은 수수료를 빼고 전액 반환된다.

　실제로, 네트워크 마케팅을 해도 첫 몇 개월은 그다지 수입이 없다. 오히려 매주 정기적으로 미팅과 세미나에 참가해야 하고, 홈미팅을 개최해야 하며, 테이프와 비디오 같은 사업 도구를 사야 되는 등 지출이 많아진다. 미팅에 나가면 언제나 똑같은 것을 하고 있는 것 같고, 시간을 낭비하고 있는 듯한 느낌을 갖게 된다.

그래도 수십만 명의 사람들이 네트워크 마케팅을 몇 년씩 계속 하고 있다. 왜일까?

그리고, 그들 모두가 사업에 성공해서 몇 천 만원의 연봉을 받고 있는 것도 아니다. 그들이 사업 경비를 지불할 필요가 없다면, 어떤 이유로 몇 년씩이나 네트워크 마케팅을 계속하고 있는 걸까? 무엇이 그들을 자동차로 몇 시간씩 걸리는 미팅에 참석하게 하는 걸까? 주변 사람들로부터 거절당하고 오해받아도 신경 쓰지 않고, 왜 마케팅 계획을 계속 전달하고 있는 걸까? 네트워크 마케팅을 하고 있는 사람들이 갖고 있는 그러한 파워는 도대체 어디에서 오는 것일까?

그 파워의 원천은 사람들이 갖고 있는 '꿈'이다. 어떤 좌절에도 꺾이지 않는 원대한 꿈이 사람들에게 네트워크 마케팅을 계속할 에너지를 주는 것이다. 당신에게 꿈이 없다면 네트워크 마케팅을 할 필요가 없다. 따라서 네트워크 마케팅을 하겠다면 먼저 꿈을 갖기를 바란다.

3) 네트워크 마케팅에서 가장 먼저 할 일은?

이상에서 설명했듯이 네트워크 마케팅에서 가장 먼저 할 일은, 당신의 꿈과 사업을 해서 얻고 싶은 것을 분명히 정하는 것이다. 꿈을 갖는 것, 사업할 목적을 명확하게 하는 것이 네트워크 마케팅에서의 성공 여부를 크게 좌우한다.

만약 당신이 무언가 꿈을 갖고 있다면, 스폰서는 당신에게 아무 말도 할 필요가 없다. 당신에게 꿈이 있다면, 무얼 해야 성공할지 당신 쪽에서 스폰서에게 물어 볼 것이고, 스스로 미팅에 참가할 것이며, 책도 읽을 것이고, 테이프도 들을 테니까 말이다. 꿈만 갖고 있으면 자기 의지로 적극적으로 행동하게 되고, 네트워크 마케팅은 매우 간단한 사업이 된다.

사업에 대성공한 사람들의 대부분은 사업 계획 설명을 들었을 때, "이거 굉장하군!"이라면서 그 엄청난 사업 기회를 당장에 간파했다고 한다. 그렇다고 해서 그들이 특별한 지식과 지능을 갖고 있었던 것은 아니다.

그것이 가능했던 것은 그들이 큰 꿈을 갖고, 그 꿈을 실현할 수 있는 수단을 찾고 있었기 때문이다. 그래서 사업 계획을 듣고 스스로 적극적으로 행동한 것이다.

꿈이 없거나 사업을 하는 이유가 확실하지 않으면, 네트워크 마케팅은 지긋지긋하고 억지로 하는 사업이 되며, 매우 불유쾌한 것이 되고 만다. 따라서 행동하기 전에 먼저 당신의 꿈을 확실하게 가져라.

누가 당신에게 "당신의 꿈은 무엇입니까?"라고 물었을 때, 마치 이미 꿈이 실현된 것처럼 술술 이야기할 수 있어야 한다. "내 꿈은 뭘까?"라고 생각하면, 이 사업을 해도 성공할 수 없다.

따라서 네트워크 마케팅을 시작한다면, 먼저 확실한 꿈을 갖고, 그것의 실현을 강하게 원하고, 절대로 포기하지 않을 것을 맹세하고 노력해서 성공의 길을 걷기를 바란다.

4) 자신의 감정을 뒤흔드는 꿈을 갖는다

꿈이란, 어떤 사람에게 있어서는 '가족이 더욱 행복해졌으면 좋겠다', '이 세상에서 고통받고 있는 사람들을 돕고 싶다' 등등의 정신적인 것일지도 모른다. 혹은 '경제적으로 자립한다'라든가, '집을 짓는다' 등의 물질적인 것일 수도 있다.

어쨌거나 꿈은 단순히 '돈이 많이 있었으면 좋겠다'라는 막연한 것이 아니라, 당신의 감정을 강하게 뒤흔들어 놓을 수 있는 것이어야 한다. 그 꿈을 생각하는 것만으로 뜨거운 것이 치밀어 올라서 몸이 떨리는 듯한, 그런 것이어야 한다. 그리고 꿈은 당신 자신과 관련된 것, 혹은 당신이 진심으로 생각하는 사람들에 관한 것이어야 한다.

어떤 사람은 '내 꿈은 불쌍한 사람들을 돕는 것입니다'라고 생각할지도 모른다. 그러나 꿈은, 자기 자신 또는 자기가 정말로 아끼는 사람들, 예를 들어 가족이나 친구의 이익이 되는 것이 아니면, 감정을 강하게 뒤흔들 수가 없다. '어려움에 처한 사람들을 돕고 싶다', '남에게 도움이 되고 싶다'라는 막연한 꿈은 자기 감정에 강하게 호소할 수 없어서 네트워크 마케팅을 계속할 수 있는 파워의 원천이 될 수 없다.

네트워크 마케팅에서 성공한 어떤 이의 말을 들어보면, 불쌍한 사람들을 도울 목적으로 일을 시작해서 크게 성공한 사람은 아직까지 한 명도 없다고 한다. 유감스럽게도 사실이다.

그는 그 이유를 긴급 사태에 비행기 안에서 사용하는 산소 마스크의 착용 순서를 예로 들고 있다. 어떤 원인으로 기내 기압이 내려가는 등의 긴급 사태 때, 천장에서 산소 마스크가 떨어진다는 것은 비행기 여행을 해 본 사람이면 알 것이다. 이 때 혼자서 여행하고 있다면 떨어진 마스크를 그대로 쓰면 되는데, 아이가 있는 가족 동반 여행일 경우, 가장 먼저 어른이 산소 마스크를 쓰고 자신의 산소 공급을 확보한 뒤에 아이에게 산소 마스크를 씌워 줘야 한다. 이것을 반대로 하면, 부모가 아이들에게 산소 마스크를 씌워 주려는 도중에 산소 결핍으로 쓰러질 가능성도 있고, 아이들을 구하기는커녕 가족 모두가 쓰러지게 될 가능성이 있기 때문이다.

이 예와 같이, 가장 먼저 자기 자신이 경제적·정신적으로 안정된 상태가 아니면, 다른 사람을 경제적·정신적으로 도울 수가 없다. 당신이 은행과 사채 업자로부터 많은 빚을 지고 변제에 쫓기고 있으면, 남을 돕고자 하는 마음의 여유가 생기지 않는다. 또, 당신이 매일 생활에 쪼들리고 가난 때문에 자기 생활을 생각하는 것만으로 벅찬 상태에서는 남을 생각할 여유가 생길 리 없으며, 하물며 남의 꿈을 이루는 것을 돕는 것은 불가능하다.

누구나 자신에게 없는 것을 남에게 주는 것은 불가능하다. 내가 가지고 있는 것을 남에게 되돌려 주는 마음이 중요하다. 네트워크 마케팅을 하는 목적이 자기 가족을 행복하게 만들기 위한 것이라도 상관없다. 그 목적 달성의 수단으로 이 사업을 하고 돈을 벌어도 상관없다. 그러나 당신이 사업에 성공하고 경제적으로 자립했음에도 불구하고, 가난한 사람들에게 아무 도움도 주지 않고 사리사욕만 채운다면, 그것은 단순한 배금주의일 것이다.

5) 돈은 목적이 아니라 수단이다

아직도 많은 한국인들은 돈이 부정한 것이라는 생각을 갖고 있는 것 같다. 그 예로, 흔히 "돈으로 모든 것을 사는 것은 불가능하다!", "돈이 전부는 아니다!", "돈은 인간을 타락시킨다!"라는 말이 있다. 이것은 돈에 대한 과잉 반응이라고 해도 과언이 아닐 것이다.

만약 당신이 돈은 부정한 것이라는 생각을 갖고 있다면, 다음을 잘 생각해 보길 바란다. 이 세상 곳곳에 있는 경제적으로 어려운 사람들과 병으로 고생하는 사람들을 보면, 대부분의 사람들은 "불쌍해." 또는 "가엾어."라고 말하면서 동정할 것이다. 하지만 실제로 구원의 손길을 뻗치는 사람은 극히 드물다. 왜냐하면 대부분의 사람들은 자기 생활을 생각하는 것만으로 빠듯해서 타인을 생각할 만한 경제적인 여유가 없기 때문이다.

그러나 당신이 경제적으로 여유가 있고, 조금이나마 배려하는 마음이 있으면, 어려움에 처한 사람들에게 도움을 줄 수도 있을 것이다. 또 당신이 돈을 벌게 됨으로써 가족의 생활을 향상시키고, 다른 사람들을 행복하게 만들 수도 있다.

이처럼 돈은 여러 가지 일을 할 수 있는 선택의 자유를 준다. 돈 자체가 나쁜 것이 아니라, 돈을 쓰는 방법에 따라 결과가 나빠지기도 하고 좋아지기도 하는 것이다. 매 해마다 연말에는 불우이웃 돕기 운동이 펼쳐지는데, 돈은 어려운 사람들을 돕는 데 없어서는 안 되는 도구 중의 하나라고 생각하면 된다.

즉 돈은 어디까지나 가난한 사람들을 돕는 수단에 불과하며, 돈을 버는 것은 행복과 평화, 사랑을 실현하는 데 필요한 작은 도구에 불과하다. 돈을 더러운 것으로 만드는 것은 쓰는 사람의 정신에 달려 있다. 네트워크 마케팅에서 성공하면 상상 이상의 수입을 얻게 되므로, '돈은 어려운 사람들을 돕는 도구이다.'라고 생각해야 네트워크 마케팅을 계속할 수가 있다. 물론 성공하면 어려운 사람들을 도와야 한다.

반대로 목적과 수단을 착각하면, "돈으로 모든 것을 살 수 없다!", "돈은 사람을 타락시킨다.", "네트워크 마케팅을 하는 사람들은 돈 밖에 모른다!"라고 오해해 버린다.

디스트리뷰터 중에는 돈만 생각하면서 사업을 하는 사람들도 있다. 그러나 나는 대부분의 사람들은 가족과 사랑하는 사람들을 위해 네트워크 마케팅을 하고 있다고 확신한다. 당신은 어떤 목적으로 사업을 하고 있는가?

 돈을 더러운 것으로 생각하는 것과 반대로, '돈이 전부'라고 생각하는 것도 좋지 않다. 왜냐하면, 돈이 없고 물질적으로 혜택을 받지 못해도 행복하게 사는 사람들이 많기 때문이다. "내 마음속에 갖고 있지 않은 것은 무엇 하나 재산이 아니다."라는 말이 있듯이, 돈만 추구하면서 사는 것은 반대로 가난을 낳는 결과가 된다. 물질적인 부는 상징에 불과하며, 진정한 부는 당신 마음속에 있기 때문이다.

6) 꿈을 실현하는 것과 배경은 관계가 없다

 "당신이 품고 있는 꿈이 크다면, 당신의 배경은 그 꿈을 실현하는 것과는 아무 관계가 없다."는 것은 어떤 의미일까? 여기에서 말하는 '배경'이란, 학력, 경력, 직함, 연령, 성별, 국적, 피부색 등을 말한다. 이 말의 의미를 묻기 전에 다음 내용을 생각해 보길 바란다.

 만약 당신 아이가 난치병으로 고통받고 있다면 당신은 어떤 수단을 써서라도 아이의 병을 고치려 할 것이다. 병을 고치려고 전국에 있는 병원을 다 돌아다닐지도 모른다. 그 결과 현재의 한국 의료 수준으로는 아이의 병을 고칠 수 없다는 것을 알고 절망감에 싸여 버렸다고 가정하자. 그 때 주치의가 "이 병을 고칠 수 있는 치료법이 미국에서 발견됐습니다."라고 가르쳐 주었다고 하자. 그리고 "어제 읽은 논문에 따르면, 새롭게 발견된 치료법으로도 병을 100% 고친다는 보장은 없습니다. 그러나 임상 자료를 보면, 10명 가운데 8명은 증상이 호전되었다는군요."라고 알려주었다고 하자.

아이를 구하는 단 한 가지 길은 미국에 가서 새로운 치료법을 시험해 보는 것뿐이다. 그러나 미국에 가면 의료보험을 사용할 수 없으므로 막대한 돈이 필요하다. 그럴 때 당신은 어떻게 할 것인가? 거금이 드니까 아이의 병을 고치는 것을 포기할 것인가? 어떻게 할 것인가?

한국에서도 기술적으로나 윤리적으로 장기 이식이 가능하지만, 가끔 미국에 건너가 장기 이식을 받는 아이의 뉴스를 들을 수 있을 것이다. 미국에 실비로 가는 사람들도 있지만, 아이를 위한다면 돈이 없어도 지역 사람들의 도움을 요청할 수가 있을 것이다.

그것이 어렵다면 빚을 얻어서라도 미국에 갈 것이다. 보통의 부모라면, 어떤 희생을 치러서라도 조금이나마 병이 나을 가망성이 있는 치료법에 마지막 희망을 걸 것이다. 왜일까?

그것은 부모는 사랑하는 자녀를 위해서라면 어떤 희생이든 치를 수 있기 때문이다. 아이가 죽느냐 사느냐 하는 상황에서 세상 사람들의 눈을 의식해, "도움을 받고 싶지만 부끄러워서 말할 수가 없어."라거나, "우리 집에 신체 장애자가 있다는 게 알려지면 사람들이 뭐라고 생각할까?" 등과 같은 생각으로 망설이진 않을 것이다. 마찬가지로 네트워크 마케팅에서도 자신의 배경을 의식해서 "주부니까 못해.", "학력이 없어서 안 돼.", "바빠서 할 수 없어.", "나이를 먹어서 안 돼."라는 변명을 늘어놓아서는 안된다.

우리는 자기가 정말로 하고 싶은 일, 정말로 소중하게 생각하는 것, 정말로 자신의 이익이 되는 것, 정말로 자신이 사랑하는 사람을 위한 것이라면 어떤 희생을 치러도 아까워하지 않는다. 사랑하는 사람을 위해서라면, 아무리 큰돈이 들어도, 아무리 시간이 걸려도, 그런 것은 문제가 되지 않는다. 이 이야기 속에서 당신의 꿈은 아이의 난치병을 고치는 것이다.

이상의 이야기에서 알 수 있듯이, 당신이 네트워크 마케팅에서 성공하고 싶다면, 무엇인가 당신의 감정에 강하게 호소하는 꿈과 목표, 가령 당신의 장래에 관련된 목표, 당신이 마음으로 생각하는 사람과 가족에게 도움이 되는 꿈과 목표를 가지기를 바란다.

7) 성공이란 자기 힘으로 쟁취하는 것

"성공이란 운과 기회가 아닌, 자기 힘으로 쟁취하는 것." …… 당신이 네트워크 마케팅으로 성공한 것은, 운이 아니라 스스로의 힘으로 일궈 낸 것이다. 네트워크 마케팅에서 성공했다는 것은, 그때까지 많은 희생을 치르면서 몇 년간 노력했기 때문이다. 그리고 당신은 성공하는 과정에서 많은 사람들을 돕고, 많은 성공자를 배출해 왔다.

당신이 네트워크 마케팅에서 얻고 있는 수입은 본래의 유통 시스템에서는 전부 대리점과 도매상, 소매점 같은 중간업자의 유통 마진으로 사라졌을 돈이다. 그리고 그 돈의 일부는 TV, 잡지, 라디오의 광고비나 중간업자의 사리사욕을 채우는 데 쓰였을 것이다. 당신이 큰 네트워크를 만든 노력의 대가로 멋진 집을 짓고, 차를 사는 것은 잘못된 것이 아니다.

그리고 당신에게 조금이라도 배려심이 있다면 경제적으로 어려운 사람들을 도와주도록 하자. "돈으로 모든 것을 살 수 없다!"고 말하는 사람들에게 당신의 꿈을 빼앗기면 안 된다. 그런 말을 하는 사람들은 이제까지 경제적으로 어려움에 처한 사람들을 한 번도 도와준 경험이 없는 게 대부분이다. 그런 말을 하는 사람일수록 사회적으로 아무 공헌도 하지 않거나 부를 얻는 것에 절망한 경우에 속한다.

8) 꿈은 세계 공통어

비좁은 한국에 살고 있으면 한국인만이 집을 사고 싶어하거나, 아이에게 좋은 교육을 시키고 싶어하고, 해외 여행을 하고 싶어하는 것 같은 착각을 일으키기 쉽다. 그러나 실제로 여러 나라에 가서 여러 사람들과 이야기해 보면, 전세계 사람들이 품고 있는 꿈은 기본적으로 비슷하다는 것을 깨닫게 될 것이다.

프랑스인, 필리핀인, 미국인, 중국인, 어떤 나라 사람을 막론하고 모두 한국인과 똑같이 아이에게 좋은 교육을 시켜 주고 싶고, 가족을 위해 큰집을 짓고 싶고, 가족끼리 해외 여행을 하고 싶다는 꿈을 갖고 있다. 또 전세계 사람들은 다들 똑같이 물질적인 자유뿐만 아니라, 정신적인 자유, 경제적 자유, 모든 자유를 얻고 싶어한다.

네트워크 마케팅은 제2차 세계대전 직후에 미국에서 시작된 새로운 타입의 유통 시스템이다. 그러나 네트워크 마케팅은 1980년대에 들어올 때까지 대체로 소득이 적은 사람과 교육 수준이 낮은 사람이 하는 일, 주부의 아르바이트, 혹은 블루칼라가 하는 사업으로 받아들여졌다. 즉 하층 미국인을 압도적으로 끌어들이는 사업, 실패한 사람이 마지막으로 뛰어드는 사업으로 생각되었다. 그러나 현재는 전세계 대부분의 국가에서 사업이 전개되고 있다.

이 현상은 단순히 제품이 좋다는 것만으로는 설명이 안 된다. 그러나 현재 전세계에 진출해서 네트워크 마케팅을 전개하고 있는 기업을 조사한 결과, 이 사업이 전세계에서 급성장하고 있는 주된 이유는 사람들에게 꿈과 자유를 가질 수 있는 기회를 제공하기 때문이다. 꿈과 자유를 줄 수 있는 수단이 있으면 세상 사람 누구나 그 수단을 이용해서 꿈과 자유를 얻고 싶어할 것이 당연하기 때문이다. 그래서 네트워크 마케팅은 전세계 대부분의 국가에서 전개되고 있는 것이다.

네트워크 마케팅이 사람들에게 꿈과 자유를 줄 수 있는 기회를 제공하는 한, 그리고 사람들이 꿈과 자유를 추구하는 한, 네트워크 마케팅을 전개하는 기업은 계속 번창할 것이다.

사람들이 꿈을 갖는 중요한 이유에 대해서는 '책머리에'에서 말한 '월드 비젼'의 이야기를 다시 펼쳐 보면 알 것이다.

사람들이 꿈을 갖지 못한다면, 미래를 향해서 살아갈 희망도 생기지 않고, 아무리 먹을 것과 살 곳을 주어도 살아갈 에너지가 생기지 않는다. 꿈은 어떤 상황에 있는 사람에게나 살아갈 희망과 에너지를 가져다준다.

9) 가능한 큰 꿈을 갖는다

꿈은 당신의 감정에 강하게 호소하는 것이어야 한다. 성공한 사람의 연설을 들으면, '반드시'라고 해도 좋을 만큼 "네트워크 마케팅 사업 아이디어는 처음에는 가족과 친척, 친구들에게 수용되지 못했다."고 말한다. 그러나 그들은 포기하지 않고 사업 계획을 계속 전달했고, 성공을 거머쥐었다. 당신의 꿈은 가족과 친구가 사업을 하지 않고 오해하더라도 낙심하지 않을 수 있는 원대한 것이어야 한다. 기대하고 있던 가족과 친구들이 사업을 하지 않는다고 해서, 많은 사람들에게 거절당한다고 해서, 포기해 버릴 것 같은 작은 꿈은 필요가 없다.

또, 꿈은 공포(미지에의 공포)나 불안(누군가에게 거절당하는 불안) 등에 꺾이지 않는 원대한 것이어야 한다. 그리고 당신의 성공의 크기는 당신 꿈의 크기에 비례하며, 큰 꿈을 가지면 가질수록 손에 들어오는 보수도 커진다. 큰 꿈을 가지면 큰 수입을 얻을 수 있고, 작은 꿈을 가지면 작은 수입밖에 얻을 수가 없다. 무슨 일이든 당신의 사고 범위 내에서만 일어나는 법이다. 그러므로 사업에서 크게 성공하고 싶다면 가능한 큰 꿈을 가져라.

"꿈을 가져라, 되도록 큰 꿈을 가져라!"라고 말을 해도, 어떤 사람은 꿈이란 무엇인가, 아무리 생각을 해 봐도 짐작조차 가지 않는 사람도 있는 것 같다. 어떤 사람은 꿈이라는 말의 의미조차 이해하지 못하는 경우도 없지 않다. 그런 사람들은 '왜 네트워크 마케팅을 하는가', 그 이유를 생각해 보길 바란다.

만약 원대한 꿈이 생각나지 않을 때는 지나치게 노력하지 않아도 단기간에 실현이 가능한 목표를 가지면 된다. 꿈과 목표는 처음에는 작아도, 그것을 달성할 때마다 눈덩이처럼 커지는 것이므로 걱정할 필요가 없다.

10) 꿈이 생각나지 않으면 단기간에 실현 가능한 목표를 가져 본다

'꿈' …… 그것은 밤에 잘 때 우리가 꾸는 꿈이 아니다. 여기에서 말하는 꿈이란, 마음속으로 생생하게 상상해서 그릴 수 있는 꿈이다. 그러나 실제로 많은 한국인은 자기 '꿈'이 무엇인지 생각해 보거나 짐작도 못하는 경우가 적지 않은 것 같다. '꿈'이라는 말의 의미조차 이해하지 못하는 사람도 적지 않다. 어쩌면 '꿈'이라는 말 자체가 이해하기 힘든 단어인지도 모른다.

만약 당신이 그런 상황이라면, 처음에는 작은 '목표'를 가지면 될 것이다. 가령 받은 보너스로 가족끼리 일류 레스토랑에 가는 식의 목표 말이다. 처음 목표는 작아도 그것을 달성할 때마다 점점 커지므로 걱정할 필요가 없다. 어떤 작은 목표라도 일단 한번 이루어 내면, "다음에는 이것, 다음에는 이것…" 하는 식으로 계속해서 여러 가지 목표를 가질 수 있기 때문이다. 그래서 꿈을 생각해 낼 수 없을 때는 '나는 네트워크 마케팅을 해서 무얼 얻고 싶은가?'라고 자기 자신에게 물어 보고, 크게 노력하지 않아도 단기간에 실현할 수 있는 목표를 가져 보기 바란다.

만약 아이들에게 "커서 뭐가 되고 싶니?"라고 물어 보면, "의사", "우주비행사", "컴퓨터 프로그래머", "수의사", "학교 선생님" 등등 여러 가지를 말할 것이다. 그리고 어른에게 "당신의 꿈은 무엇입니까?"라고 질문하면, "온천에 가는 것", "해외 여행을 가는 것" 등등 비교적 노력하지 않아도 실현 가능한 것을 말하는 경향이 있다. 누구나 마음속으로 '집을 짓고 싶다', '고급 외제차를 타고 싶다', '좀 더 고수입을 얻는 직업을 갖고 싶다'고 생각하지만, 은행 예금액과 학력, 나이를 떠올리게 되면 아무도 그런 말을 하지 않게 된다.

그러나, 우리들 모두가 어릴 때는 몇 개나 되는 커다란 꿈을 갖고 있었을 것이다. 그러나 우리는 나이와 함께 꿈을 잊어버리는 것 같다. 정확하게 말하면, 나이에 관계없이 꿈을 갖고 있지만, 나이가 들어감에 따라서 갖고 있던 꿈을 접는 것이다.

어떤 통계에 따르면 평범한 사람은 25세가 지날 무렵부터 꿈을 꾸는 것을 그만둔다고 한다. 왜냐하면, 회사에 오래 근무하면 1년에 돈을 얼마나 버는지 알게 되고, 큰 꿈을 갖고 있어 봤자 계산을 해 보면, 지금 하고 있는 일로는 도저히 실현할 수 없음을 알아버리기 때문이다. 큰 꿈을 품었는데 그것을 이룰 수 없음을 알게 되면 실망할 테고, 실망할 바에는 처음부터 갖지 않는 편이 낫다고 생각하기 때문이다.

그러나, 과거에 성공한 사람들의 전기를 읽어보면 알겠지만, 나이, 학력, 성별, 그리고 돈이 있고 없음에 상관없이 성공하는 사람은 성공을 한다. 스포츠, 사업, 학업, 어떤 분야에서 성공을 하든, 그 사람의 나이, 학력, 성별, 국적, 종교 등의 배경은 상관이 없다. 성공하는 데 요구되는 것은 "성공하겠어!"라는 신념과 정열, 그리고 행동뿐이다. 어쨌든, 자신의 꿈이 무엇인지 생각나지 않을 때는 '나는 사업을 해서 무엇을 얻고 싶은가?'라고 스스로 물어 보고, 큰 노력을 하지 않아도 단기간에 실현 가능한 목표를 가져 보기를 바란다.

엄밀히 말하면, 네트워크 마케팅을 하는 이유나 목표는 꿈이 있어야 비로소 생기는 것이다. 그래서 꿈이 없을 때는 크게 노력하지 않아도 단기간에 이룰 수 있는 목표를 갖거나 네트워크 마케팅을 할 이유를 갖는다는 것이 모순인 것처럼 생각될지도 모른다.

그 모순에 대한 내 대답은, "인간인 한, 누구나 꿈을 가지고 있다". 그러나 많은 경우 그것을 여러 가지 이유로 억제하고 있을 뿐이다. 그래서 "꿈이 생각나지 않을 때는 단기간에 실현 가능한 목표를 가져라."라고 하면, 무의식중에 그 억제됐던 꿈과 관련된 목표를 갖게 된다. 가령 억제된 꿈이 "큰집을 짓는다"인 경우는, 어찌되었든 무의식적으로 수입이 필요하다고 생각하고 있는 법이다. 그러나 이 단계에서는 사업에 대해서도 당신 자신에 대해서도 자신이 없기 때문에, 먼저 시험 삼아 실현 가능한 목표, 가령

"내 목표는 부수입으로 월 5만원"이라고 정한다. 그게 실현되면 약간 자신이 생기고, 이번에는 대출금 변제에 필요한 "부수입으로 월 120만원"하는 식의 목표를 갖게 된다. 그 목표가 실현되면 한층 자신이 붙어서 "이번에는 연수입 1억원" 하고 커지게 된다.

이처럼 하나의 허들을 넘을 때마다 점점 자신이 생겨서 차츰 허들 높이를 올려 가고, 마지막에는 최초에 마음속 깊이 간직해 두었던 꿈보다도 더 큰 "10억원 짜리 집을 신축하는 것이 꿈입니다."라는 생각지도 못했던 큰 꿈을 갖게 된다. 따라서 자기 꿈이 무엇인지 생각나지 않을 때는 실현 가능한 목표를 갖도록 하자. 그러면 무의식중에 마음속에 갖고 있던 꿈과 직결된 목표를 갖게 될 것이고, 그 작은 목표를 몇 개 정도 달성하면 잊고 있던 꿈을 떠올리게 될 것이다.

11) 꿈을 자세하게 묘사한다

네트워크 마케팅을 해서 당신의 꿈을 실현하고 싶다면, 꿈은 당신의 감정을 고양시키는 것이어야 한다. 그리고 꿈은 머리 속에 저장해 두지 말고 종이에 적어 두어야 한다. 그것도 가능한 한 자세히 자신의 꿈을 종이 위에 묘사하는 것이다. 그것이 되면 하루에 두 번, 종이에 쓰어진 당신의 꿈, 가령 "바다가 보이는 언덕 위에 10억원 짜리 3층집을 짓는다."는 것이라면, 다음과 같이 좀더 자세하게 정말로 꿈이 실현된 것처럼 상상하면서 읽어 본다.

"집은 지하실이 있는 3층 건물. 외견은 새하얀 페인트로 칠한 메디타리안 풍이다. 방은 크고 작은 것을 합쳐서 28개 있고, 1층은 50명을 수용할 수 있는 미팅룸과 손님이 묵을 수 있는 객실이 있다. 2층

이상은 개인적인 공간으로, …… 그리고 3층에는 아이 방이 있다.

 내가 가장 마음에 드는 것은 거실, 침실, 그리고 객실에 각각 전용 난로가 있다는 것이다! 크리스마스 계절에는 거실 난로 옆에 3m나 되는 크리스마스 트리를 장식한다. 또 난로 주위를 아이

들과 함께 크리스마스 장식물로 꾸미는 것이 우리 집의 전통이다. 우리는 백악관에 있는 크리스마스 트리보다 아름답다고 생각한다.

 뒤뜰에는 수영장이 있고, 그 옆에는 테니스 코트. 여름에는 매주

친구들을 초대해 풀 사이드에서 바비큐 파티를 즐긴다. 마치 로스엔젤리스를 무대로 한 「비버리힐즈 아이들」의 한 장면 같다.

앞뜰에는 잔디가 심어져 있고, 거기에서는 파란 바다와 그 맞은편의 설악산이 잘 보인다. 어릴 때부터 설악산이 보이는 곳에서 사는 것이 꿈이었기 때문에 매우 만족하고 있다. 엘리베이터를 이용해서 개인 해안에 갈 수 있고, 개 두 마리와 매일 산책을 한다. 부엌은 자랑거리의 하나로, 부엌 전체를 유리로 처리하고 중앙에 크고 작은 다양한 꽃과 식물을 놓아두었다. 마치 그린 하우스 안에서 식사를 하는 것 같다……"

이처럼 자기가 정말로 갖고 싶은 집을 정말로 가진 것처럼 상세하게 현재형으로 묘사한다. 현재형에 거부감이 생긴다면 현재진행형으로 해도 좋다. 또 문장은 전부 긍정적인 표현을 쓰며 부정적인 표현은 절대 쓰지 않는다.

예를 들어 "설악산이 보이는 해변 언덕 위에 10억원 짜리 집을 짓고 있다."라고 표현해도 상관없다. 왜냐하면, ① 뇌는 현재 일어나고 있거나 계속 진행중인 일에만 자극 받기 때문이다. 따라서 과거형과 미래형으로 씌어진 문장으로는 효과가 발휘되지 않는다. ② 뇌는 실제로 자기 눈으로 본 것 같은 선명한 이미지가 아니면 자극을 받지 않기 때문이다. 희미한 이미지로는 뇌에 자극을 줄 수가 없다. ③ 또한 '거기에는 뭔가가 있고, 그 저편에는 뭔가가 있다'라는 보다 구체적인 이미지여야 한다. 단순히 '집을 갖고 싶다, 집을 갖고 싶다'라고 생각만 하지 말고, 어떤 집이 갖고 싶은지, 보다 상세하고 구체적으로 묘사해야 한다.

또한, 갖고 싶은 것이 집이 아니라 차인 경우도 마찬가지인데, 그 차의 차종, 연식, 색깔, 장비, 문의 수, 내장 색깔, 선루프가 있는지 없는지 등을 가능한 자세히 묘사해야 한다. 그리고 그 차에 누구를 태우고 어디에 갈지, 그 차를 보았을 때의 친구들의 얼굴을 상상해 보는 것도 즐거움이고, 의욕을 샘솟게 해준다.

올림픽에서 활약하는 선수의 다수는 '이미지 트레이닝의 명수'라고 한다. 올림픽 때 회전이나 대회전 스키어가 출발하기 전에 눈을 감고 실제로 미끄러지는 자세로 몸을 구부리는 모습을 본 적이 있을 것이다. 그들은 최고의 상태로 미끄러지고 있는 자신의 모습을 상상하고 있는 것이다.

이와 마찬가지로 네트워크 마케팅에서 성공하고 싶다면, 사업에 성공해서 많은 사람들에게 축복 받고 있고, 원하는 것을 손에 넣은 자신의 모습을 머리 속으로 상상해 보자.

12) 드림 북이란?

만약 꿈을 실현하고 싶다면 그 꿈을 구체화해서 되도록 당신의 오감에 자극을 주는 것이 중요하다. 꿈을 구체화하려면, 머리 속으로 생각만 하지 말고 직접 종이 위에 적어 본다. 그리고 더 좋은 방법은, 원하는 것의 그림을 그리거나 잡지나 카탈로그에서 원하는 것과 똑같은 사진을 오려 내어 스크랩북을 만드는 요령으로 붙이는 것이다. 이처럼 당신의 꿈을 사진과 그림으로 구체화한 것을 여기에서는 「드림 북」이라고 하겠다.

「드림 북」의 작성 포인트는 가능한 한 자세히 자신이 원하는 것의 사진을 모으는 것이다. 아무리 미세한 것이라도 놓치면 안 된다.

만약 차를 갖는 것이 꿈이라면, 그 차의 차종, 외장과 내장 색깔, 타입, 문의 수, 트랜스미션이 오토매틱인가, 수동인가는 말할 것도 없고, 내장은 가죽인가? 카스테레오 타입은? 선 루프는? 등등 갖고 싶은 차를 가능한 자세히 묘사해서 그 사진을 모으도록 한다. 세부적으로 모으면 모을수록 나중에 상상하는 데 도움이 되기 때문이다. 그리고 그 차로 어디에 가고 싶은가? 조수석에 태울 사람은 누구인가? 차를 보여 주면 친구들은 어떤 얼굴을 할 것인가를 생각하면 즐거워질 것이다.

분량은 정해진 것이 아니지만, 어떤 성공한 사람은 드림 북을 작성하는 데 몇 개월이나 시간을 들여서 50페이지나 만들었다고 한다. 드림 북은 당신의 성공을 직접 좌우하므로, 제품 설명과 사업 계획을 익히는 것보다 중요하며, 충분히 시간을 들여서 만들도록 하자. 왜냐하면 네트워크 마케팅을 하는 데 필요한 에너지를 장기적으로 주는 것은 당신의 꿈을 응집한 드림 북이기 때문이다.

당신 그룹에도 반드시 있을 테지만, 몇 개월이 지나도, 몇 번을 가르쳐 줘도 사업 계획과 상품 설명법을 익히지 못하는 사람이 있을 것이다. 그와 같은 사람은 그 방식을 외우지 못하는 것이 아니라 외우려고 하는 마음이 없기 때문이다. 네트워크 마케팅을 해서 이루고 싶은 꿈이 없으니까 사업 계획과 상품 설명 방식을 익힐 이유가 없는 것이다. 그런 사람이라도 드림 북을 만들어서 자기 꿈을 확실하게 해 둔다면, 사업 계획과 상품 설명법을 몇 번만 보여 주어도 간단하게 익히게 될 것이다.

 드림 북은 어떤 것이어야 된다는 특별한 지정 사항은 없다. 그러나 사진을 넣을 수 있는 앨범을 이용하는 게 좋다. 그러면 나중에도 이것저것 덧붙일 수가 있기 때문이다.

 드림 북이 완성되면 그것을 매일 보면서 적어도 하루에 두 번, 아무에게도 방해받지 않는 장소에서 눈을 감고 긴장을 푼 상태에서 실제로 그것이 자기 손에 들어온 것처럼 상상한다. 마치 당신이 그 차에 그녀를 태우고 어딘가로 드라이브하는 모습을 상상하는 것이다.

 요점은, 실제로 자기가 운전하는 듯 속도계와 유속계가 눈앞에 있는 것처럼 상상한다. 그리고 CD플레이어에 CD를 넣고 기어를 바꾸고, 모든 상황을 실제로 그 차를 운전하듯이 상상한다. 그렇게 하지 않으면 당신의 꿈을 잠재의식 속으로 집어넣을 수가 없다. 상상을 하기 위해서는 차의 내용과 대시보드의 자세한 사진과 탑재된 CD플레이어 사진들이 있어야 한다. 그래서 가능한 자세한 부분까지 원하는 차의 사진을 모으지 않으면 안 된다.

 또, 상상할 때 '정말로 가질 수 있을까?' 하는 의문을 조금이라도 품으면 잠재의식은 꿈을 받아들이지 않는다. 그리고 드림 북은 프로스펙터에게 사업 계획을 설명할 때에도, 사후 관리를 할 때에도 반드시 가져갈 것. 그렇게 함으로써, 당신이 왜 이 사업을 하고 있는가를 항상 떠올리게 해주기 때문이다. 또 당신이 '드림 카를 갖는 것'이라는 확실한 목적을 가지고 이 사업을 한다면, 누구에게 무슨 말을 들어도 마음쓰지 않게 된다.

 만약 당신의 꿈이 집을 짓는 것이라면, 결혼한 사람은 부부가 한 마음이 되어서 드림 북을 만들도록 하라. 또 아이가 있을 때는 아이의 의견을 많이 수용하는 것도 중요하다. 어렵게 만든 드림 북인데 가족 전원의 마음에 들지 않는다면 기대할 수 있는 효과가 반감되기 때문이다.

13) 실제로 드림 북을 작성한다

이상의 설명으로, 드림 북이 왜 중요한가, 그 효과와 사용법, 간단한 작성 방법과 포인트 등을 이해했으리라 생각한다. 이제부터 당신의 꿈이 '집을 짓는 것'이라고 가정하고 드림 북의 구체적인 작성법을 설명하기로 한다.

당신의 꿈이 집을 짓는 것이라면, 먼저 집을 지을 장소를 정하자. 그 장소는 바다 근처일까, 산 속일까, 아니면 큰 도시의 중심일까? 시골인가? 집을 지을 장소는 좀더 상세하게, 구체적으로 자기 집을 짓고 싶은 지도상의 장소에 'X' 표시를 한다.

다음으로 집의 크기는 어느 정도인가? 집의 외견은 어떤가? 집은 동양풍인가, 서양풍인가? 서양식이면 메디탈리안풍인가, 스페인풍인가, 영국풍인가 그 타입을 결정한다. 짓고 싶은 집의 외견을 결정하는 것은 집을 에워싼 정원과 집

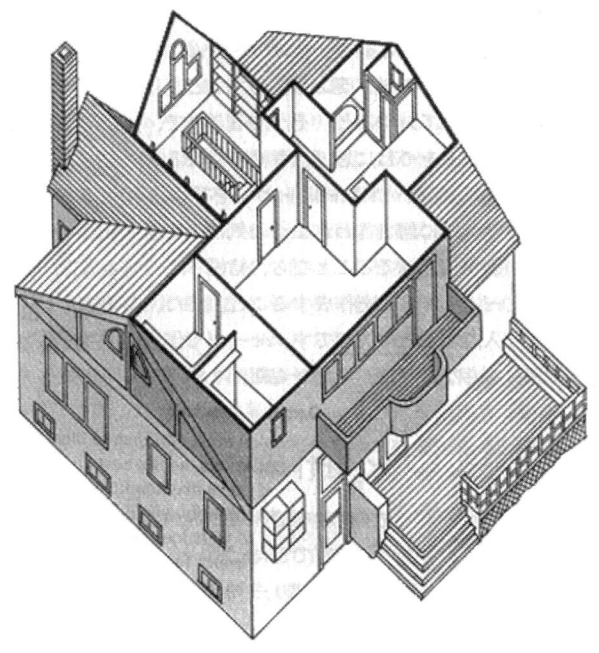

의 내부 장식, 가구와 그릇의 종류를 정하는 기준이 되므로 중요한 과정이다. 자신이 어떤 타입의 집을 짓고 싶은지, 그림을 그려 보거나 잡지에서 사진을 오리는 등 충분히 시간을 들여 결정하기 바란다.

　짓고 싶은 집이 구체적으로 결정된 다음에는 그 집을 에워싸고 있는 정원을 정한다. 정원은 동양식 정원인가, 서양식 정원인가? 정원에 어떤 나무와 식물을 심을 것인가? 연못은 있는가? 있다면 어떤 물고기를 기를 것인가? 정원에 그린 하우스가 있는가? 잔디는? 벤치는? 테니스 코트가 있는가, 혹시 있다면, 몇 개인가? 수영장은 있는가? 있다면 몇 m인가? 등등 상상하고 있는 정원과 똑같은 사진을 잡지에서 오려 드림 북에 붙인다. 자기가 상상하고 있는 집과 정원의 사진을 구하지 못하면 스스로 그림을 그린다.

다음은 집안이다. 부엌이면 부엌, 다이닝룸이면 다이닝룸 전용 공간을 준비한다. 그 공간에 원하는 것의 사진과 그림 등을 붙이는데, 먼저 방의 크기를 정해야 한다. 방 크기가 결정되면 그 안에 둘 테이블과 의자, 책상, 식기장, 침대, 소파, 냉장고와 텔레비전의 크기, 또 그것들을 어떻게 배치할지를 생각해야 한다.

부엌, 다이닝룸, 거실, 침실은 몇 개 있는가? 아이들 방, 서재, 게임룸(어떤 게임을 둘 것인가) 등 방마다 구분 짓고, 그 안에 어떤 가구와 물건을 배치할 것인지를 상상한다. 그리고 그 이미지에 맞는 사진을 잡지에서 오려 내어 드림 북에 붙인다. 사진을 구하지 못할 때는 직접 그림을 그린다.

부엌이라면, 테이블과 의자, 싱크대, 조리대, 냉장고의

종류를 정할 뿐만 아니라, 더욱 상세하고 세밀하게 사진과 그림을 수집한다. 어떤 식기를 쓸 것인가? 식탁보는? 부엌에 둘 꽃과 식물의 종류는? 어떤 식사를 하고 싶은가. 먹고 싶은 음식과 와인의 사진을 오려서 붙인다. 부엌에는 햇빛이 들어올 창문이 있는가? 혹은 부엌 전체는 유리로 되어 있어서 그린 하우스 같은가? 등등 되도록 자기가 만들고 싶은 부엌을 상상해서 사진을 모은다.

다음은 거실의 사이즈와 그 안에 둘 소파, 테이블, 책장들의 가구와 텔레비전, 스테레오 사진을 모은다. 아이가 있을 때는 어떤 방으로 할지, 아이와 함께 생각한다. 욕실의 의자와 가구는 가능한 세심하게 생각해서 사진을 모아 드림 북에 붙인다.

이처럼 방마다 하나하나 자기가 원하는 것을 이미지해서 사진을 모은다. '이것은 비싸겠지.' 하고 금액을 생각하지 말고, 자신의 상식 범위 내에서 자신이 원하는 것의 사진을 모아 만든다.

14) 대뇌의 메커니즘

꿈은 당신의 감정을 고양시키는 것이어야 한다. 그리고 꿈을 실현하고 싶다면 가능한 상세하게 종이에 묘사할 것. 그리고 좀 더 효과적인 것은, 갖고 싶은 것의 그림을 그리거나 사진을 모아서 '드림 북'을 만드는 것이다. 이제부터 이미지트레이닝을 하는 선수가 하지 않는 선수보다 좋은 결과가 나오듯이, 네트워크 마케팅에서도 왜 드림 북을 만들어서 실제로 그것을 가진 것처럼 상상하면 효과가 있는가를 설명하겠다.

그러나 그것을 이해하려면 먼저 우리의 대뇌가 어떤 메커니즘으로 사물을 기억하고 있는가를 이해해야 한다. 그래서 지금부터 우리의 대뇌 기억 메커니즘에 관해서 간단하게 설명하겠다.

우리의 대뇌는 다음의 메커니즘으로 모든 것을 기억하고 있다.
 대뇌의 이런 메커니즘이 '드림 북을 만드는 것'과 무슨 관계가 있는 걸까? 그것은, 자신의 꿈을 실현한 듯이 강하게 상상하면, 대뇌가 정말로 꿈이 실현된 것처럼 생각하게 만들 수가 있기 때문이다. 그리고 대뇌가 정말로 그렇게 생각하도록 만드는 데에 강한 충격을 주는 방법의 하나가, 드림 북을 만들어서 자신의 꿈을 상상하는 것이기 때문이다.

① 대뇌는 부정적인 정보와 긍정적인 정보를 구별하지 못한다. 몇몇 정보 중에는 우리에게 나쁜 영향을 주는 부정적인 정보, 좋은 영향을 주는 긍정적인 정보, 우리가 필요로 하는 정보, 필요로 하지 않는 정보가 있다. 그러나 우리들 대뇌는 듣는 것, 보는 것, 접촉하는 것, 먹는 것, 냄새 맡는 것, 오감으로 느끼는 것은 전부 무차별적으로 기억하고 있다. 대뇌는 모든 정보에 평등하며, 좋은 정보만을 선택해서 기억하는 메커니즘이 아니기 때문이다.
② 대뇌는 한번 기억한 것을 제거하거나 배설하지 못한다. 우리 몸에는 나쁜 영향을 주는 물질을 몸밖으로 배출하는 메커니즘이 있다. 그러나 우리들 대뇌는 오감으로 느낀 것은 모두 뇌의 어딘가에 평생 기억하고 있다. 그리고 우리의 마음 자세와 사고 방식에 나쁜 영향을 주는 과거의 나쁜 기억 정보를 선별해서 제거하거나 배설하지는 못한다.
③ 대뇌는 '실제로 일어난 일'과 '강하게 상상(이미지)한 것'을 구별하지 못한다. 그래서 꿈이 이미 실현된 듯이 강하게 상상하면 대뇌는 그 꿈이 실제로 실현된 듯이 생각한다.
④ 대뇌는 정보를 저장할 때 문자로 저장하는 것이 아니라, 시냅스 결합, 그러니까 신경세포(뉴런)와 신경세포(뉴런)의 조합으로 생긴 '신경 회로'로 변환해서 저장하고 있다. 예를 들어 청(靑)의 의미를

설명하라고 해도 문자나 말로는 잘 설명할 수 없는데, 그 색깔을 보여 주면 상대방이 쉽게 이해하는 것은, 대뇌가 청색을 문자로서 축적하고 있는 것이 아니라 실제로 본 색깔을 '신경회로'로 전환해서 축적하고 있기 때문이다.
⑤ 대뇌에는 시간 감각이 없다. 어제 일어난 일, 오늘 일어난 일, 그리고 내일 일어날 일도 대뇌는 언제 일어났는지 구별을 못한다. 그것은 대뇌에 축적된 정보는 시간적으로 구별되어 파일화되어 있지 않기 때문이다. 오늘 발생한 일과 어제 생긴 일을 구별할 수 있는 것은, 그것이 일어난 전후 관계로 판단하기 때문이다. 그래서 미래에 일어났으면 하는 일을 강하게 상상하면 대뇌는 실제로 일어난 것처럼 생각할 수가 있다.

15) 신경세포의 기본 구조

또 대뇌의 기억 메커니즘을 이해하려면, 뇌 신경세포의 기본 구조를 알아야 한다. 뇌 신경세포의 기본 구조와 활동은 많은 연구자의 노력에도 불구하고 아직 밝혀지지 않았지만, 현재까지 다음과 같은 것을 알 수가 있다.

뇌는 신경계의 기본단위인 '신경세포' 또는 '뉴런'이라 불리는 세포의 집합체이다. 그 신경세포는 직경 0.1㎜ 정도의 구(球) 상태의 '세포체'로, 나뭇가지처럼 '수상돌기'와 길게 뻗은 '축색돌기'로 되어 있다. 축색돌기는 길게 뻗어서 끝이 '시냅스' 또는 '접합부'로 불리는 특별한 형태를 하고 있고, 주위의 다른 신경세포와 접하고 있지만 직접 결합은 하고 있지 않다(175쪽 그림 참조).

시냅스 속에는 '시냅스 소포(小胞)'라고 불리는 주머니 같은 소포가 있고, 그 안에 '신경 전달 물질'이 저장되어 있어서, 자극이 전

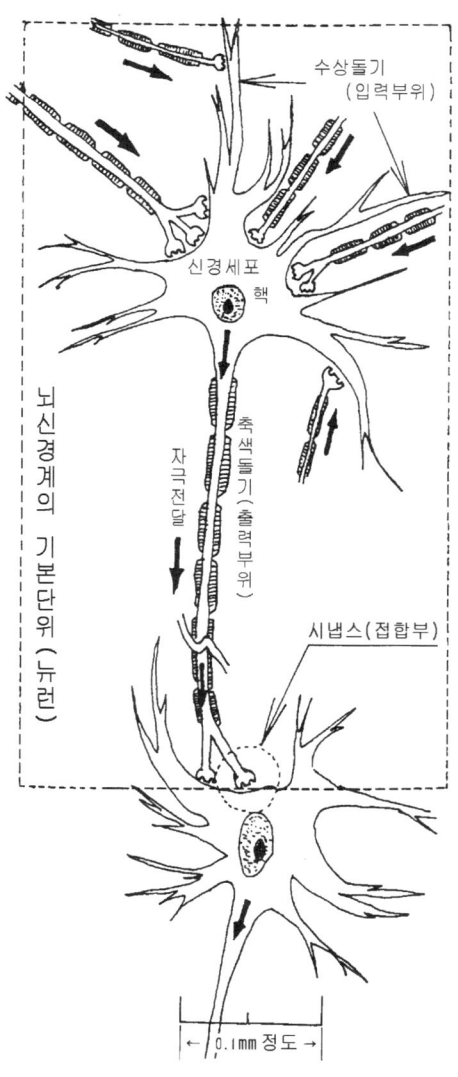

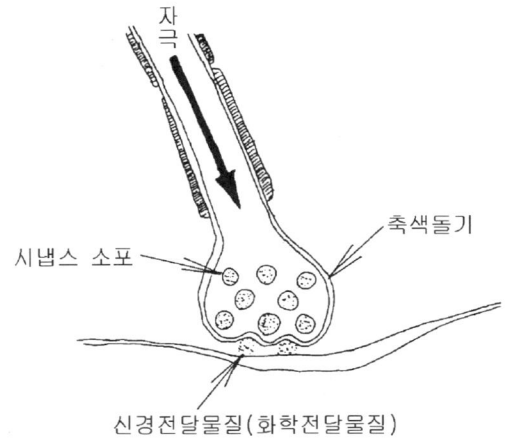

시냅스의 구조

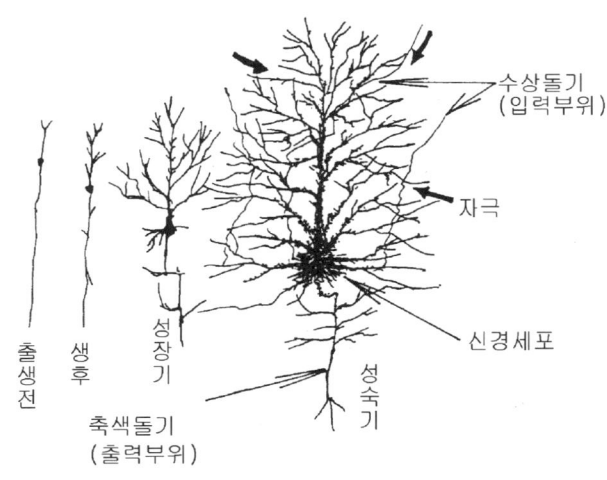

달되면 소포에서 신경 전달 물질이 방출되어 시냅스가 접하고 있는 신경세포에 자극이 전달된다. 신경 전달 물질은 다른 이름으로 '자극 전달 물질'이나 '화학 전달 물질' 등으로 불리고 있는데, 이 책에서는 신경 전달 물질로 통일했다(176쪽 그림 참조).

이상과 같이, 신경세포(뉴런)는 ⓐ 신경세포의 본체로 세포핵이 있는 세포체 ⓑ 외부에서의 정보(자극)를 받아들이는 입력 부위인 수상돌기 ⓒ 정보(자극)를 주위 신경세포에 전하는 출력 부위인 축색돌기 ⓓ 축색돌기의 가장 앞쪽에 위치하는 시냅스(접합부)의 4가지 기본 부분으로 구성되어 있다.

인간의 뇌에 존재하는 신경세포(뉴런)의 수는 태어났을 때가 절정으로, 평균 140억 개의 세포가 있다고 추정한다. 그러나 그 뒤 성장과 함께 조금씩 감소한다. 어떤 학자에 따르면, 개인차가 있지만 하루에 수십 만 개의 뇌세포가 사멸한다고 한다. 신경세포의 수로 보면 막 태어난 갓난아기의 뇌가 가장 많은 세포를 갖고 있는 셈이지만, 신경세포 자체는 별로 발달해 있지 않다. 즉 갓난아기의 신경세포는 가지가 거의 나뉘어지지 않아서 다른 신경세포와의 결합이 거의 없다.

그러나 아직 미발달한 갓난아기의 신경세포는, 일단 외부에서 자극을 받으면 입력 부분인 수상돌기에서 가는 촉각 같은 돌기가 뻗어 가지가 나뉘고 다른 신경세포와 시냅스 결합을 형성하게 된다. 한편 출력 부분인 축색돌기도 나뉘는데, 그 수는 입력 부분인 수상돌기보다 훨씬 적다고 한다.

이처럼 유아의 뇌는 신경세포의 수가 많은 반면, 주위 신경세포와의 시냅스 결합의 수가 어른과 비교도 안 될 정도로 적다. 그러나 성장함에 따라서 신경세포는 외부로부터 보다 많은 정보(자극)

를 받아서 수상돌기를 뻗고, 가지 분화가 반복되고, 주변 신경세포와의 시냅스 결합 수가 증가해 간다. 이 과정이 끊임없이 되풀이되어 어망처럼 복잡한 신경회로가 만들어진다(176쪽 아래 그림 참조).

어떤 대뇌 생리학자에 따르면, 평범한 어른의 신경세포 하나는 수천 개에서 수만 개나 되는 특별한 신경세포와 접하고 있어서, 거기에서 자극을 받는 것이라고 한다. 인간이 성장하면서 지식을 쌓고 뇌가 발달해 간다는 것은 수상돌기가 늘어나서 다른 신경세포와의 시냅스 결합이 증가하는 것이라고 한다.

이처럼 우리의 대뇌는 정보(자극)를 문자로 기억하는 것이 아니라, 신경세포와 신경세포와의 조합으로 생긴 '신경 회로'로 변환해서 기억하고 있다. 게다가 뇌가 정보를 기억하는 메커니즘에는 비디오 카메라처럼 몇 년, 몇 월, 몇 일, 몇 시, 몇 분, 몇 초라는 연월일과 시간을 기억하는 메커니즘은 없다.

즉 뇌에는 시간적인 감각이 없다. 새로운 정보와 낡은 정보의 구별은 그들 정보의 전후 관계로 판단하고 있다. 가령 지난주 일요일에 레스토랑에 간 일이 오늘 레스토랑에 간 것보다 시간적으로 옛날이라고 이해하고 있기 때문이다.

신경세포는 보다 빈번하게 자극을 받으면 받을수록 보다 많은 가지가 나뉘고, 보다 많은 주위의 신경세포와 시냅스 결합을 형성해 간다. 그러나 어떤 특정 자극으로 형성된 시냅스 결합도, 그 자극이 작아지거나 없어지면 형성됐던 수상돌기도 소멸해 버리고, 시냅스 결합도 떨어지고 만다.

그러나 나중에 같은 체험을 하면, 잊고 있던 기억이 되살아나듯이 완전히 뇌의 기억 파일에서 소멸하는 것은 아니다. 일단 뇌에 들어간 정보는 반드시 뇌의 어딘가에 파일로 저장되어, 평생 기억

된다. 왜냐하면, 대뇌에 들어간 정보를 지우거나 배출하는 메커니즘이 갖춰져 있지 않기 때문이다.

16) 뇌의 자극 전달 메커니즘

현재 알고 있는 정보(자극) 전달 메커니즘은 신경세포의 내외 전기적 변화에 따라 생긴다고 한다. 즉 정보(자극)를 받지 않고 있는 신경세포의 안쪽과 바깥쪽을 전기적으로 측정하면 마이너스 90밀리볼트(mV)의 전위 차가 발생한다. 이 상태에서 신경세포에 정보(자극)가 가해지면 전기적인 변화가 일어나서 신경 임펄스가 발생한다. 이 임펄스가 시냅스에 전달되면 시냅스 소포 속의 신경 전달 물질이 방출되어 주변 신경세포에 정보(자극)가 전달되는 메커니즘이다.

여러분도 알고 있듯이, 각 가정에 있는 전화는 전화 회선을 통해서 하나하나의 전선으로 직접 연결되어 있다. 그곳으로 전류가 흘러서 전화가 연결되는 것이다. 일반 사람들은 뇌도 전화 회선처럼 기능 한다고 생각하는 것은 아닐까? 결국 무수히 많은 각각의 뇌 신경세포는, 각 가정에 있는 전화가 전기 회선을 통해 하나 하나가 전선으로 연결되어 있듯이, 각 신경세포에서 뻗은 돌기가 전선처럼 연결되어 있어서 신경세포의 회로가 만들어져 있다고 말이다. 그리고 그 곳으로 외부로부터 신경세포에 정보가 보내지면, 그 전선에 아주 적은 양의 전류가 흐르고 정보가 뇌의 구석구석까지 전달된다고 말이다. 뇌의 정보(자극) 전달 메커니즘은 이와 같다고 이해하고 있는 것은 아닐지?

그러나 언뜻 뇌는 전기회로로 직접 연결된 신경세포 덩어리처럼 생각하는 경향이 있지만, 실제로 세포와 세포를 연결하는 역할을 하는 축색돌기 사이에는 작지만 틈이 있다. 우리들 뇌 안에 존재하는 약 140억 개의 신경세포는 전화 회선처럼 한 개 한 개 직접 전선으로 연결되어 있지 않은 것이다. 그래서 정보(자극)는 전화처럼 전기회로를 통해 신경세포에서 다음 신경세포로 전달되지 않는다.

실제로는 시냅스 신경 임펄스가 전달되면, 시냅스 속의 소포에 축적되었던 '신경 전달 물질'이 방출된다. 방출된 전달 물질은 널리 퍼져서 시냅스가 접하고 있던 신경세포를 자극해서 정보를 전달하는 것이다.

이것은 '전화 연락망'과 같은 구성으로, 정보는 발신지에서 직접 네트워크 전체에 전달되지는 않는다. 결국 전화 연락망은 연락을 받은 사람이 각각 정해진 다음 사람에게 전화를 해야 비로소 네트워크 전체에 정보가 전달되듯이, 뇌도 정보를 받아들인 신경세포는 각각 정해진 다음 신경세포에 정보를 전달해서 네트워크 전체에 퍼지는 것이다.

시냅스에서 방출되는 신경 전달 물질로 아드레날린, 노드아드레날린, 도파민, 엔케파린, 셀라토닌, 노드에피네프린, 아세틸콜린 등이 흔히 알려져 있다. 이들 신경 전달 물질은 모두 아미노산에서 나오며 구조적으로 '호르몬'이다. 즉 뇌는 '호르몬'이 없으면 정보를 전달하지 못하고, 아무 것도 하지 못한다. 그래서 어떤 대뇌생리학자는 우리들 뇌를 전기 회로 덩어리나 신경세포 덩어리라고 부르기 보다 '호르몬 덩어리'라 부르는 것이 옳다고 말한다.

17) 신경 전달 물질의 움직임

예전에 화제가 됐던 LSD는 분자 구조가 세라토닌과 닮아서 세라토닌 분자가 신경세포를 자극하듯이 LSD가 신경세포를 자극한다.

그러나 LSD는 세라토닌과 달리 증대하고, 신경세포를 무질서하게 흥분시켜서 이상한 환각 상태를 일으킨다고 생각되고 있다.

또 정신장애를 경감시키는 트랜키라이저의 일종인 레셀핀은, 자극을 전달하는 화학 물질인 세라토닌, 노드에피네프린과 도파민 등이 뇌로 공급되는 것을 감소시켜서 신경장애로 이상하게 흥분하고 있는 뇌를 억제하고 정신장애를 경감시킨다고 한다.

그리고 소량의 카페인과 니코틴은 시냅스에 작용해서 아세틸콜린을 방출시키고 머리를 시원하게 만들며 기분을 고양시킨다.

이러한 예에서도 자극과 정보 전달은 신경 전달 물질(호르몬)을 통하고 있음이 증명되었다.

당신 집에도 전화 연락망이 있을 것이다. 학교 연락망, 클럽 연락망(예를 들어 축구부 연락망), 회사 연락망과 재난 발생 시에 활용하는 연락망 등이다. 각각의 연락망에는 각각 다른 목적이 있고, 학교에서 온 중요한 연락을 다음 사람에게 전하는 데 회사 연락망을 쓰지는 않을 것이라 생각한다. 학교에서 온 연락은 학교 연락망을 이용해서 다음 사람에게 연락해야 한다.

이와 마찬가지로, 우리 뇌도 정보의 차이에 따라 자극 받는 시냅스의 종류가 다르다. 그것은 시냅스 소포에 축적되어 있는 신경 전달 물질의 종류가 시냅스에 따라 다르기 때문이라고 생각된다. 가령 카페인과 니코틴은 어떤 특정 시냅스에만 작용해서 아세틸콜린을 방출시키고, 특정 상대 세포를 자극한다. 자극 받은 세포도 아세틸콜린을 방출해서 특정 상대 세포를 자극한다. 이것이 계속적으로 일어나서 아세틸콜린을 저장한 시냅스만이 흥분하는 신경 회로가 만들어지는 것이다.

카페인과 니코틴 등은 엔자임(효소)에 의해 분해되어 지속성은 없지만, 시냅스에서 방출되는 신경 전달 물질의 양은 섭취하는 카페인과 니코틴 양에 따라 증감된다. 그래서 커피를 많이 마시면 그만큼 카페인이 분해되지 않고 체내에 많이 남아서 보다 오래 신경세포를 자극해서 방출되는 아세틸콜린의 양도 많아진다.

이처럼 신경세포에의 자극 지속이 길수록, 즉 정보량이 많을수록 보다 오래 많이 신경세포를 자극하고, 그로 인해서 보다 복잡한 신경 회로가 만들어져 보다 많은 수의 신경 전달 물질이 방출된다. 시냅스에서 방출되는 신경 전달 물질의 양이 섭취하는 카페인의 양에 따라 증감한다는 것은, 시냅스에서 방출되는 신경 전달 물질 양이 외부에서 들어오는 정보량(자극의 크기)에 의해 증감하는 것을 의미한다.

그래서 실제로 일어난 것과 체험한 것은 상상한 것보다 훨씬 뇌에 주는 정보의 양이 많고, 그만큼 많은 신경 세포가 시냅스를 통해서 자극되고, 보다 복잡한 신경 회로가 만들어지게 되는 것이다. 그 결과, 대뇌에 주는 임팩트가 커지고, 실제로 일어난 것과 체험한 것은 '잠재의식'에 보다 쉽게 들어간다.

한편 상상한 것은 실제로 일어난 일보다 정보량이 적기 때문에 자극 받는 신경세포의 수도 적고, 그만큼 '잠재의식'에 들어가기 어렵다. 이처럼 실제로 체험한 것과 일어나지 않은 것을 실제로 일어난 것처럼 상상한 것과의 차이는 뇌에 주는 정보의 양과 질의 차이다. 그래서 실제로 일어나지 않은 일도, 강하게 상상하면 실제로 일어난 일처럼 대뇌에 주입시킬 수가 있다.

이것이 사실이라면, 상상한 것을 보다 빨리 잠재의식에 들어가기 쉽게 하는 방법은 반복해서 수없이 상상하고, 뇌에 보다 많은 정보(자극)를 주는 것이다.

18) 드림 북은 왜 효과가 있는가?

밤에 꿈을 꾸고 식은땀을 흘려 본 경험이 있을 것이다. 그것은 꿈이 너무나 선명해서 뇌가 현실과 꿈을 구별하지 못했기 때문이다. 우리 대뇌는 "뇌는 실제로 일어난 일과, 강하게 상상한 일과의 구별을 못한다"는 것을 증명하고 있다.

그렇다면 당신이 꿈을 강하게 상상하면, 가령 원하는 차를 이미 가진 것처럼 강하게 상상하면, 당신의 대뇌에 당신이 정말로 차를 구입했다고 주입시킬 수가 있다. 그에 따라 '차를 사겠다'는 꿈은 잠재의식에 들어가기가 더 쉬워진다. 여기에서 말하고 있는 꿈이란, 밤에 잘 때 꾸는 꿈이 아니라 마음속으로 만들어 내는 이미지이다. 따라서 당신이 원하는 것을 강하게 상상하는 최고의 방법은 드림 북을 만들어서 상상하는 것이다.

그렇다면 왜 드림 북을 이용해서 상상하면 꿈을 보다 빨리 잠재의식에 집어넣기 쉬워질까? 그 이유는 인간은 오감을 통해서 외부로부터의 정보를 얻고 있기 때문이다. 그 오감 중에서도 특히 '시각 정보'에 의지하는 부분이 가장 크기 때문이다.

예를 들어 눈을 가리고 걸으라고 하면, 익숙한 자기 집에서도 굉장한 불편을 느낄 것이다. 그러나 귀를 막고 걸으라고 하면 어디든 걸어갈 수가 있다. 또한 코에 마스크를 하고 걸으라고 하면 걷는 것에 불편함을 느끼는 일이 없을 것이다.

인간은 시각으로부터의 정보에 의존하는 경우가 매우 많다. 그래서 이것을 이용하지 않을 수 없다. 그러므로 자신이 원하는 것이 집과 차일 경우에는, 집과 차 그림을 그리거나 사진을 모아서 드림 북을 만들고 그것을 보면서 상상하는 것, 즉 '시각화'하는 것이 좋은 방법임을 알게 된다.

19) 드림 북보다 효과 있는 것은 실물을 보는 것

우리는 외부로부터 얻는 정보의 대다수를 시각으로 얻고 있다. 그러나 실제로는, 상상 이상으로 모든 오감을 이용해서 외부로부터의 정보를 수집하고 있다. 단지 잘 의식하지 못할 뿐이다.

우리가 모든 오감을 이용해서 외부로부터의 정보를 수집한다는 증거는, 크리스마스 시즌이 되면 크리스마스 트리를 보지 않아도 크리스마스 노래를 듣는 것만으로도 크리스마스 시즌임을 안다는 것이다. 주부는 요리를 살짝 맛만 봐도 소금을 얼마나 넣어야 하는지 알 수 있다.

또 베테랑 은행원은 손가락의 감각으로 위조 지폐를 알아내고, 아이는 어머니가 만드는 저녁 식사를 보지 않아도 부엌에서 흘러나오는 냄새를 맡는 것만으로 어머니가 무엇을 만들고 있는지를 알 수 있다.

다시 크리스마스 이야기로 돌아가자. 북반구에서 태어나고 자란 한국인이 오스트레일리아에서 맞이하는 크리스마스는 뭔가 어색할 것이다. 이것은 알게 모르게 우리 몸이 크리스마스는 추운 계절이라고 기억하고 있기 때문이다. 그래서 드림 북을 만들어 눈으로 보는 것보다 더 좋은 방법은, 자신이 원하는 것을 실제로 보거나 듣고, 코로 맡거나 손으로 만져 보거나 맛보는 것이다.

즉, 차를 사고 싶은 게 꿈이라면 매장에 가서 사고 싶은 차를 시승해 보고, 집을 사고 싶은 게 꿈이라면 모델 하우스를 찾아가 본다. 모델 하우스 전시장에 가서 실제로 자신이 원하는 집과 가장 비슷한 모델 하우스에 들어가서 벽과 바닥을 만져 보고, 가능하면 그 안에서 커피를 마셔 보도록 한다.

이처럼 실제로 자신의 ⓐ 눈으로 보고(시각), ⓑ 귀로 듣고(청각),

ⓒ 코로 맡고(후각), ⓓ 손으로 만져 보고(촉각), ⓔ 혀로 맛보고(미각), 가능한 자신의 '오감(五感)'에 자극을 준다. 그렇게 함으로써 당신의 꿈이 보다 빨리 잠재의식 속으로 쉽게 들어가게 되는 것이다. 그리고 잠재의식에 들어간 꿈이 당신의 행동을 지배하게 되면, 그것은 '신념'이라는 형태로 바뀐다.

사고 싶은 차를 시승해 보고, 모델 하우스에 찾아가서 집안에 들어가 보는 방법에는 한 가지 문제점이 있다. 그것은 시승했을 때의 흥분이 1, 2주씩 지속되지 않는다는 것이다. 그렇다고 해서 매주 시승해 보고, 모델 하우스에 찾아가는 것은 불가능할 것이다.

그래서 가장 좋은 방법은 실물을 보는 것, 드림 북을 병용하는 방법이다. 먼저 드림 북을 작성해서 정말로 자신이 원하는 차를 매장에 가서 실제로 보고, 만져 보고, 들어 보고, 맛보고, 냄새를 맡아보는 것이다. 즉 실제로 차를 시승해 보는 것이다. 그리고 그 흥분이 사라지기 전에 집에 돌아와 이번에는 드림 북을 이용해서 한 번 더, 시승한 체험을 오감에 자극을 주듯이 재현해 본다. 그것이 잘되면, 드림 북을 보기만 해도 시승했을 때의 흥분을 되살릴 수가 있다.

20) 오감을 전부 이용해서 상상한다

꿈을 잠재의식 속에 쉽게 주입하기 위해서 오감을 이용하는 것이 중요하다면, 드림 북을 이용해서 자기가 원하는 것을 가졌을 때, 시각뿐만 아니라 되도록 모든 오감을 전부 사용해서 상상하는 것이 중요하다. 가령, 원하는 집을 이미 가졌다고 상상할 경우, 다음과 같이 가능한 오감에 자극을 주듯이 상상하면 더욱 효과적이다.

"뒤뜰에는 미국에서 주문한 직경 3m 짜리 갈색 쟈크지가 있고, 여름이면 매주 주말에 가족과 친구들을 불러서 파티를 연다. 쟈크지에는 직경 5m 파라솔 같은 지붕이 딸려 있어서 그 지붕이 뜨거운 햇살을 피하기 좋은 그늘을 풀 사이드에 만들어 준다. 아이들은 이웃 친구 5명을 초대해서 수영장에서 물장구를 치며 즐거운 듯이 "꺄―꺄―"거리며 놀고 있다(청각). (……여기에서 실제로 아이들이 "꺄―꺄―" 하고 소리지르며 놀고 있는 광경을 떠올린다.)

아내와 나는 쟈크지의 지붕이 그늘을 만들고 있는 풀 사이드에 의자와 테이블을 놓고, 이번 주말에 열기로 한 파티에 어떤 사람들을 초대할 것인가를 이야기하는 중이다. 테이블 위에는 프랑스 와인이 있는데, 작년에 프랑스에 갔을 때 마음에 드는 와인을 현지에서 사 온 것이다.(……와인을 잘 아는 사람은 와인 이름을 넣어도 상관없다.)

그 와인이 바다 바람을 타고 달짝시큼한 향기를 일대에 띄운다(후각). ……(여기에서 실제로 와인 향기를 떠올린다.)

와인은 약간 드라이하지만 비프스테이크에 어울린다(미각). (…… 여기에서 실제로 와인 맛을 떠올린다.)

이번 주 파티에서는 이 와인을 내놓기로 했다. 오늘은 특히 햇살이 강하지만, 그늘에 앉아 있으니

바다에서 불어오는 바람이 피부에 와 닿는 느낌이 좋다(촉각). …… (여기에서 실제로 해안에서 살랑살랑 바람이 불어오는 것처럼 떠올린다.)

오늘은 여름치고는 드물게 공기가 산뜻해서 동해안에 면한 앞뜰 잔디 맞은편으로 설악산이 또렷하게 보인다(시각).

21) 꿈을 실현시키는 데에는 룰이 있다

나폴레옹 힐 박사는 『사고는 실현화한다』에서 "인간의 머리 속으로 생각하는 것, 즉 꿈은 전부 실현할 수 있다."고 말하고 있는데, 꿈을 실현하려면 몇 가지 룰이 있다.

그 첫 번째는, 양심에 반한 꿈은 절대로 달성할 수 없다는 것이다.

혹시 꿈속에서 당신이 살인을 저지르고 아침에 눈을 떴다면, 당신은 왜 이런 꿈을 꾸었을까 하고 불안하거나 불쾌한 기분이 들

것이다. 양심 있는 인간이라면 인간의 도에 벗어난 꿈은 이루지 않을 것이다.

꿈을 실현하는 수단이 타인에게 상처를 주거나 반사회적인 방법이라면 당신은 절대로 꿈을 이루지 못한다. 왜냐하면 당신의 양심이 '그것은 옳지 않아'라는 걸 알고 있으므로 마음을 통제할 수 없기 때문이다.

즉 당신은 '은행 강도 짓을 하자!'고 계획을 세워도, 당신 양심은 '그건 나쁜 일이니까, 하면 안 돼!'라고 마음속에서 갈등이 생기기 때문이다. 마음의 갈등이 생긴 상태에서는 절대로 당신의 꿈을 달성할 수 없다. 그래서 장래를 계획할 때는 양심의 공감을 얻지 못할 꿈을 꿔서는 안 된다.

두 번째 룰은, 꿈의 현실을 의심하거나 불안을 품은 상태로는 실현할 수가 없다.

네트워크 마케팅을 친구들에게 전달할 때, 마음속으로 '정말로 이 사업은 괜찮을까?'라는 의문을 갖고 있으면, 아무리 입으로 "놀라운 사업이니까 같이 합시다."라고 말해도 상대에게 전달되지 않는다. 가령 "내가 하고 있는 네트워크 마케팅은 굉장해!"라고 입으로는 말해도 마음 어딘가에서 '이거 이상한 사업이 아닐까?'라는 불안을 갖고 있으면, 마음을 통제할 수 없으므로 당신의 잠재의식은 당신을 성공으로 이끌지 못한다.

이처럼 꿈을 이루는 데에는 룰이 있음을 알아 두길 바란다.

22) 성공하고 싶다면 동작이 잠재의식에 들어가야 한다

당신은 차를 운전할 때, "브레이크를 밟으면서 클러치를 밟고,

기어를 낮게 넣고, 브레이크와 클러치를 조금씩 풀면서 액셀을 밟고……" 하는 식으로, 다음 동작을 머리 속으로 생각하면서 운전하는가? 그렇지 않을 것이다. 우리는 다음 동작을 생각하지 않아도 운전할 수 있다. 그래서 당신은 운전 중에 여러 가지 일을 할 수 있는 것이다. 예를 들어 조수석에 있는 사람과 이야기를 하고, 노래를 부르고, 생각할 수도 있는 것이다. 이것은 차를 운전한다는 동작이 당신의 잠재의식 속에 들어가 있기 때문이다.

'운전하는 동작이 당신의 잠재의식에 들어가 있다'는 것은 어떤 의미일까? 그 대답은 당신이 태어나서 처음으로 자전거를 탔을 때를 생각해 보길 바란다. 처음에는 몇 번씩 넘어지고 손발이 까지고 '정말로 자전거를 탈 수 있을까'라고 생각하지 않았는지? 그러나 일단 타는 법을 몸으로 익히면, 이번에는 반대로 의식적으로 넘어지는 것조차 어려워진다. 이것은 자전거에 올라타서 균형을 잡는 동작이 당신의 잠재의식에 들어갔기 때문이다. 그리고 잠재의식에 들어간 동작은 평생 잊어버리지 않는다. 그 증거로 한번 자전거를 탔으면, 몇 년 동안 타지 않아도 조금만 연습하면 다시 탈 수 있게 된다.

이 예처럼, 당신이 어떤 것에서 프로처럼 능숙하게 되려면 머리 속으로 일일이 동작을 생각하지 않아도 자연스럽게 몸이 움직이도록 잠재의식 속에 넣어 두어야 한다. 테니스, 야구, 태권도, 골프 등 어떤 스포츠도 마찬가지이다. 삼성의 이승엽 선수가 '공이 오면 이렇게 치자.'고 머리 속으로 생각하면 절대로 홈런을 치지 못할 것이다. 스트라이크존에 공이 들어오면, 반사적으로 몸이 움직여서 배트가 나가도록 해야 한다.

이것은 네트워크 마케팅에서도 마찬가지이다. 네트워크 마케팅에서 성공하고 싶다면 당신의 동작 하나 하나를 잠재의식 속에 집어넣어서 자연스레 입과 몸이 움직이게 해야 된다. 프로스펙터가 질문을 하면 반사적으로 즉시 입에서 정확한 답이 나올 수 있어야 한다. 질문을 받고 나서 '뭐라고 대답하나?'라고 생각하고 있으면 성공할 수 없다.

적당한 비교인지 모르겠지만, 미국에서 대통령이 되려면, 후보자는 토론이나 기자 회견 등에서 받을 가능성이 있는 모든 질문을 상정해서 정확한 대답이 즉시 나올 때까지 몇 번씩 연습한다. 기자 회견에서 '아시아 제국의 통화 위기'에 대한 미국 정부의 대책에 관해 질문이 나왔을 때, 뭐라고 대답하면 좋을 것인가를 생각하고 있으면 국민의 지지를 얻을 수가 없다. 당신은 미국 대통령 후보자나 대통령이 답변과 연설을 잘한다고 생각할지 모르지만, 실제로는 엄청난 시간을 들여서 연습하기 때문이다. 그 정도로 연습하지 않으면 대통령이 될 수 없다.

23) 잠재의식이란?

네트워크 마케팅 「성공으로 이끄는 10가지 원칙」의 제1원칙은 '꿈 / 드림'이다. 꿈이란 자신의 장래 모습을 머리 속으로 이미지(상상)하는 것이다.

앞에서 언급했듯이 나폴레옹 힐 박사는 『사고는 현실화한다』라는 책에서, "인간은 머리 속으로 생각하는 것, 즉 꿈은 전부 실현할 수 있다."고 말하고 있다. 그리고 박사는 그 꿈을 이루려면 그것을 '잠재의식' 속에 넣어야 한다고도 말한다.

따라서 당신의 꿈을 실현시키려면, 꿈을 잠재의식 속에 밀어 넣는 노력을 해야 한다. 그리고 꿈을 잠재의식에 넣으려면, 원하는 것을 실제로 손에 넣은 자신의 모습을 수없이 머리 속으로 상상해야 한다. 상상은 일종의 생각인데, 생각이라는 것은 끊임없이 되풀이해서 사료를 주면 차츰 강력해지고, 잠재의식 속에 보다 깊이 심어지기 때문이다.

대뇌의 움직임에는 자기 의식, 즉 현재 의식으로 컨트롤할 수 있는 '현재 능력'과 자신의 사고로는 컨트롤할 수 없는, 즉 잠재의식으로 컨트롤되는 '잠재 능력'의 2가지가 있다.

어떤 대뇌 학자에 따르면, 현재의식을 관장하는 영역은 좌뇌의 이마 부분과 전두엽의 극히 일부 영역에 불과하며, 뇌 전체 크기에서 보면 몇 퍼센트에 지나지 않는다고 한다.

한편 잠재의식을 관장하는 영역은 좌뇌의 대부분과 우뇌 전체라고 한다. 이처럼 잠재의식에 관여하는 영역은 뇌의 대부분을 차지하고 있다. 그러므로 예나 지금이나 신의 영역이라고 하는 연기나 재능은 잠재의식에 들어가서야 비로소 가능해진다.

과거에 이룩한 모든 위대한 업적의 배경에는 예외 없이 잠재의식과 크게 관련되어 있다. 천재나 위인이라 불리는 사람들은 모두 잠재의식을 잘 활용해서 갖고 있던 능력을 발휘한 사람들이다.

그러면 잠재의식이란 도대체 무엇일까? 그것은 오감으로 얻은 모든 정보를 기억해서 넣어 두는 장소(캐비닛)라고 생각하면 이해하기 쉬울 것이다. 어떤 학자는 이 장소를 구체적으로 상상할 수 있도록 '잠재뇌'라고도 부른다. 그러나 정보는 '가나다' 순서나 시간 순서가 아니라, 무차별적으로 저장되어 있다.

최근 대뇌 생리학에서 명백해진 것은, 잠재의식은 기억의 보고로, 한 번 사람 뇌에 기억된 것은 어떤 세세한 것이라도 평생 지워지지 않는다는 것이다. 생각이 나지 않는 것은 잠재의식이 의식적으로는 활동하지 않는 성질을 갖고 있기 때문이다. 결국 의식적으로 잠재의식 속에서 기억을 끌어내려고 하면, 동시에 잠재의식은 그 문을 닫아 버린다.

또, 잠재의식은 오감으로 얻은 모든 정보를 기억하고 담아 두는 보관함 역할 외에, ① 몸을 건강하게 유지하는 자율 기능과 환경에의 적응력 ② 과거의 체험을 기억해 두는 활동 ③ 반복 연습으로 배양한 반사 기능 등 살아가는 데 필요한 활동들을 관장하고 있다. 이런 기능을 하나하나 설명하면 다음과 같다.

---

① 몸을 건강하게 유지하는 자율 기능 …… 심장과 폐는 우리의 의사와 상관없이 움직이지 않으면 안 되는 기관으로 자율신경계에 의해 지배되고 있다. 잠재의식은 몸을 건강하게 유지시키는 자율기능으로서 이 자율신경계를 지배하고 있다. 그래서 우리는 의식적으로 심장 박동을 정지시키거나, 폐의 호흡운동을 멈출 수가 없다. 만약 잠재의식이 '의식적'으로 움직인다고 가정하면, 당신이 자고 있는 동안은 심장과 폐의 기능이 멈춰 버리게 된다.

② 과거의 체험을 기억해 두는 활동 …… 잠재의식은 과거의 체험을 기억해 두는 기능이 있다. 어떤 학자에 따르면, 태어났을 때부터 4살 정도까지는 체험을 통해서 들어온 것이 기초가 되는 것 같다. 이 시기에 보고 듣고, 오감을 통해서 체험한 것이 그 사람의 성격과 능력의 기초를 이룬다고 한다. 그러나, 이 시기의 기억은 의식적으로 생각할 수 있는 기억으로 남지는 않는다. 즉 생후 1~4세까지 일어난 일은 거의 기억해 낼 수가 없다. 그러나 오감을 통해서 체험한 것은 잠재의식이 전부 기억하고 있다.

③ 반복 연습으로 키운 반사 기능 …… 잠재의식은 4세까지의 체험을 통해서 들어온 것이 기초가 되는데, 그 후의 체험은 잠재의식에

전혀 받아들여지지 않는 게 아니다. 또 이미 잠재의식에 들어가 있는 것을 나중에 수정할 수 없는 것도 아니다. 잠재의식은 신념처럼 강한 감정으로 연결된 목표나 원망에 관해서는 민감하게 반응해서 받아들이려는 특성을 가지고 있기 때문이다. 그 증거로, "브레이크를 밟고 기어를 넣고 브레이크에서 발을 떼면서 액셀을 밟고……" 이런 식으로 다음 동작을 머리 속으로 일일이 생각하지 않을 것이다. 이것은 차를 운전하는 동작이 당신의 잠재의식에 들어가 있기 때문이다. 또 수없이 넘어지면서 연습한 끝에 탈 수 있게 된 자전거는 그 동작이 잠재의식에 들어가 있어서 평생 그것을 잊지 않는다. 이처럼 잠재의식이란 당신이 수없이 되풀이해서 연습한 동작과 습관적으로 생각하고 있는 것을 받아들이는 기능을 갖고 있다.

네트워크 마케팅에서 성공하려면, 잠재의식의 ③ 기능을 잘 이용해야 한다. 신념과 같은 강한 목표와 원망을 가지고 그것을 잠재의식에 넣는 것이다.

24) 반복된 행동과 강한 신념으로 맺어진 목표는 잠재의식에 들어간다

잠재의식은 수동적, 소극적, 즉 무의식적으로 5감각으로 들어온 정보만을 받아들이는 특징이 있다. 그러나 '의식적'으로, 즉 능동적·적극적으로는 정보를 받아들이지 않는 특성을 갖고 있다. 그래서 의식적으로 호흡을 멈추려고 생각해도 멈출 수가 없다. 그런 반면에 몇 번씩 되풀이한 행동과 강한 신념으로 뭉친 목표나 원망은 받아들이려는 특성이 있다.

어떤 사람은 자기가 성공 못하는 것은 '학력이 없어서', '몸이 약해서' 등등 자신의 실패를 학력과 건강 등을 이유로 변명하는 사람이 있다. 처음에는 그 변명이 거짓임을 자각하고 있다. 그러나 그것이 몇 번씩 되풀이되면, 잠재의식은 그것을 자기가 성공하지 못한 진짜 이유로 생각해 버린다. 그리고 '나는 몸이 안 좋아'라고 생각하고 있으면, 무얼 해도 성공하지 못할 뿐만 아니라 정말로 병에 걸리는 수가 있다. 이것은 잠재의식이 당신의 건강을 지배한 나쁜 예이다.

잠재의식이 우리의 사고를 지배한 또 하나의 예로, 예전에 1마일 레이스에 '4분 벽'이라는 징크스가 있었다. 당시 전문가는, 인간의 능력상 1마일을 4분 이내에 달리는 것은 불가능하다고 생각했다. 그러나 한 선수, 로져 바니스터가 '가능하다!'라고 생각하며 4분 벽을 깨 버렸다.

흥미로운 것은, 그 오랜 기간 동안 아무도 깨지 못한 기록이 한 번 깨지자 이번에는 단기간에 몇 명의 선수가 뒤를 이어 4분 벽을 깬 것이다. 1마일 선수들이 전부터 '4분 벽을 깰 수 있다!'고 믿었다면 그것은 좀더 빨리 깨졌을 것이다. 지금은 고교 톱 수준의 육상선수라면 1마일을 4분 이내에 뛰는 것은 상식처럼 되어 있다. 같은 능력을 가진 인간이 '할 수 있다!'고 생각하는지 '할 수 없다!'고 생각하는지에 따라서 이렇게 커다란 차이가 생긴다는 것을 보여준 좋은 예이다.

이 예처럼, 당신의 뇌는 매우 충실하며, 나쁜 것이든 좋은 것이든, 당신이 스스로에게 말하는 모든 것을 정보로서 기억한다. 그리고 같은 것을 반복해서 생각하면, 그것은 급기야 신념이 되어 당신의 행동과 사고 방식을 컨트롤하게 된다. 그렇게 되면, 당신 자신의 힘만으로는 그 컨트롤에서 벗어날 수가 없다.

25) 나쁜 습관도 잠재의식에 들어간다

오늘 중학생과 고등학생이 나이프를 이용한 범죄를 저지른 사건이 발생했는데, 그 원인을 규정하려면 많은 사례 연구가 필요할 것이다. 그러나 그 원인의 하나로 오락이 크게 관련되었음이 분명할 것이다.

인기 있는 게임을 조사해 보면, 상대를 쓰러뜨리고 승리하는 것이 대부분이며, 그 중에는 나이프나 권총을 이용해서 상대를 쓰러뜨리는 것이 있다. 나이프로 찔러서 상대를 쓰러뜨리거나 권총으로 쏴서 쓰러뜨리는 동작을 계속하는 동안에 그것이 잠재의식 속에 들어가서 그와 같은 상황에 맞닥뜨리면, 생각 없이 그런 행동을 취해 버리게 된다.

대뇌 메커니즘을 떠올려 보자. 대뇌는 몸에 좋은 영향을 주는 정보와 나쁜 영향을 주는 정보를 무차별적으로 받아들인다. 또, 대뇌는 실제로 일어난 일과 강하게 상상한 것을 구별하지 못한다. 그리고 몇 번 반복된 행동은 잠재의식에 들여보낸다. 그래서 아무리 TV게임이라도 상대를 나이프 같은 것으로 찌르는 동작을 계속 반복하다 보면, 잠재의식에 들어가서 그 사람의 동작을 컨트롤하게 된다. 그리고 누군가가 자기를 꾸짖거나 괴롭히면 상대를 조건 반사적으로 찔러 버린다.

옛날에는 싸움이라도 상대가 졌다는 의사 표시를 하면 거기서 끝이 났는데, 요즘 아이들은 나이프로 찌를 뿐만 아니라 상대가 완전히 움직이지 않을 때까지 미친 듯이 계속 찌르는 경향이 있다고 한다. 사건 뒤에 "왜 찔렀니?"라고 물어 보면, "위협할 생각으로 나이프를 꺼냈는데, 정신을 차렸을 때는 상대를 찌르고 있었다.", "나이프를 꺼낸 것은 기억하는데, 상대를 찌른 것은 전혀 기억나지 않는다."라고 말한다. 이것은 잠재의식이 행동을 컨트롤해 버린 전형적인 사건이라고 생각한다.

　이처럼 잠재의식이 행동을 컨트롤하게 되는 것은, 같은 일을 반복해서 계속 생각하고 TV게임처럼 같은 동작을 되풀이할 경우에 가능하다. 그래서 어느 날 학교에 갔더니 자기도 모르는 사이에 선생님을 찔렀다든지, 은행 앞을 걷고 있었는데 정신을 차렸더니 은행 강도 짓을 하고 있었다든지, 다과회를 열고 있었는데 어느 새 후배 여학생을 성폭행하고 있었다는 것이다. 이것은 결코 있을 수 없는 일이다.

　사람이 행동하기 전에는 반드시 머리 속으로 몇 번씩 되풀이해서 생각해 보고, 그것을 실행할 조건이 갖춰졌을 때 잠재의식이 컨트롤되고 또 실행할 수 있는 것이다. 아무리 나이프를 들고 있어도, 그가 머리 속으로 '사람을 찌른다'는 생각을 반복해서 하고 있지 않은 한, 또한 그런 행동을 되풀이하지 않는 한, 보통 사람은 그런 행동을 쉽게 할 수 없다.

26) 긍정적인 사고, 부정적인 사고도 잠재의식에 들어간다

　우리의 사고는 크게 나누면, 긍정적 사고와 부정적 사고의 2가지가 있다. 그러나 인생에서 성공하려면, 긍정적인 사고를 가지고 모든 일에 대응해야 한다. 흥미로운 것은, 소속한 회사가 다른데도 불구하고, 네트워크 마케팅에서 성공한 사람들은 어떤 공통점이 있다. 그것은 어떤 조직에서도 크게 성공하는 사람들은 모두 긍정적인 사고의 소유자라는 것이다. 이러한 경향은 레벨이 높을수록 명백하다. 이처럼 네트워크 마케팅에서 성공하는 조건의 하나는, 항상 긍정적으로 생각하는 것이다.

인간은 긍정적이거나 부정적인 사고 중 하나를 가지고 태어나는 것이 아니다. 그 사람이 어떤 사고방식을 가지고 있느냐는, 어떤 것을 반복해서 생각하고 있는가로 결정된다고 한다. 평소에 부정적인 발언을 하면 그것이 잠재의식에 들어가 부정적인 사고를 갖게 되고, 반대로 항상 긍정적인 발언을 되풀이하면 긍정적인 사고를 갖게 된다. 그래서 네트워크 마케팅에서 성공하고 싶다면, 평소부터 의식적으로 부정적인 말은 쓰지 말고 긍정적인 단어를 쓰도록 한다.

스폰서 활동을 열심히 했는데도 한 사람도 스폰서하지 못했어도, '또 스폰서 못했다'고 생각하지 말고, '또 한 걸음 성공에 다가섰다!'고 생각하자. 그 달에 레벨 업을 못했어도, '또 레벨 업을 못했어. 난 성공하지 못하려나.'라고 생각하지 말고, '이 시련은 내가 크게 성장하기 위해 필요하다'라고 긍정적으로 생각한다.

이처럼 어떤 일이 생겨도 항상 긍정적으로 생각하자. 그러면 그것이 잠재의식으로 들어가서 늘 긍정적인 사고로 만사를 생각할 수 있게 된다. 결과적으로, 당신은 네트워크 마케팅에서 또 한 걸음 성공으로 다가서는 것이다.

27) 항상 드림 북을 들고 다닌다

당신의 꿈과 원망이 잠재의식에 들어가서 잠재의식이 행동을 지배하게 되면, 그것은 '신념'이 된다. 그리고 당신이 '반드시 드림 하우스를 짓고 말겠어!'라고 신념을 갖고 네트워크 마케팅을 하게 되면, 누가 무슨 말을 해도, 거절을 해도, 뒤에서 험담을 해도, 아무렇지 않을 수 있다. 그렇다면 당신의 성공은 약속된 것이나 다름없다.

그러나 그렇게 되기까지는 긴 시간이 걸릴지도 모른다. 어쨌든, 당신의 꿈이 잠재의식에 들어가서 신념이 되든 못 되든, 사업 활동을 할 때는 항상 드림 북을 들고 다니도록 한다. 드림 북이 '왜 이 일을 하고 있는가?'에 대한 이유를 늘 떠올려 주기 때문이다. 따라서 사업 계획을 설명할 때, 사후 관리를 할 때, 드림 북을 항상 옆에 둔다. 네트워크 마케팅을 하는 이유가 분명하면, 누가 무슨 말을 해도 신경 쓰지 않을 것이고, 누군가에게 거절당해도 감정적으로 변하지 않기 때문이다.

사업을 하는 이유가 확실하면, 그것은 당신에게 차로 2시간씩 걸리는 곳까지 사업 계획을 보여 주러 가게 하는 에너지를 준다. 반대로 무엇 때문에 노력하고 있는지가 확실하지 않으면, 누군가가 거절을 하거나 부정적인 의견을 들었을 때, "왜 이런 일을 하지 않으면 안 되는가?"라는 의문을 갖게 될 것이고, 의문을 품으면 일을 오래 계속하지 못한다. 이렇게 하지 않으면, 당신은 절대로 네트워크 마케팅에서 성공할 수 없다.

이처럼 당신의 꿈이 잠재의식에 들어가 신념이 되면, 당신은 그 꿈을 현실화하는 데 필요한 육체적 에너지와 열의를 받아들이게 된다. 그러나 실제로는 에너지와 열의뿐만 아니라 좀더 중요한 것을 받아들이게 된다. 그것은 당신을 목표를 향해 곧바로 인도해 줄, '자동 항해 장치'를 받아들이는 것이다.

즉, 무의식적으로 혹은 의식적으로 목표를 달성하는 데 마이너스가 되는 일을 하면, 잠재의식은 곧장 당신에게 '뭔가 이상하다'는 예감을 주며 바른 방향으로 수정해 준다. 만약 누가 목표 달성에 마이너스가 되는 말을 해도, 당신의 잠재의식은 그 장치를 이용해서 자동적으로 올바른 방향에 반응, 그것을 무시하도록 지시하고 확실하고 믿을 수 있는 사고를 할 수 있도록 이끌어 준다.

또한 당신이 뭔가 새로운 것에 착수할 때 좋은 예감이나 안 좋은 예감을 느낄 것이다. 만약 그 예감이 좋은 것이라면 자신을 갖자. 그것은 당신의 잠재의식이 '그것은 좋은 일이다!'라고 당신에게 보낸 신호이기 때문이다.

또 하나 잠재의식이 당신의 행동을 지배하는 예로, 당신이 운전하고 있을 때 앞의 신호가 빨간색이 되면, 당신은 생각할 것도 없이 반사적으로 브레이크로 발을 뻗어 브레이크를 걸 것이다. 이것은 운전을 하는 행동이 잠재의식에 들어가서, 그것이 당신의 행동을 지배하고 있기 때문이다. 신호와 반대되는 행동을 취하려고 해도, 가령 빨간 신호임에도 불구하고 차를 발진시키려고 해도, 잠재의식이 당신의 행동을 컨트롤하고 있기 때문에 신호를 무시하고 차를 달리는 것은 쉬운 일이 아닐 것이다.

또 아이가 차 앞으로 뛰어들었을 때 즉시 브레이크를 밟는 것도 잠재의식이 활동하고 있기 때문이다. 또한 얼굴 쪽으로 날아오는 공을 피하는 것도 잠재의식 덕분이다. 이처럼 당신이 뭔가 위기에 빠질 것 같을 때, 안전한 방향으로 이끌어 주는 것이 잠재의식의 또 하나의 활동이다.

28) 기한을 정하면 꿈은 목표로 바뀐다

꿈을 정하고 드림 북을 작성했으면, 다음에는 그 꿈을 언제까지 이루고 싶은가 하는 '기한'을 정해야 한다. '언젠가 실현하겠어!'라고 생각해도, 기한을 정하지 않으면 그것을 이루기 전에 인생이 끝나 버릴 것이다. 꿈을 실현할 기한을 정해 놓지 않으면 좀처럼 행동으로 옮기기 어렵기 때문이다.

꿈을 언제까지 달성할 것인가 하는 기한을 설정해 두면, 그 꿈은 '목표'로 변한다. 목표란 행동을 동반한 꿈으로서, 목표가 확립될 때까지는 아무 일도 일어나지 않으며 무엇 하나 진전되는 것이 없다.

목표가 결정됐으면, 이번에는 그것을 달성할 '방법'과 '수단'을 생각해야 한다. 기한을 정했어도, 그것을 달성할 '방법'과 '수단'이 없으면 꿈을 실현할 수 없기 때문이다. 미국으로 유학 가고 싶다는 꿈을 갖고 있어도, 언제 갈 것인지 일정을 정하지 않으면 계획을 세울 수도 없고 영어 공부를 할 생각도 들지 않는다. 또 유학을 떠날 일정을 정하고 계획을 세워도, 그것을 실현할 방법과 수단이 없으면 미국 유학의 꿈은 절대로 이룰 수 없다. 미국에 유학을 가려면 돈도 필요하고, TOEFL 시험을 보고, 일정한 점수를 따야 한다.

위의 예처럼, 아무리 커다란 꿈을 갖고 드림 북을 만들어도, 그 꿈을 실현할 기한을 정하지 않으면 행동으로 옮기려는 마음이 생기지 않고, 아무리 기한을 정했어도 그것을 실현시킬 방법과 수단을 생각하지 않으면, 꿈은 당신이 정신을 차리기도 전에 아침 이슬처럼 사라져 버릴 것이다.

아이에게 "커서 뭐가 되고 싶니?"라고 물으면, "우주 비행사", "파일럿", "스튜어디스", "의사" 등등 여러 가지 대답을 할 것이다. 그러나 어른이 되면 눈앞의 일만 생각해서 꿈을 잃어버리는 것 같다. 왜 어른이 되면 꿈을 잊어버리는 걸까? 그 최대 이유는 꿈을 실현할 수단과 방법이 없기 때문이다. 꿈을 갖고 있어도 그것을 실현할 수단이 없으면 실망할 뿐이며, 그럴 바에는 처음부터 꿈을 갖지 않는 편이 낫다고 생각하기 때문이다.

누구나 의사처럼 고수입을 얻고 여유 있는 생활을 하고 싶어하지만, 의사가 되려면 의대를 졸업해서 시험에 합격해야 한다. 의사가 되려고 해도, 시간과 돈이 들고 그 돈과 시간을 만들어 낼 방법과 수단이 없으므로, 처음부터 의사가 되는 꿈을 꾸지 않는 쪽을 택한다.

아무리 큰 꿈을 갖고 있어도, 그것을 실현할 수단과 방법이 없음을 알면 실망만 하게 되고, 그러면 크든 작든 심리적으로 상처를 입게 되므로 처음부터 실현할 수 없는 꿈은 생각도 하지 않는 것이다. 그것은 일종의 자기 방어일지도 모른다.

29) 목표 설정은 인생에서 성공하기 위해서도 중요하다

네트워크 마케팅에서 성공하고 싶다면, 목표를 세우고 그 목표를 달성할 수단과 방법을 생각하는 것이 왜 중요한지 그 이유를 설명하였다. 그러나 목표를 설정하는 것은 네트워크 마케팅뿐만 아니라 인생에서 성공하는 데에도 매우 중요한 요소가 된다. 왜 인생의 목표를 가져야 하는가는, 하버드 대학이 연구, 발표한 통계를 통해서도 알 수 있다. 그 통계에 따르면, 일반인들의 97%는 앞으로의 인생 목표를 갖고 있지 않았다. 그리고 목표를 갖고 있는 3% 가운데서도 실제로 종이 위에 자신의 인생 목표를 쓴 사람은 3분의 1뿐이었다. 즉 장래 목표를 종이에 적은 사람은 100명 가운데 한 사람뿐이었던 것이다.

위의 통계를 보다 알기 쉽게 설명하면, 정년 퇴직자 100명 중 97명은 정부(복지나 연금 제도), 가족, 친척과 자원 봉사 활동을 하고 있는 사람들 혹은 몇몇 조합의 보조 없이는 제대로 된 생활을 할 수 없는 경제 상태에 있음이 밝혀졌다. 연금과 가족의 도움을 전혀 필요로 하지 않는 '경제적으로 자립한 사람들'은 국민 전체의 3%

에 불과하다. 그리고 연금 생활을 하고 있는 사람들은 최저 생활만 보장받고 있으며, 진정한 의미에서의 '경제적 자립'이라고 말할 수 없다.

이 통계는 대부분의 사람들이 경제적으로 자립하지 못한 최대의 이유를, '인생의 목표를 세우지 않고 하루하루를 보냈기 때문'임을 밝혀 주고 있다. 우리가 살고 있는 자유주의 사회에서는, 목표를 세우고 세우지 않고는 개인의 자유이다. 그래서 대부분의 사람들은 인생의 목표를 세우지 않고 정년을 맞이하며, 100명 가운데 97명은 경제적으로 누군가에게 의존하지 않으면 생활할 수 없게 되는 것이다.

이것은 그들이 일주일에 48시간(하루 8시간, 일주일에 6일 노동), 1년에 50주(2,400시간) 일하고 그것을 30~40년간 계속해 온 결과이다. 당신이 인생의 목표를 세우지 않고 앞으로도 누군가의 부하로서 회사를 위해 일한다면, 당신에게도 똑같은 결과가 기다리고 있다. 만약 그렇다면, 당신은 아이들과 좋은 관계를 유지할 수가 없다. 왜냐하면, 아무리 복지 제도가 잘 갖춰져 있어도, 당신의 노후를 돌봐 주는 것은 자녀일 가능성이 가장 높기 때문이다.

"인생의 목표를 갖고 있는 것은 전체의 3%뿐, 그리고 그 목표를 실제로 종이에 적은 것은 전체의 1%뿐". 이 수치는 네트워크 마케팅을 하고 있는 디스트리뷰터에 있어서도 마찬가지가 아닐까? 통계에 따르면, 목표를 세우는 것은 전 디스트리뷰터의 불과 몇 %뿐이라고 한다. 그리고 목표를 세우는 사람은 예외 없이 '그룹 리더'이다.

골프 코스에서 왜 홀에 깃발을 세워 놨을까? 골프를 하는 사람은 알겠지만, 이유는 간단하다. 골퍼가 멀리서도 홀의 위치를 알 수 있게 하기 위해서이다. 깃발이 없으면, 어느 방향으로 공을 쳐야 좋을지 모르기 때문이다.

　네트워크 마케팅을 하고 있는 당신도 어떤 방향으로 공을 칠 것인지 스스로 정해야 한다. 자기가 가고 싶은 방향으로 깃발을 세우지 않으면 다른 사람이 전혀 다른 곳에 깃발을 세워 버린다. 당신은 남이 세운 깃발을 향해서 열심히 공을 치는 셈인데, 나중에 그 홀이 자기가 원하던 곳이 아님을 깨달았을 때는 이미 늦어 버린다. 늦었음을 안 뒤에 오기가 생겨서 아무 데로나 공을 치면 주변에 폐가 될 뿐이다. 따라서 네트워크 마케팅에서 성공하고 싶다면, 사업을 어떻게 전개할 것인지 우선 목표를 갖기를 바란다.

30) 1주일에 40시간, 40년간 일한 사람의 정년 퇴직 후 운명은?

　미국에서는 1937년부터 국민 총 넘버 제도가 도입되어, 전 국민은 '사회 보장 번호(Social Security Number)'라는 9단위 번호를 갖게 되었다. 학교에 입학할 때, 은행에 계좌를 열 때, 취직할 때 등 모든 경우에 이 번호가 적힌 카드를 제시해야 한다. 나도 유학 갔을 때 이 번호를 받았다. 이것이 없으면 은행 계좌를 만들지 못해서 송금을 받을 수가 없다. 이 시스템에 의해 어떤 사람이 어떤 학교에 입학했는지, 또 어떤 곳에 취직해서 얼마나 월급을 받고 있는지 등의 데이터가 미국 정부가 관리하는 슈퍼 컴퓨터에 입력되게 되었다.

　그 집계된 데이터를 기초로 정부 기관으로부터 정기적으로 다양한 종류의 통계가 나오고 있다. 그런 통계는 몇 십 년간의 오랜 기간 동안 수억 명의 샘플에서 얻은 것이므로 누구든지 신뢰할 수 있을 것이다. 그 통계에 따르면, 평균적인 미국인이 직업을 갖는 것은 26세이고, 65세에 정년을 맞이한다. 평범한 샐러리맨은 주 40시간, 자영업자는 평균 80시간을 일한다. 그것을 평균적으로 40년간 계속한다. 이 숫자가 가장 일반적인 미국 국민의 데이터이다.

또한 65세에 정년 퇴직한 사람들이 그 뒤 어떤 운명을 맞이하는가를 통계 내어 본 결과 아래와 같다. 다소의 오차가 있을지 모르지만, 한국도 미국과 같은 자본주의 사회이므로 기본적으로는 비슷하다고 봐도 좋을 것이다.

1%에 속하는 사람들······경제적으로 자립해서 아무 도움 없이도 아무 불편 없이 생활할 수 있다.

4%에 속하는 사람들······유복해서 자기 힘으로 충분히 생활할 수 있다. 그러나 1%에 속하는 사람들처럼 아무 불편함 없이 쾌적하게 생활할 수 있는 것은 아니다.

59%에 속하는 사람들······가족, 친척, 친구들의 도움과 국가의 보조 없이는 생활할 수 없다(연금 생활을 하고 있는 사람들은 이 그룹에 속한다).

36%에 속하는 사람들······이미 사망.

이 숫자가 주 40시간, 그리고 40년간 열심히 일한 결과이다. 더 자세히 조사해 보면, 누구의 도움도 없이 생활할 수 있는 사람들은 대부분이 '권리 수입'을 얻고 있었다.

31) 네트워크 마케팅은 인생의 행방을 스스로 결정할 기회를 제공한다

가족과 함께 근처 쇼핑 센터에 있는 레스토랑에 갔을 때이다. 자리에 앉아서 주문한 요리가 나오기를 기다리는데, 한 쌍의 커플이 레스토랑에 들어왔다. 처음에 커플은 이야기를 하면서 천천히 걸고 있었는데, 남자 쪽이 손목시계를 보자마자 놀란 표정을 짓더니 그 둘은 서둘러 레스토랑을 나가 버렸다. 아마도 그 남성은 손목시계를 보자 누구와 만날 약속이 떠올랐던 것 같다. 그러나 많은 경우, 약속이 생각나도 이미 늦은 경우가 많다.

유감스럽게도, 대부분의 사람들은 이런 느낌으로 일상 생활을 보내고 있는 것은 아닐까? 매일매일 아무 목표도 없이 생활하고, 마지막이 되어서(정년 퇴직 후에) 인생의 목표를 설정해도, 많은 경우에는 이미 늦었다. 그래서 100명 가운데 97명은 남에 의해 인생의 행방이 결정되고, 정년 퇴직 후에는 누군가의 도움 없이는 생활할 수 없게 되는 것이다.

당신은 누군가가 당신의 인생을 정해 주기를 바라는가? 아니면 스스로 정하고 싶은가? 지금 급성장하고 있는 네트워크 마케팅 회사의 대부분은 우리들 인생의 행방을 우리 스스로 결정할 수 있는 기회를 제공할 목적으로 창립되었다.

네트워크 마케팅 외에도 경제적으로 자립할 수 있는 여러 가지 사업 기회가 있을 것이다. 예를 들어, 비싼 자본금을 내고 프랜차이즈 사업을 하는 것이다. 그러나 거기에서의 성공이란 어디까지나 기업 수준의 이야기이고, 누구나 경제적으로 자립할 수 있는 사업 기회라고 말하기에는 상당한 거리가 있다. 개인 수준에서는, 위험 부담이 거의 없고 무한한 가능성을 제공하는 네트워크 마케팅 외에는 경제적 자립을 얻을 수 있는 일이 없다. 따라서 당신은, 자기 인생의 행방을 스스로 결정할 기회로써 네트워크 마케팅을 선택해야 한다.

경제적으로 자립할 수 없다면, 몇 시에 자서 몇 시에 일어나고 몇 시에 회사에 출근하는가? 월급은 얼마인지, 휴가는 얼마나 얻을 수 있는지 등등을 전부 남이 결정해 버릴 것이다.
 그러므로 네트워크 마케팅에서 성공하고 싶다면 목표를 세워라. "어떤 꿈을 갖고, 어떤 목표를 세워야 합니까?"라는 의문이 생길지도 모른다. 그 대답은 당신의 업라인이 준비하고 있다. 업라인은 이 사업을 시작하는 데 있어서 당신이 어떤 꿈을 갖고, 그 꿈을 이루기 위해서 어떤 목적을 가져야 하는지를 알고 있다. 당신이 할 일은, 그것이 무엇인지 스폰서에게 물어 보는 것뿐이다.

32) 큰 목표는 장기, 중기, 단기 3단계로 나누어 설정하라
 꿈이 정해지고 드림 북을 작성했으면, 다음은 그 꿈을 언제까지 실현하고 싶은지 '기한'을 정한다. 꿈을 언제까지 달성할 것인가에 대한 기한을 설정하면, 그 꿈은 '목표'로 바뀐다. 목표를 정했으면, 이번에는 그것을 달성할 방법과 수단을 생각한다. 목표를 달성할 기한을 정했어도, 그것을 달성하는 '방법'과 '수단'이 없으면, 당신의 꿈을 이룰 수 없기 때문이다. 아무리 원대한 꿈을 갖고, 드림 북을 만들어서 들여다봐도, 아무 것도 하지 않고 있으면 아무 일도 일어나지 않는다.
 이제부터 당신의 꿈이 '설악산이 보이는 장소에 10억원 짜리 집을 짓는 것'이라 가정하고, 그 꿈을 실현하려면 어떻게 목표를 정하고, 어떻게 그 목표를 작성하는지를 생각해 봤으면 한다.
 당신의 꿈이 '설악산이 보이는 곳에 10억원 짜리 집을 짓는 것'이라면, 먼저 드림 북을 만들어서 그 꿈을 언제까지 이루고 싶은지 최종 기한을 정해야 된다. 여기서 '설악산이 보이는 곳에 10억원 짜리 집을 짓는다'라는 꿈에 '서기 2005년까지 달성한다'고 기한을 덧붙이면, 그 꿈은 목표로 변한다.

목표가 생겼으면, 이번에는 그 목표를 달성할 수단을 생각해야 한다. 네트워크 마케팅에서는 당신의 꿈을 달성하는 만큼 커미션을 받을 수 있는 '랭크'를 생각하고 일하자. 만약 위와 같은 커다란 목표를 갖고 있다면, 웬만한 커미션을 받아서는 달성할 수 없으므로 최고 랭크를 목표로 잡아야 될 것이다.

최종 목표인 '서기 2005년까지 10억원 짜리 집을 짓는다'는 것은 매우 크고 길며, 또 단계가 아주 많기 때문에, 몇 개의 단계를 뛰어넘고 가야 된다. 그리고 무엇을 가장 먼저 해야 할지 우선 순위를 정하기 위해 최종 목표를 장기, 중기, 단기의 3단계로 나눠서 생각할 필요가 있다.

최종 목표는 5년 뒤의 '2005년까지 10억원 짜리 집을 짓는다'이므로, 이 경우 그 이전의 장기 목표는 2~3년 앞의 목표가 된다. 예를 들어서 '2003년 9월까지 연봉 몇 천 만원이 되는 랭크를 달성한다'와 같은 년 단위의 목표이다.

중기 목표는 몇 개월 앞(3개월에서 12개월 앞)의 목표로, '2,000년 9월까지 연봉 5,000만원을 달성한다'와 같은 목적이다.

그리고 단기 목표는 주 단위로 '주에 최저 5명에게 사업 계획을 보여 준다'와 같은 것이 된다.

이처럼 최종 목표를 달성하는 기한을 정하면, 장기 목표가 결정되고, 그것을 달성해 가는 과정에 있는 중기 목표가 확실해진다. 중기 목표가 정해지면, 그 목표를 달성하기 위해서는 한 달에 몇 명을 스폰서해야 되는지를 알게 된다. 그렇게 되면 그것을 달성하기 위해서는 한 주에 적어도 몇 명에게 사업 계획을 보여 줘야 하는지가 분명해진다. 또한 그것을 달성하려면 하루에 몇 명에게 전화해야 되는지 거꾸로 계산할 수가 있고, 단기적인 목표가 결정된다.

  이 방법을 쓰면, 몇 년 후에 목표를 달성할지, 1년이든 10년이든 문제되지 않는다. 이 달, 이 주, 그리고 오늘, 무얼 해야 하는지를 알 수가 있다.

  의욕이 넘치게 하는 목표를 만드는 것이 중요하지만, 한 가지 문제가 되는 것은 당면한 목표의 높이를 어느 정도에 두느냐이다. 성공한 사람에 따르면, 단기 목표는 '약간 무리일까'라고 생각될 정도가 좋은 것 같다.

  당면한 목표가 너무 높거나 낮아도 의욕이 생기기 어렵다. 수학을 30점밖에 못 받는 학생이 처음부터 90점을 받으려고 하면 의욕이 겉돌기만 하고, 막상 해보려고 해도 점수가 좀처럼 오르지 않아서 금방 포기하게 된다. 그러나 이번 시험에서는 50점, 다음에는 60점, 그리고 다음에는 70점, 조금씩 목표를 높여 나가면 의욕도 지속시킬 수가 있다.

  이것은 높이 뛰기 연습과 똑같아서, 조금씩 바를 높이는 원리와 같다고 생각하면 쉽다. 그런 점에서 스포츠계에서 명코치로 알려진 사람들은 정말로 목표 설정을 잘하는 것 같다. 그들은 선수를 훈련시킬 때 조금씩 레벨을 높여 가는 방법을 쓰기 때문이다.

33) 목표를 적은 종이나 원하는 것의 사진을 눈에 보이는 곳에 붙여 둔다
  여러 번 언급하지만, 네트워크 마케팅을 성공을 이끌기 위해서는 우선 당신의 꿈이 무엇인지, 사업을 해서 무엇을 얻고 싶은지를 확실히 한다. 둘째로 당신의 꿈과 원하는 것의 사진이나 그림을 모아서 드림 북을 만든다. 셋째로 그것을 언제까지 손에 넣고 싶은가, 꿈을 달성할 최종 기한을 정한다. 그것을 정하면 꿈은 목표로 바뀐다. 그리고 당신의 최종 목표를 장기, 중기, 단기의 3단계로 나눌 것. 이 때 목표는, 단기, 중기, 장기 순으로 달성해 가서, 마지막에는 최종 목표를 달성할 수 있게 짜도록 한다. 그리고 넷째로 그들 목표를 종이에 적어서 하루에 2번, 예를 들어, 아침저녁으로 아무에게도 방해받지 않는 장소에서, 가능한 한 큰소리로 읽는다. 그 때 중요한 것은 그냥 문장을 읽는 것이 아니라 감정을 넣어서, 그리고 이미 그 목적을 달성한 자신의 모습을 상상하면서 읽는다. 그렇게 하면 잠재의식은 이미 목표가 달성됐다고 생각하게 된다.

그 다음에 할 것이 바로 목표를 적은 종이를 눈앞에 두는 것이다. 예를 들면, 책상 앞이나 천장, 또는 화장실 벽에 붙여 두고, 생각이 날 때마다 그것을 읽는다. 또한 목표는 갖고 다닐 수 있는 크기의 종이에 적어서 항상 몸에 간직할 것. 사업 계획을 보여 주고 있을 때는 늘 목표를 적은 종이와 드림 북을 가져가서, '나는 왜 지쳤는데도 사업 계획을 보여 주고 있는가?', '왜 이 사업을 하고 있는 걸까? 등등 사업을 하고 있는 이유를 항상 생각하고 있기를 바란다.

드림 북은 당신이 사업을 계속할 수 있게 해주는 에너지가 된다. 그러나 아무리 드림 북을 들여다본다고 해도, 아무 것도 하지 않고 있으면 아무 일도 일어나지 않는다. 네트워크를 만들어서 제품을 유통시키지 않으면, 네트워크 마케팅의 수입은 제로이다. 당신의 꿈을 실현하려면 어느 정도의 수입이 필요한가, 그 수입을 얻기 위해 어떤 일을 해야 하는가를 결정하려면 반드시 목표가 필요하다.

따라서 드림 북을 만들었으면, 목표를 정하고, 그것을 달성할 수 있는 방법과 수단을 생각한다. 이처럼 목표를 정하는 것은, 당신의 꿈을 실현하는 방법과 수단을 생각하는 데 필요함과 동시에 중요한 과정이므로, 당신의 사업에 방향성을 줄 것이다.

34) 꿈이 시들지 않도록 계속해서 에너지를 준다

지금까지의 얘기를 통해, 확실한 꿈을 갖는 것이 매우 중요하다는 사실을 알았을 것이다. 그러나 그에 못지 않게 중요한 것은, 한번 가진 꿈을 시들지 않고 장기간에 걸쳐 같은 수준으로 유지하는 것이다. 가령 당신이 누구에게 무슨 말을 들어도 낙심하지 않을 커다란 꿈을 갖고 있어도, 그 꿈을 혼자 힘으로는 장기간 유지한다는 것이 쉽지 않다.

왜냐하면, 꿈을 계속 간직하려면 상상 이상의 에너지가 소비되기 때문이다. 그래서 에너지를 끊임없이 외부로부터 보충하지 않으면 꿈을 유지할 에너지를 잃고, 당신의 꿈은 공기 빠진 풍선처럼 되고 만다. 어떤 사람이 갖고 있는 꿈이라는 풍선은, 빠져나가는 공기가 너무 많아서 며칠만에 전부 빠져나가 버릴지도 모른다. 또 어떤 사람의 것은 공기가 조금씩 빠져서, 전부 빠질 때까지 몇 개월이 걸릴지도 모른다. 어느 쪽이든, 매일 조금씩 공기를 보충하지 않으면 풍선은 쭈글쭈글해질 것이다. 마찬가지로 매일 꿈을 유지할 에너지를 보충하지 않으면, 당신이 갖고 있는 꿈은 시간과 함께 시들어 버릴 것이다.

그러면 꿈을 유지하는 에너지는 어디에서 보충할 수 있을까? 그것은 정기적으로 펑션에 참가하는 것이다. 꿈을 유지할 에너지를 공급받으려면 미팅, 랠리, 컨벤션에 참가해서 초청 연사와 회장에서 발산되는 에너지를 호흡하자(「그룹 리더가 되는 제6조건」).

또 하나의 방법은, 성공한 사람의 연설을 녹음한 카세트 테이프를 듣는 것(「그룹 리더가 되는 제5조건」), 업라인이 추천한 책을 읽는 것(「그룹 리더가 되는 제4조건」)이다. 또 펑션과 테이프와 책 등은 당신의 꿈에 에너지를 줄뿐만 아니라, 꿈이 훌륭하게 자라는 데 필요한 풍부한 토양이 되고, 물이 되고, 비료가 된다.

당신의 꿈은 훌륭한 꽃을 피울 수 있는 씨앗 같은 것이다. 그러나 아무리 훌륭한 씨앗이라도 바위 위에 올려 둔 것은 싹이 나오기 전에 새가 먹어 치울 것이다. 꿈을 키우려면, 풍요로운 토양과 물, 그리고 비료가 필요하다. 그것이 회사와 업라인이 주최하는 미팅과 랠리에 참가하는 것, 업라인이 추천하는 책을 읽는 것, 그리고 카세트 테이프를 듣는 것이다.

35) 자신의 꿈을 주변 사람들에게 공표하고 협력을 청하자

미국과 유럽에 오래 살아보면 알겠지만, 4~5명이 모이면 각각 피부며 머리카락, 눈 색깔에서 체격까지 다르다. 그뿐만 아니라 서로 다른 사고방식·언어·가치관·인생관·종교·전통·문화를 갖고 있다. 그래서 미국이나 유럽인들은 자신의 꿈이 타인의 것과 달라도 당연하게 생각하며, 자기 의견과 꿈을 남 앞에서 공개하는 것을 두려워하지 않는다.

한편 우리는 남의 안색을 살피면서 생활하는 나쁜 버릇이 있다. 그래서 꿈을 공표하는 것을 두려워하는 사람이 매우 많은 것 같다. 아직까지 한국에는, 자기의 꿈을 누군가 알게 되면 주변 사람들이 뭐라고 말하지나 않을까, 비웃지는 않을까 등등 겁을 내는 사람들이 매우 많은 것 같다. 5,000만 명이 같은 머리 색깔과 눈 색깔, 피부색, 같은 습관을 갖는 것에 익숙해져서, 남과 다른 것을 하면 뭔가 반사회적으로 행동하는 듯한 착각에 빠지고 불안해지기 때문이다. 자신이 다른 사람과 다른 꿈을 가지면 이단시되는 것은 아닐지 걱정하는 것이다.

그러나 당신의 꿈이 반사회적이지 않는 한, 그것을 공표하는 것을 두려워하면 안 된다. 우리는 모든 것을 자기 중심적으로 생각하는 경향이 있어서, '내 꿈을 공표하면 주변 사람들이 어떻게 생각할까?'라고 걱정한다. 그러나 주변 사람들은 며칠 동안은 당신의 꿈을 화제로 삼겠지만, 1주일 지나면 당신의 꿈이 무엇이었는지조차 생각해 내지 못할 것이다. 또 당신의 꿈에 관심을 보이는 것은 당신이 성공했을 때나 실패했을 때 정도일 것이다.

대부분의 사람들은 오늘 저녁에 무얼 먹을지를 생각하느라 바빠서 당신에게 관심을 기울일 시간이 없는 게 현실이다. 그러므로 '주변 사람들이 어떻게 생각할까?'라고 고민하지 말자. 한 번뿐인 인생을 남의 눈치를 보느라 하고 싶은 것도 못하고 마치기에는 너무나 아깝지 않은가? 그러나 아무리 하고 싶은 일이라도, 남에게 폐가 되는 일은 안 된다.

그러면 왜 꿈을 공표해야 하는 걸까? 왜냐하면 꿈을 공표함으로써 생각지도 못한 사람에게 편지나 전화로 격려를 받기 때문이다. 꿈을 실현하려면, 많은 경우 당신의 힘만으로는 실현할 수가 없다. 꿈이 크면 클수록 많은 협력자가 필요하다. 그리고 협력자를 얻으려면, 광고를 냈을 때 많은 고객이 몰리듯이, 꿈을 공표하지 않으면 언제까지고 당신 앞에 협력자가 나타나지 않기 때문이다.

대부분의 네트워크 마케팅에서는 미팅이 끝난 후에 '헬로우 토크'라는 짧은 스피치가 있는데, 그 때 자신의 꿈을 공개하면 생각지도 못한 사람들로부터 도움과 격려를 받는다. 그리고 자신의 꿈을 공표하지 않으면 스폰서도 당신이 앞으로 어떻게 사업을 전개하려고 하는지 알지 못하므로, 어떻게 당신을 도와 주어야 할지 모른다. 또 꿈을 공개하면 도망칠 길을 막아 버리게 된다. '이제 되돌아갈 수 없어, 해 보는 수밖에!'라고 생각하면, 자신도 믿어지지 않을 정도의 에너지가 생기게 된다.

36) 상대의 꿈도 들어준다

당신을 프로스펙터의 현관까지 데려가 주는 것은 당신의 꿈이다. 사업에 너무 열심인 나머지, 사업 계획을 설명할 때나 사후 관리를 할 때 자신의 꿈만 이야기하는 경향이 있는데, 당신에게 꿈이 있듯이 상대에게도 꿈이 있다. 따라서 프로스펙터의 꿈이 무엇인지 물어 보지 않으면 상대에게 외면 당할 것이다.

매장에서 신발을 신어 보기 전에 먼저 자신의 신발을 벗어야 하듯이, 상대방의 집에 도착하면 자신의 꿈은 현관에서 벗어 버려야 한다. 프로스펙터에게 자기 꿈을 팔려면, 상대의 입장에 서서 자신의 꿈을 되돌아 봐야만 그에게 전할 수 있기 때문이다. 따라서 상대의 꿈도 들어주자.

37) 마지막으로 한 번 더

무슨 일이 있어도 꼭 꿈을 실현하고 싶다는 강한 신념을 갖고 절대로 포기하지 않고 노력한다면, 당신의 나이·성별·학력·직함·국적·종교·피부색 등과 같은 배경에 관계없이 성공을 거머쥘 수가 있다. 인생의 성공자란, 장래에 대한 확실한 설계를 하고, 그 목표와 꿈을 위해 모든 노력을 아끼지 않은 사람들이다. 자신의 꿈을 실현하려고 노력한 사람들만이 인생의 승리자가 된다. 네트워크 마케팅에서는 꿈이 없는 대졸자가 실패하고, 큰 꿈을 가진 고교 중퇴자가 성공한다. 세일즈 경험이 풍부한 영업사원이 실패하고, 큰 꿈이 있지만 세일즈 경험이 전혀 없는 주부가 대성공할 수 있다. 이 사업에서 성공할 수 있고 없고는 당신의 배경과는 관계가 없으며, 당신에게 주어진 성스러운 꿈이 실현되는가, 안 되는가의 결정권은 당신 자신이 쥐고 있다.

7. 제2원칙 : 네임 리스트

1) 네트워크 마케팅에 있어서 사업 자산이란?

제2원칙은 '네임 리스트'이다. 어떤 사업이든 그 사업 특유의 자산이 있다. 어떤 사업에서는 건물이 자산이고, 또 어떤 사업에서는 토지가 자산일 수도 있다. 그리고 네트워크 마케팅에서 가장 중요한 사업 자산은 '사람'이다. 즉 당신이 알고 있는 사람들의 이름과 전화번호를 적은 '네임 리스트', 혹은 프로스펙터 리스트(후보자 리스트)가 네트워크 마케팅에서 가장 중요한 사업 자산이다.

네트워크 마케팅을 시작함에 있어서 잊어서는 안 되는 것은, 네트워크 마케팅이란 '피플즈 비즈니스'라는 것이다. 이 사실은 암웨이, 뉴스킨, 룩소르, 뉴웨이즈에서도 마찬가지이다.

만약 당신이 그룹의 디스트리뷰터들에게 "당신이 누군가를 스폰서했을 때, 처음에 해야 할 중요한 것이 무엇인지 압니까?"라고 질문하면, "짐작도 안 갑니다.", "상품 설명법을 가르치는 것입니다.", "사업 계획 설명법을 가르치는 것입니다.", 혹은 "신청서에 사인하는 것입니다." 등등 각양각색의 대답이 나올 것이다.

그러나 네트워크 마케팅에서는, 제품 설명과 사업 계획 설명법을 가르치려고 해도, 그 사람에게 하려는 의지가 없다면 헛수고로 끝나 버리고, 신청서에 몇 명이 사인을 해도 그들이 실제로 제품을 쓰거나 사업을 하지 않으면 수입과 연결되지 않는다. 왜냐하면, 신청서에 사인한다는 것은 단순히 디스트리뷰터로서 이름을 회사에 등록하는 것일 뿐이기 때문이다.

당신이 누군가를 스폰서한다면, 그 사람과 가장 처음에 해야 할 일은 '상품 설명법을 가르치는 것'도, '사업 계획 설명법을 가르치는 것'도 아니다.

디스트리뷰터가 되면, 그 사람에게 가장 먼저 시킬 일은, '아는 사람들의 네임 리스트를 작성하는 것'이다. 왜냐하면, 네트워크 마케팅에서 사업을 넓히는 과정은, 스폰서한 사람을 도와서 30~50명의 네임 리스트를 작성하고 접근한 뒤에 조건에 맞는 프로스펙터를 미팅에 초대하고 사업 계획을 설명하는 것이기 때문이다.

그리고 가능한 빨리 그 사람에게 최저 5명의 프론트를 스폰서해 주고, 그 중에서 인재, 즉 '그룹 리더'를 한 명 정도 찾아내 그 사람을 지원하고 그의 그룹을 키워서 네트워크를 확장시킨다.

2) 가장 먼저 할 일은 네임 리스트 작성

만약 당신이 레스토랑, 미용실, 혹은 세탁소 등을 개업한다면, 맨 처음 개업식에 초대할 사람들의 네임 리스트를 작성할 것이다. 리스트에 올라간 사람들은 장래에 당신의 고객이 되어 줄 가능성이 있는 사람들로, 가족이나 친척은 물론, 친구·동창·이웃 사람들, 신세를 졌던 사람들과 얼굴을 아는 사람 등을 포함시킬 것이다. 그리고 네임 리스트 작성이 끝나면, 그 사람들에게 개업 축하 초대장을 보내거나 개인적으로 전달할 것이다.

네트워크 마케팅에서도 마찬가지다. 디스트리뷰터가 되어서 가장 먼저 할 일은, 당신이 아는 사람들의 이름을 써서 네임 리스트를 작성하는 것이다. 먼저 처음에 가족·친척·친구들·이웃·회사 동료 등 당신이 알고 있는 모든 사람의 이름을 써 내려간다.

디스트리뷰터가 된 지 얼마 되지 않은 사람은 스폰서의 도움을 빌려서 30~50명의 리스트를 만들도록 노력하자. 주의할 점은, 디스트리뷰터가 된 사람에게 "당신이 알고 있는 모든 사람들의 네임 리스트를 작성해 주세요."라고 말해도, 실제로 그가 네임 리스트에 싣는 프로스펙터의 수는 몇 명밖에 안 될 것이다. 왜냐하면, 이제 막 디스트리뷰터가 된 사람은 그가 아는 사람 중에서 네트워크 마케팅을 할 법한 사람만을 리스트에 올릴 것임에 틀림없기 때문이다.

따라서 디스트리뷰터가 된 지 얼마 되지 않은 사람에게 네임 리스트를 작성하게 할 때는, 네임 리스트란 네트워크 마케팅을 할 것 같은 사람의 리스트가 아니라 '당신이 알고 있는 모든 사람의 이름을 적은 리스트'라고 설명해야 한다.

3) 네임 리스트 작성시 주의점

네임 리스트를 작성할 때의 주의점은 아래와 같다.

① 네임 리스트를 종이에 쓴다.

② 가능한 큰 리스트를 만든다. 네트워크 마케팅을 할 가능성이 있는 사람만 올리는 것이 아니라, 당신이 알고 있는 모든 사람의 이름을 기재한다.

③ 사업 계획을 설명하기 전부터 프로스펙터를 판단하지 않는다. "저 사람은 바쁘니까 아마 안 될 거야."라든가, "저 사람은 부자니까 이런 이야기에 관심이 없겠지.", "저 사람은 대학을 나오지 않

앉으니까 해도 성공할 리가 없어." 등등 자기 멋대로 상대를 판단하지 말 것. 사람은 겉만 보고는 알 수 없다.

결혼한 사람은 부부가 대화를 나누면서 가능한 긴 리스트를 작성해 주길 바란다. 이 때 결혼식 방명록이나 연하장 주소록 등을 이용하는 것도 좋다.

또, 모아 둔 명함에서 이름을 찾는 것도 괜찮다. 명함을 받았을 때, 뒷면에 그 사람의 특징, 만난 일시와 장소, 무슨 이야기를 했는지 등을 적어 두면 나중에 접근할 때 크게 도움이 된다.

그 밖에 항상 휴대하고 있는 수첩이나 전화번호 기록부에 있는 이름, 이웃 사람들, 옛날에 살았던 곳의 이웃들, 회사 동료, 친척, 가족, 옛 동창 등의 이름을 떠올리면, 누구든지 최저 30~50명의 네임 리스트를 금방 만들 수 있을 것이다. 또, 반상 회보의 목차에 있는 순서별 직업명을 보면, 이제까지 잊고 있었던 아는 사람들의 얼굴이 떠오를지도 모른다. 이 사업에서 성공하고 싶은 사람은 특히 네임 리스트 작성에 오랜 시간을 투자하길 바란다.

현재 네트워크 마케팅에서 성공한 사람들은 시간을 들여서 그가 아는 모든 사람의 이름을 적었다고 한다. 그리고 곧장 네임 리스트에 실린 친구들에게 전화로 접근했다고 한다. 이 민첩한 행동이 그들의 성공과 이어진 것이다.

4) 성공하는 디스트리뷰터의 공통된 특징

당신이 네임 리스트에 올릴 프로스펙터는 당신이 아는 모든 사람이다. 그리고 사업 계획을 설명하기 전부터 상대를 자기 마음대로 판단하지 말아야 한다. 그러나 과거 역사를 통해 성공하는 프로스펙터에게 4가지 공통된 특징이 있음을 알았다.

그 첫째는 적극적인 자세. 둘째는 그 사람이 갖고 있는 정열. 셋째는 그 사람의 지성. 그리고 넷째는 정직한 성격이다. 아래에서 그것들을 자세히 설명하고 있다.

① 적극적인 자세‥항상 밝고 낙천적인 사람. 긍정적인 사고를 가진 사람일수록 성공할 가능성을 내면에 감추고 있다. 또 그런 사람과 사업을 하는 것은 즐거운 일이다.

② 정열‥‥‥‥‥평범한 프로스펙터는 사업 계획을 한두 번 들어도 이해하지 못한다. 그러나 정열을 갖고 사업에 달려드는 모습은 보여 줄 수 있으며, 그 정열은 주위 사람들에게 전염된다. 따라서 정열을 가진 사람일수록 내면에 성공할 가능성을 감추고 있다. 이처럼 정열은, 네트워크 마케팅을 하고 성공하는 데 매우 중요하지만, 그 정열을 장기적으로 같은 수준으로 유지하는 것은 쉽지가 않다.

③ 지성‥‥‥‥‥다양한 지식을 갖고 있는 사람일수록 당신이 전하고자 하는 것을 이해하는 속도가 빠르며, 성공 또한 빠를 것이다. 그러나 지식은 학력이나 직업, 경력 등으로 알 수 있는 것이 아니다.

④ 정직한 성격‥‥네트워크 마케팅은 사람과 사람을 신뢰의 끈으로 연결해 가는 사업이다. 따라서 항상 정직하지 않으면 사람들로부터 신뢰를 얻지 못하며, 사람을 신뢰의 끈으로 묶을 수가 없다.

정직이야말로 사업에서 성공하는 기본 중의 기본이다. 네트워크 마케팅에서도 정직한 사람일수록 성공할 가능성이 내재되어 있다.

이상의 4가지가 성공하는 프로스펙터의 공통된 특징이다. 그러나 처음부터 이런 특징을 프로스펙터에게서 발견해 내는 것은 생각보다 쉽지가 않다. 어떤 사람은 미팅에서 참가해서 그런 특징을 드러낼지도 모르지만, 어떤 사람은 디스트리뷰터가 된 지 몇 년이 지난 뒤에야 나타낼지도 모른다. 솔직히 누가 그런 특징을 갖고 있는지, 언제 그것을 드러낼지 아무도 모른다.

따라서 우리 디스트리뷰터는 누구에게나 적어도 한 번은 그 특징을 드러낼 기회를 줘야 할 사명이 있다. 당신이 알고 있는 모든 사람들의 이름을 네임 리스트에 올리고 기회를 주도록 하자.

5) 네트워크 마케팅은 네임 리스트 작성 없이는 시작할 수 없다

네임 리스트 작성은, 「성공으로 이끄는 10가지 원칙」 중에서도 '꿈' 다음으로 중요한 원칙의 하나이다. 네임 리스트를 작성하지 않으면, 약속을 하고 프로스펙터들을 미팅에 초대할 수도 없으며, 사후 관리를 할 수도, 다운 라인을 구축하는 것도, 매상을 증가시키는 것 등등 아무 것도 할 수 없기 때문이다.

이처럼 네트워크 마케팅은 네임 리스트 작성 없이는 시작할 수가 없다. 네트워크 마케팅의 최대 자산은 네임 리스트임을 한시라도 잊어서는 안 된다. 만약 당신이 네임 리스트를 작성해서 항상 갖고 있지 않으면, 디스트리뷰터일지라도 진정으로 사업을 하고 있다고 말할 수 없다. 능동적인 디스트리뷰터라면 항상 네임 리스트에 새로운 사람들의 이름을 30~50명 올려놓고 있어야 한다. 물론 이름 수는 많을수록 좋다.

네임 리스트의 요점은 설명했으므로, 이제부터 전화를 이용해서 프로스펙터를 미팅에 초대하는 '접근' 방법을 설명하겠다.

8. 제3원칙 : 접근 (미팅에 참가하도록 약속을 잡는다)

1) 전화로는 절대로 사업 계획을 설명하지 않는다

네임 리스트를 작성했다면, 다음은 네임 리스트에 적힌 프로스펙터를 홈 미팅이나 회장 미팅에 초대하기 위해 접근해야 한다. 접근 방법은 크게 나눠서 ㉠ 전화로 접근하는 방법과 ㉡ 직접 만나서 접근하는 방법 2가지가 있다.

두 방법에서 주의해야 할 것은, 접근하는 목적은 어디까지나 프로스펙터가 '미팅에 참석하도록 약속을 잡는 것'이며, 어떤 내용의 사업인가를 설명할 필요는 없다. 따라서 전화나 직접 만나서 프로스펙터에게 접근할 때는, '절대'로 어떤 내용의 사업인지를 설명하려 들면 안 된다. 사업 내용에 관한 설명은, 실제로 만나서 얼굴을 맞대고 충분한 시간을 들여 해야 하기 때문이다.

사업 설명을 할 때는 비디오나 여러 가지 자료, 차트 등을 이용해서 설명을 하는데, 그래도 프로스펙터가 사업의 전체적인 상황을 파악하려면 적어도 1시간 반은 필요하다. 그래도 완전히 사업을 이해할 수 있는 프로스펙터는 그리 많지가 않다.

따라서 전화로 5~10분의 짧은 시간에 사업 컨셉을 설명하고 회사와 제품의 확실함과 얼마나 멋진 사업 기회인가를 전달하는 것이 불가능하다. 전화로 사업 계획을 설명하려 하면, 결국은 어정쩡한 설명이 되고, 악덕 멀티 상술이니 피라미드 조직이라느니 하는 오해를 살뿐이다.

그렇게 되면 당신은 그 사람을 스폰서할 기회가 없어지고, 동시에 그는 네트워크 마케팅을 해서 꿈을 실현할 기회를 잃어버리게 된다. 이것은 당신이나 그에게나 매우 불행한 일이다.

2) 왜 텔레폰 스크립트를 이용해서 접근하는가?

전화로 프로스펙터와 약속을 잡을 때는 모든 것이 준비된 '전화 상의 대화 예를 적어 둔 대본(텔레폰 스크립트)'를 이용해서 접근하는 것이 매우 중요하다.

텔레폰 스크립트를 이용해서 접근하는 장점은 ⓐ 매회 마다 상대에게 맞는 대화법을 생각할 필요가 없다 ⓑ 긴 대화를 하지 않아도 바로 본론으로 들어갈 수 있다(알고 싶은 요점을 바로 물을 수 있다). ⓒ 프로스펙터에게 필요 이상의 정보를 주지 않아도 된다 등을 들 수가 있다.

만약 스크립트를 쓰지 않고 프로스펙터에게 전화로 접근하면, 대화가 필요 이상으로 길어지거나 상대가 여러 가지 질문을 해 올 가능성이 있다. 예를 들어, "회사 이름이 무엇입니까?", "어떤 일을 합니까?"또는 "무얼 판매합니까?" 등이다.

당신은 그런 질문에 대답할 수 있을 것이다. 그러나 많은 경우, 상대는 정말로 자신이 알고 싶은 것을 당신이 대답할 때까지 질문을 멈추지 않을 것이다. 그리고 전화로 얻은 두세 개의 정보로 당신이 소개하려고 하는 사업을 자기 멋대로 판단해서, 미팅에 참석하지 않거나 일에서 손떼는 경우가 많다. 또는 "이게 암웨이인가요?", "뉴스킨 얘기입니까?"라는 질문을 받을지도 모른다.

3) 대화 중에 기업 이름을 꺼낼 필요는 없다

미팅에 초대할 약속을 정할 때의 접근 포인트는 프로스펙터에게 절대로 사업 설명을 하지 않을 것. 그리고 대화 중에 적극적으로 기업 이름을 꺼내지 않는 것이다. 특히 한국에 진출해서 오랜 역사를 가진 네트워크 마케팅 회사라면 더더욱 그렇다.

예를 들어, 네트워크 마케팅 사업의 선구자인 'B사'는 일본에 진출한 지 20년 가까이 되지만, 지명도가 높아서 주부들 사이에서는 그 이름을 모르는 사람을 찾기가 어려울 정도이다. 그러나 문제는, 'B사'의 이름을 알고 있는 사람들 모두가 네트워크 마케팅 사업 컨셉을 올바로 이해하고 있지 않다는 것이다. 극단적으로는, 네트워크 마케팅을 악덕 상행위로 착각하고 있는 경우도 있다. 이것은 일본 내에서 네트워크 마케팅을 하고 있는 모든 기업에 관계된 일이다.

왜 대화 중에 적극적으로 기업 이름을 꺼내면 안 되는가? 두 번째 이유는, 주위 사람에게 들은 'B사'의 소문만으로 'B사의 모든 것'을 알았다고 생각하는 사람들이 적지 않기 때문이다. 혹은 이전에 'B사'의 디스트리뷰터였던 사람이 성공하지 못하고 그만뒀거나, 전에 디스트리뷰터였던 사람들이 사업을 비판하는 소리를 들었거나 해서, 'B사'를 심하게 오해하고 있는 경우도 적지 않기 때문이다.

이것은 기업에 대한 이미지와 거기에서 취급하고 있는 제품에 대한 이미지가 모두 과거의 경험에서 형성되기 때문이다. 과거의 경험이란, 이전에 'B사'의 디스트리뷰터였던 사람들을 보거나 올바른 설명법을 듣지 못하고 산 'B사의 제품'을 쓴 경험이나, 이전에

'B사'의 디스트리뷰터였지만 성공을 못했다던가, 또는 'B사'의 소문을 주위에서 들었거나 혹은 이미 'B사'의 사업 계획을 설명하는 미팅에 참석한 것 등이다. 이러한 경험이 좋건 나쁘건 'B사'의 이미지를 형성하고 있는 것이다. 즉 일반인들에게 'B사'가 전개하고 있는 네트워크 마케팅이란, 사업이 아니라 사람들이나 제품, 그리고 사람들의 소문에서 받은 이미지 그 자체이다.

여기에서 문제가 되는 것은 'B사'의 이미지가 되는 많은 사람들이 반드시 사업에서 성공하는 것이 아니라는 점이다. 그들은 전에 혹은 현재 제품을 팔고 있던 이웃 아주머니거나, 마을 회관에 사람을 모아 놓고 요리 교실을 열고 있는 주부였을 가능성이 높다.

따라서 만약 당신이 프로스펙터에게 접근할 때 기업 이름을 꺼내면, 프로스펙터는 그 이름만 듣고 조건 반사적으로 그런 사람들의 이미지와 이전에 사용한 제품의 이미지를 머리 속에 떠올리게 된다. 그러므로 프로스펙터에게 접근할 때는 스스로 나서서 기업 이름을 꺼내지 않도록 한다.

중요한 것은, 프로스펙터가 아무 선입견이 없는 상태에서 최소한 한 번은 미팅에 참석해서 사업 계획 설명을 처음부터 끝까지 들은 뒤에 사업을 할지를 스스로 판단하도록 하는 것이다. 기업 이름을 꺼내면 많은 경우, "아아, 그 얘기군. 이제 그건 한물 갔어요."라든가 "그 사업 얘기는 전에 들어서 아니까 됐습니다."라고 말하면서 당신의 초대를 받아들이지 않는 경우가 대부분이다. 그리고 불신감을 갖고 있기 때문에 사업 계획을 들어도 새로운 사업 아이디어를 받아들이지 못한다.

디스트리뷰터의 사명은 소문을 듣고 오해해서 네트워크 마케팅을 하지 않겠다는 사람이 한 사람도 없게 만드는 것이다. 그리고 가능한 한 많은 사람들에게 네트워크 마케팅을 해서 자유를 거머쥐도록 하는 것이다.

　네트워크 마케팅에서 성공한 어떤 사람은 연설 중에 "나는 우리 가족, 친구들과 아는 사람이 사업 계획을 듣고 나서 사업을 하지 않아도 전혀 신경 쓰지 않았습니다. 왜냐하면 내가 소개한 사업을 하고 안 하고는 그 사람의 자유니까요. 그러나 그들이 내 계획을 한 번도 듣지 않았거나, 소문을 믿고 나를 오해해서 이 일을 하지 않으면 매우 슬퍼집니다."라고 말했다. 나도 그의 생각에 전적으로 동감한다.

　접근할 때, 왜 대화 중에 기업 이름을 꺼내면 안 되는가 ? 또 다른 이유는 다음과 같다.

　네트워크 마케팅의 발상지인 미국에서도 1980년대에 들어설 때까지는 네트워크 마케팅은 대부분 주부의 아르바이트, 혹은 블루칼라가 손대는 것으로 받아들여졌었다. 또, 네트워크 마케팅이란 인생에서 실패한 사람들의 최종 도피 장소나 패자 부활전 같은 저차원 사업으로 생각하는 사람들이 많았다.

　이와 마찬가지로 네트워크 마케팅의 역사가 짧은 한국에서도 이 사업을 심하게 오해하거나 사업 컨셉을 전혀 이해하지 못하는 사람들이 많이 있는 게 현실이다. 따라서 접근할 때, 상대가 회사 이름을 물어 보지 않는 한, 스스로 나서서 공개할 필요는 없다.

4) 네트워크 마케팅을 하는 최대 목적은 자유를 갖는 것

　극히 평범한 사람이라도 열심히 하면 유명한 야구 선수, 축구 선수, 농구 선수가 될 수 있는 가능성을 갖고 있다. 그러나 만약 당신이 이미 40세라면, 유명 프로야구 선수가 될 가능성이 어느 정도 있을까? 신장 160cm로는 유명한 농구 선수가 되기 어렵고, 체중 100kg의 비만 체형으로는 축구 선수가 될 수 없다. 미국은 헌법에서 모든 국민이 대통령이 될 권리를 보장하고 있지만, 대통령이 될 수 있는 사람은 전체 인구 2억 5천만 명 가운데 단 한 사람뿐이다. 아무리 헌법으로 보장하고 있어도 대통령이 될 사람은 한 명뿐인 것이다.

우리가 아무리 되고 싶어도, 나이와 체격과 운과 같은 여러 조건을 갖추지 못하면 유명한 야구 선수나 축구 선수가 될 수 없을 것이다. 하물며 대통령이 될 가능성은 거의 없을 것이다. 그러나 우리가 네트워크 마케팅을 시작해서 노력하면, 그의 배경에 관계없이 꿈을 이룰 수 있으며 가족을 행복하게 만들어 줄 수가 있다. 만약 당신에게 조금이라도 배려심이 있으면, 어려움에 처한 아이들에게 구호의 손길을 뻗칠 수도 있다.

네트워크 마케팅은 학력, 나이, 성별, 체격, 직함 등 그의 배경에 관계없이 학력 사회와 경쟁 사회에서는 도저히 실현할 수 없는 꿈을 이룰 수 있는 수단을 모든 사람에게 제공하고 있다. 그리고 더욱 중요한 것은, 네트워크 마케팅을 하면 우리가 갖고 있는 권리 중에서 가장 소중한 권리, 즉 '자유'를 가질 수가 있다. 그리고 많은 사람들이 네트워크 마케팅을 하고, 보다 많은 사람들이 경제적으로 자립해서 자유를 얻는다면, 타인을 생각하는 마음의 여유가 생길 것이다. 그리고 많은 사람들에게 남에 대한 '배려'가 생긴다면 결과적으로는 세계 평화로 이어지지 않을까?

5) 가능한 많은 사람들에게 이 놀라운 사업 기회를 알릴 것

이 세상에서 유례를 찾아볼 수 없는 멋진 사업 기회를 소문과

오해에서 파생되는 부정적인 선입견과 편견으로 놓치는 사람이 한 사람도 없도록 해야 된다. 그러기 위해서는, 많은 성공한 사람에 의해 그 효과가 검증된 '텔레폰 스크립트(전화 대화법을 적어 둔 대본)'를 이용해서 가능한 한 많은 사람들을 당신의 미팅에 초대해서 네트워크 마케팅이 제공하는 놀라운 사업 기회를 알려야 한다. 그리고 이 사업을 할지 안 할지는 사업 계획을 들어본 뒤에 프로스펙터 자신이 결정하게 하자.

폰 스크립트 속에는 사업을 설명하는 항목이나 기업의 이름을 말하는 항목이 없다. 우리는 사람들을 속여서 네트워크 마케팅을 하게 만드는 것이 아니다. 디스트리뷰터의 사명은 되도록 많은 프로스펙터를 미팅에 초대해서 네트워크 마케팅이 제공하는 놀라운 사업 기회를 알리는 것이다.

6) 성공하는 비결은 서툴러도 스스로 해보는 것

네임 리스트에 실린 프로스펙터를 미팅에 초대하는 첫걸음은 프로스펙터가 갖고 있는 가장 일반적인 질문에 대한 대처 방법을 스폰서와 함께 연습하는 것이다.

그것이 끝난 다음에 어떻게 텔레폰 스크립트를 이용해서 접근하는가를 납득할 때까지 몇 번이고 설명할 것. 그리고 프로스펙터가 뭔가 질문을 하면, 생각하지 않아도 금방 대답이 나오도록 수없이 연습하도록 하자. 그래도 자신이 없는 사람은 처음 두세 번은 스폰서에게 부탁해도 좋을 것이다.

그리고 프로스펙터에게 접근할 때는 항상 '사업적인 태도'를 갖는 것이 중요한데, 텔레폰 스크립터를 이용하면 사업적 태도를 가질 수 있게 된다. 폰 스크립트를 이용한 접근 방법은 처음에는 잘

되지 않을지도 모르지만, 어쨌든 스크립트를 이용해서 접근해 볼 일이다. 포인트는 '배우기보다 익숙해져라.'이다.

그러나 네트워크 마케팅을 할 때의 기본은, 잘하게 되면 하는 것이 아니라 서툴러도 스스로 해보는 것이다. 뭐든 마찬가지지만, 서툴러도 어쨌든 스스로 해 본다. 스스로 해 봄으로써 잘하게 되는 것이다.

7) 마지막으로 한 번 더

접근할 때의 주의 사항은 다음과 같다.
① 접근할 기회를 사업을 설명할 기회와 혼동하지 말 것.
② 전화로는 절대로 사업 설명을 하지 않는다.
③ 전화로 하는 접근은 텔레폰 스크립트를 이용해서 대화를 진행한다.
④ 자기 쪽에서 적극적으로 회사 이름을 꺼낼 필요가 없다. 더군다나 텔레폰 스크립트를 이용하면 회사 이름을 꺼낼 필요가 없다.
⑤ 항상 사업적인 태도로 접근할 것.

9. 제4원칙 : 미팅 (프로스펙터에게 사업 계획을 설명한다)

1) 네트워크 마케팅의 기본은 홈 미팅

제4원칙은 사업 계획을 소개하는 미팅이다. 네트워크 마케팅에 있어서 사업 계획을 설명하는 미팅은 크게 ① 디스트리뷰터의 집에서 개최하는 홈 미팅, ② 1대 1로 하는 미팅, ③ 회장 미팅의 3가지 타입으로 분류된다.

네트워크 마케팅의 기본은 홈 미팅이다. 왜냐하면, 홈 미팅은 한 번에 많은 사람을 초대해서 편안한 분위기에서 사업 계획을 설명할 수 있어서 다른 미팅보다 큰 성과를 기대할 수 있기 때문이다. 새롭게 디스트리뷰터가 된 사람에게는 최저 두 번의 홈 미팅을 열어 줘야 하는데, 스폰서와 업라인의 도움을 받아서 함께 하는 것이 중요하다. 대부분의 네트워크 마케팅 회사에서는 사업 계획을 설명할 때 '플립 차트'를 사용하므로, 사업 플랜 설명법은 스폰서가 하는 것을 몇 번 보면 자신도 할 수 있게 될 것이다.

그러나 사업을 잘 이해하고, 프로스펙터의 질문에 대답할 수 있는 당당한 디스트리뷰터가 되려면, 어느 정도의 사업 경험과 지식이 필요하다. 따라서 1대 1로 하는 미팅은 베테랑 디스트리뷰터에게 맞는 방식이고, 경험이 없는 디스트리뷰터는 가능한 1대 1 미팅은 피하라. 도저히 못할 것 같은 경우는 스폰서와 같이 한다. 만약 신규 디스트리뷰터가 혼자서 활동하다가 프로스펙터의 질문에 대답하지 못하면, 그 사람의 신뢰를 잃게 되고, 그만큼 성공할 확률이 낮아지기 때문이다.

그리고 처음부터 신규 디스트리뷰터에게 실패의 경험을 갖게 하면, '역시 나한테는 무리였어.'라고 생각하게 된다. 처음 단계에서 신규 디스트리뷰터에게 그런 경험을 하게 하는 것은 스폰서로서 가장 형편없는 행동이므로 이것은 반드시 피해야 한다.

따라서 스폰서는, 첫 몇 개월은 신규 디스트리뷰터를 주변에서 받는 부정적인 공격으로부터 지켜줘야 한다. 그것이 스폰서로서의 중요한 역할의 하나이다. 가장 좋은 것은 혼자 할 수 있는 자신이 생길 때까지 동행해서 일하는 것과 성공하는 모습을 보여 주는 것이다. 또 실패해도 둘이 있으면, 혼자일 때보다 실망하는 정도가 약해지기 때문이다.

　회장 미팅은 홈 미팅에 참가한 프로스펙터 중에서 사업에 흥미를 나타낸 사람들과 사업에 흥미가 있는가 없는가를 떠나서 홈 미팅에 참석한 모든 사람들에게 생각의 '틀'을 확대해서 유연한 사고방식을 갖게 할 목적으로 개최한다. 그리고 또 하나의 중요한 목적은, 디스트리뷰터가 된 사람들의 사업에 대한 신뢰를 더욱 고양시키는 것이다.

2) 홈 미팅 + 회장 미팅이 사람들에게 결단을 내리게 한다

　네트워크 마케팅을 잘 이해하지 못하고 있는 사람들에게 처음부터 몇 천 명이 모이는 회장 미팅에 참석시키는 것은 반드시 좋은 결과를 낳는 것은 아니다. 아무 것도 모르는 상태에서 수천 명이 모인 회장 미팅에 데려가면, 뭔가에 홀린 종교 집단으로 오해해 버릴지도 모르기 때문이다. 그래서 일반적으로 홈 미팅과 1 대 1 미팅에 참석한 프로스펙터에 한해서 회장 미팅에 참석시키도록 하자.

　아무리 프로스펙터가 당신 가족과 친구일지라도, 홈 미팅에 참가해서 딱 한 번 계획 설명을 들었다면, 이제까지의 생활 리듬을 바꾸면서까지 디스트리뷰터가 되자고 결심하는 것이 본인에게 있어서 그렇게 간단한 일이 아니다. 특히 주부에게는 더욱 그렇다.

　그래서 홈 미팅 뒤에 회장 미팅에 참석시키는 것은 자신과 같은 연령대나 성별의 사람들이 적극적으로 열심히 참여하는 모습을 보게 되어 '이거면 나도 할 수 있어! 좋아, 나도 꿈에 도전해 보자.'라는 결의를 다지게 되므로 반드시 필요한 과정이다. 왜냐하면 사람은 자기와 같은 수준의 사람, 또는 낮다고 생각하는 사람이 성공하고 있다는 사실을 알면, '이런 거면 나도 할 수 있어.', '나도 안 하면 뒤처진다.'라고 생각하기 때문이다.

또, 누구나 남에게 설득 당하는 것을 좋아하지 않으며, 자기 의지로 생각하고 행동하고 싶어하는 법이다. 흔히 홈 미팅 등에서 같은 것을 몇 번이고 반복해서 열심히 프로스펙터를 설득하려는 사람이 있는데, 네트워크 마케팅에서 이것은 절대로 피해야 한다. 프로스펙터를 설득해서 그를 디스트리뷰터로 만들어도, 나중에 '속았다'거나 '넘어갔다'라는 생각을 하게 되면 결국은 나쁜 감정을 갖게 될 것이고, 결국은 인간 관계를 망칠 가능성이 있기 때문이다. 네트워크 마케팅은 상대에게 거절당하는 사업이다.

그러나 프로스펙터가 진심으로 "좋아. 나도 꿈을 실현하기 위해 도전해 보자."는 결단을 내리게 만들려면, 홈 미팅과 1대 1 미팅만으로는 무리가 있다. 프로스펙터에게 "좋아, 나도 해 보자."고 결단을 내리게 하려면, 홈 미팅 뒤에 회장 미팅에 참석시키는 것이 꼭 필요하다.

3) 네트워크 마케팅은 '카피 비즈니스'

미팅에 몇 번 참가하면, 눈치를 채겠지만, 며칠 전에 디스트리뷰터가 된 사람이나 성공한 상위 랭크의 사람이나 사업 계획은 기본적으로 같다. 설명 방법이 능숙한가 서툰가의 차이가 있지만, 기본적으로 같은 것을 하고 있다. 왜냐하면, 사업 계획을 설명할 때는 특별한 지식과 훈련 없이 누구나 간단하게 쓸 수 있는 '플립 차트'를 전원이 사용하기 때문이다. 이처럼 미팅에서는 결코 어려운 것을 하는 것이 아니라, 그룹 전원이 같이 할 수 있는 심플한 것이 가장 좋다. 왜냐하면 네트워크 마케팅은 '카피 비즈니스'이기 때문이다.

또, 그룹 전원이 같은 플립 차트를 사용하는 이유는, 전원이 같은 것을 사용함으로써 그룹 내에 강한 연대감이 생기기 때문이다.

4) 업라인에 당신의 경의를 행동으로 표시한다

처음 2, 3회의 사업 계획은 스폰서와 업라인이 해주는데, 귀중한 시간을 할애해 주는 그들에게 경의를 표해야 한다. 그리고 경의를 표하는 가장 좋은 방법은 말보다 행동으로 나타내는 것이다.

그러기 위해서는 미팅 중에 계획 방식을 메모하거나, 계획 전체를 카세트 테이프에 녹음하거나 비디오 테이프에 녹화하는 것이다. 계획 방식을 메모하거나 카세트 테이프와 비디오 등에 녹음·녹화하는 것은 연설자에 대한 예의이자 상식이라고 생각한다. 스폰서와 업라인의 계획을 메모하거나 녹음하지 않는 행위는 간접적으로 "당신의 계획 설명 방식은 별로 능숙하지 않으므로 비디오로 찍을 가치가 없습니다."라고 말하는 것이 된다.

메모를 하거나 테이프에 녹음·녹화하는 것은 스폰서와 업라인에 경의를 표하는 것일 뿐만 아니라, 나중에 계속 반복해서 볼 수 있고 보다 빨리 자기 혼자서 계획 설명을 할 수 있게 된다. 이 사업을 하는 이상, 언젠가는 자기 힘으로 계획 설명을 하지 않으면 안 된다. 그래서 가능한 빨리 자기 힘만으로 사업 계획을 설명할 수 있도록 노력해야 된다.

5) 프로스펙터가 돌아가기 전에 '인포 팩'을 건넨다

홈 미팅의 목적은 가정적인 분위기에서 프로스펙터에게 사업 계획을 설명하는 것이지만, 그 최대 목적은 프로스펙터에 대한 사후 관리의 기회를 만들기 위해서이다. 성공한 사람의 오랜 경험에서 안 것은, 대부분의 프로스펙터는 계획을 들은 뒤, 어떻게 해야 좋을지 모르는 상태라는 점이다.

그래서 홈 미팅에서 계획 설명을 해도 사후 관리를 하지 않는 한 대부분의 사람들은 당신에게 전화를 걸어서 "사업을 하고 싶은데 어떻게 해야 되나요?"라고 물어 보지 않는다. 그러므로 미팅이 끝나면, 프로스펙터가 돌아가기 전에 사업에 관한 정보가 들어 있는 '인포메이션 팩'을 건네는 것이 중요하다. 인포메이션 팩은 줄여서 '인포 팩'이라고 부르는데, 유감스럽게도 한국에 진출해서 네트워크 마케팅을 전개하고 있는 모든 기업이 준비하고 있는 것은 아니다.

인포 팩을 건네는 목적은 ⓐ 프로스펙터가 집에 돌아가서 네트워크 마케팅을 객관적으로 판단할 수 있도록 자료나 카세트, 비디오 테이프를 이용해서 충분한 비즈니스 정보를 제공하기 위해서 ⓑ 인포 팩은 48~72시간 후에 반드시 회수하므로, 한 번 더 프로스펙터를 만날 계기가 되므로 ⓒ 어떤 배경을 가진 프로스펙터에게도 같은 것을 건네므로, 매번 어떤 정보를 줄 것인가 고민하는 수고를 덜어 주므로 ⓓ 모두가 같은 인포 팩을 사용하기 때문에 그룹 내에 연대감이 생기므로… 등을 들 수 있다. 이들 목적 중에서 인포 팩을 건네는 최대 목적은, ⓑ의 또 한번 프로스펙터를 만날 계기, 즉 사후 관리의 기회를 만드는 것이다.

6) 인포 팩을 건넬 때의 3가지 주의 사항

프로스펙터에게 인포 팩을 건넬 때 다음 사항을 잊지 말 것.
첫째는 "인포 팩은 다른 미팅에서도 사용할 예정이니까 2, 3일

후에 회수하고 싶다."라고 설명하고, 프로스펙터와 헤어지기 전에 반드시 회수할 날짜와 시간을 정한다.

둘째는 프로스펙터에게 "일반적인 의문이나 질문에 대한 대답은 인포 팩 속의 자료로 얻을 수 있을 겁니다. 그러나 그래도 모르는 점과 의문 사항이 있으면 종이에 적어 두세요. 다음에 만났을 때 그런 의문점에 관해서 이야기를 나눌 겁니다."라고 전한다.

셋째는 프로스펙터에게 "인포 팩 속에는 네트워크 마케팅을 객관적으로 판단할 수 있도록 충분한 정보를 넣어 뒀습니다. 따라서 당신이 이 사업을 해볼 만한 가치가 있는지 어떤지를 판단할 때는 가족과 친구에게 의견을 묻거나 의논하지 말고, 이 인포 팩 속에 들어 있는 정보와 데이터만 보고 스스로 판단해 보세요."라고 확인을 해 둔다.

"왜 가족과 친구에게 의논하면 안 되는가?"하고 이유를 묻는다면, 다음과 같이 설명해 주기 바란다. "당신은 이가 아플 때 자동차 수리공한테 가서 치료법을 물어 보지 않을 것입니다. 자동차 수리공은 치아 치료에 관해서는 전혀 모르며, 당신에게 잘못된 것을 가르쳐 줄지도 모릅니다. 반대로 치과 의사는 자동차 수리에 관한 것은 자세히 모를 것입니다. 유감스럽게도 당신 친구나 가족은 네트워크 마케팅 사업 컨셉을 전혀 모른다고 생각해도 무리가 없을 것입니다. 이 사업을 잘 모르는 사람들에게 의견을 묻거나 적절한 충고를 받을 것을 기대하는 것은 적절하지 않으며, 인생 최대의 찬스를 놓쳐 버리는 결과를 초래할 것입니다. 그리고 저는 자기 인생은 자신이 결정해야 된다고 생각합니다. 당신은 어떻게 생각하십니까?"

7) 꿈이 없는 사람에게 당신의 꿈을 빼앗기지 마라

가령 당신이 사업 계획 설명을 듣고 네트워크 마케팅의 숨겨진 가능성을 이해하고, 다음 날 흥분해서 직장 동료, 친구, 혹은 가족에게 "2년 뒤에 수입 2억 5천만원을 올릴 거야!"라고 말했다면, 그들은 어떤 반응을 보일까? 상상해 보기 바란다.

그들은 "그거 굉장하군! 넌 틀림없이 해낼 수 있어. 열심히 해."라고 격려해 줄까? 안타깝게도 대답은 "노."이다. 대부분의 친구들은 당신을 격려하기는커녕, "무슨 소리를 하는 거야? 머리가 이상해졌니?", "당신은 속고 있어요. 사람이 너무 좋다니까."라며 비웃을 것이다.

만약 당신 동료들만은 그럴 리가 없다고 생각한다면, 내일 직장에 가서 평소보다 열심히 일을 해 보기 바란다. 열심히 일하는 당신을 보고 동료들은 뭐라고 말할까? 첫째 날에는 "무슨 일이야? 오늘 상당히 열심히 하는군."이라고 말할지도 모른다. 그러면 그것을 1주일간 계속해 보길 바란다. 이번에는 "이봐, 혼자서 너무 열심히 하지 마. 마치 우리는 아무 것도 안 하는 것처럼 비교되면 곤란하잖아."라고 말하던가 생각할 것이다. 상사가 시킨 일만 하는 사람들에게 그 이상의 것을 열심히 하는 사람은 꺼림칙한 존재이다.

위의 예처럼, 꿈이 없는 사람들에게 "2년 뒤에 2억 5천만원의 수입을 올릴 거야!"라고 말하는 사람은 개운치 않은 존재이다. 그래서 꿈이 없는 사람들은 부풀어 오른 당신의 꿈을 부수려 할 것이다. 그것도 간접적으로 "그런 건 아무도 못해!"라든가 "바보 같은 소리 작작해!", "머리가 이상해졌어?"라고 말하면서 당신의 부푼 꿈을 터뜨리려고 한다. 특별히 당신이 성공하는 게 싫어서 하는 말은 아니지만, "2년 후에 수입 2억 5천만원을 올릴 거야!"라는 원대한 꿈을 갖는 있는 것은 100명 중 3명뿐이기 때문이다.

이 세상 사람들의 97% 이상은 꿈이 없기보다는 처음부터 자신에게는 그런 것이 불가능하다고 생각한다. 왜냐하면, 정부나 회사, 누군가에게 고용되어 있는 90% 이상의 사람들은, 본능적으로 누군가에게 고용되어 매일 정해진 월급을 받고 있는 한, 큰 꿈을 갖고 있어도, 가령 "수입 2억 5천만원을 올리겠어!"라고 생각해도, 그것을 이루는 일이 불가능하다는 것을 알고 있기 때문이다.

꿈이 없는 사람들에게 당신의 꿈을 이야기하면 진지하게 들어주기는커녕, 가끔 당신을 걱정해서 "속지 마.", "조심해요."라고 충고해 줄지 모른다. 그러나 그 충고를 받아들이고 말고는 당신의 판단에 달려 있다. 네트워크 마케팅 사업 컨셉을 잘 모르는 사람들에게 크게 부푼 당신의 꿈을 빼앗겨서는 안 된다.

그러므로 프로스펙터에게 인포 팩을 건넬 때는 다음의 어드바이스를 반드시 전달한다.

"이 사업을 판단하는 데 필요한 정보는 전부 이 인포 팩에 들어 있습니다. 그러니까 이 건에 대해서는 아무하고도 의논하지 말고 이 팩에 들어 있는 자료와 데이터를 보고 판단해 주세요. 그래도 불충분할 때는 서점에 있는 네트워크 마케팅에 관한 책을 읽고 스스로 판단해 주길 바랍니다. 그 이유는 오늘 사업 계획 설명을 듣고 아셨으리라 생각하지만, 네트워크 마케팅 사업 컨셉은 소문이나 당신이 생각하고 있던 것과 매우 다릅니다. 그와 마찬가지로, 일반인들도 이 사업 컨셉을 이해하는 경우가 적습니다. 따라서 누군가와 의논해도 적절한 어드바이스를 얻기는커녕, 반대로 "네트워크 마케팅이 뭔데?"라든가 "수입은 어떻게 올려?" 등등 사업에 관해 물어 볼지도 모릅니다. 그 때 당신이 그 질문에 대답하지 못하면 창피함을 느낄 뿐만 아니라, 그 사람은 당신에 대한 신뢰감을 잃게 될 겁니다. 만약 의문점이나 불안한 점이 있을 때는 종이에 적어 두세요. 다음에 만날 때 대답해 드릴 테니까요."

그리고 마지막으로 한 번 더 만날 시간을 정하는 것을 잊지 말 것. 행운의 여신은 앞 머리카락밖에 없어서, 만났을 때 그것을 잡지 않으면 기회를 놓친다고 한다. 마찬가지로 네트워크 마케팅도 프로스펙터에게 열려 있는 기회의 문은 작고, 망가지기 쉬우며, 열려 있는 시간도 짧다. 그러나 프로스펙터에게 인포 팩을 건넬 때, "아무에게도 말하지 말고 스스로 판단하세요."라고 다짐을 해 두는 작은 배려가 그가 행운을 잡을 수 있는 기회를 조금이나마 크게 만들어 준다.

그렇게 재차 확인을 해 놓아도 많은 사람들은 누군가에게 사업에 관한 이야기를 하고 의견을 듣거나 하는데, 처음부터 주위 사람들이 어떻게 반응할 것인지를 가르쳐 준 경우와 그렇지 않은 경우는 프로스펙터가 받는 충격이 다르다.

10. 제5원칙 : 사후 관리 (프로스펙터를 A, B, C의 3가지 타입으로 분류한다)

1) 미팅의 목적은 사후 관리의 계기를 만드는 것

홈 미팅을 개최하는 목적의 하나는 프로스펙터에게 네트워크 마케팅 사업 컨셉을 이해시키기 위해서이다. 그러나 홈 미팅을 하는 최대 목적은 사후 관리의 계기를 마련하기 위해서임을 잘 모르는 것 같다.

 사후 관리는 미팅을 하고 나서 48~72일 이내에 하는 매우 중요한 부분의 하나로서, 알아야 할 사항이 많이 있다. 사후 관리 [follow up]를 영어 사전에서 찾아보면, ㉠ 철저하게 추구한다, 한없이 추구한다, ㉡ …의 뒤에 이어진다, ㉢ …에 한층 …을 더한다, ㉣ … 뒤에 …을 계속한다 등의 의미가 있다. 왜 네트워크 마케팅에 이런 항목이 있을까? 그 이유는 사업이나 학업, 스포츠에서도 한번 손댄 것은 결과가 나올 때까지 계속하는 것이 중요하기 때문이다.

2) 정보가 적으면 네트워크 마케팅을 부정적으로 생각한다

 경험이 적은 많은 디스트리뷰터들은, 스폰서 활동을 프로스펙터(가족, 친구, 얼굴을 모르는 사람들)를 홈 미팅 등에 초대해서 사업 계획을 설명한다고 생각하는 것 같다. 그것만하면 가족과 친구가 네트워크 마케팅 사업의 컨셉을 이해해서 "하고 싶습니다."라고 전화를 걸어 올 것이라고 착각하고 있는 것 같다.

 그러나 실제로 그런 사람은 거의 없다. 때로는 사업 계획 설명을 들은 뒤에 "이 사업을 바로 시작하고 싶은데 무얼 하면 좋겠습니까?"라고 물어보는 사람이 있지만, 그것은 매우 드문 경우이다. 대부분의 프로스펙터에게 네트워크 마케팅의 사업 컨셉을 듣는 것은 난생 처음 있는 경험으로, 그들은 어떻게 반응해야 좋을지 몰라 한다.

 그래서 미팅 후에 반드시 사후 관리를 해야 한다. 그러나 경험이 적은 디스트리뷰터들은 미팅을 한 뒤에 사후 관리를 잘 하지 않는다. 그 이유는 ⓐ 사후 관리의 중요성을 모르기 때문에, ⓑ 사업 계획을 설명하기만 하면 프로스펙터 쪽에서 "하고 싶다"고 전화할 것이라는 착각을 하고 있으므로, 그리고 ⓒ 자신이 원하지 않는 결과가 나올 것이 두렵기 때문이다. 즉 프로스펙터가 거절을 하면 어떻게 할지, 또 질문을 하면 어떻게 대답해야 할지 걱정이 되므로 사후 관리를 하지 않는 것이다.

인간은 현재 상황이 어떻든 간에 생활 리듬이 바뀌는 것을 극단적으로 싫어한다. 이 사업을 하게 되면 결과적으로 지금까지의 생활 리듬을 깨게 되므로, 사후 관리를 할 때 프로스펙터에게 "어떻게 하실 겁니까?"라고 물으면, "좀더 생각해 보겠습니다"라고 뒷걸음치는 경우가 압도적으로 많을 것이다. 왜냐하면, 그렇게 대답을 해야 생활 리듬을 깰 필요도 없고, 무난하기 때문이다. 대부분의 사람들은 잘 알지 못하는 것과 사람에 대해 공포심을 갖고 있기 때문에, 프로스펙터의 이와 같은 반응은 일종의 자기 방어적인 반응으로, 극히 자연스러운 것일지도 모른다.

그러면 프로스펙터가 왜 이러한 반응을 보이는가? 그것은 전부 네트워크 마케팅에 관한 정보 부족에서 파생되는 현상이다. 정보가 너무 적으면, 프로스펙터는 새로운 사업을 해보려는 마음보다 네트워크 마케팅을 뭔가 알 수 없는 조직, 정체를 알 수 없는 사람들의 모임이라고 부정적으로 생각하게 된다. 따라서 미팅에 참가한 사람들에게는 사업을 객관적으로 판단할 수 있는 정보를 제공해야 한다.

그러므로 인포 팩을 건네는 중요한 목적의 하나는 프로스펙터에게 비즈니스에 관한 충분한 정보를 제공하고 그 사람이 사업에 대해 가능한 긍정적인 판단을 내릴 수 있도록 해야 한다. 어떤 정보를 주어도, 부정적인 사고를 가진 사람은 부정적으로 생각하는 경향이 있고, 긍정적인 사고를 가진 사람은 긍정적으로 생각하는 경향이 있다. 그러나 긍정적인 사고를 가진 사람에게 충분한 정보를 주지 않으면 부정적으로 생각할 가능성이 있다.

3) 사후 관리의 최대 목적은?

미팅을 하는 최대 목적은 사후 관리를 할 기회를 만들기 위해서이고, 48~72 시간 내에 직접 프로스펙터를 만나서 어떻게 할 것인가를 확인하길 바란다. 이것이 첫 번째 사후 관리이다. 사후 관리는 한 번 하고 끝나는 것이 아니다. 사후 관리의 최대 목적은 마케팅을 들어 본 프로스펙터 개개인이 다음의 세 타입, A, B, C 중에서 어떤 타입에 속하는지를 분류하는 것이다(사후 관리를 하는 목적은 이 밖에도 여러 가지가 있지만, 그런 목적에 관해서는 나중에 자세히 설명하겠다).

'타입 C'는, 디스트리뷰터는 안 되지만 당신한테 제품을 사는 '소비자 타입'이다.

'타입 B'는, 디스트리뷰터가 되지만 주로 직접 제품을 사용하는 '자기 소비형 타입'이다. 네트워크 마케팅을 하고 있는 디스트리뷰터의 80% 이상이 이 타입으로 분류된다고 한다. 타입 B 중에는 마음에 든 제품 라인, 가령 여성이라면 화장품과 속옷, 남성이라면 비타민제나 정수기 등 자신의 주력 제품 라인에서 전문가가 되, 그것들을 전문적으로 판매하는 사람이 나올지도 모른다. 또 가끔 스폰서 활동을 하면서 서서히 타입 A로 옮겨가는 사람이 나올 수도 있다.

그리고 '타입 A' 디스트리뷰터는, 비교적 빠른 시기에 네트워크 마케팅이 자기 꿈을 실현할 수 있는 유일한 사업임을 인식, 스폰서 활동을 중심으로 사업을 하고 그룹을 크게 만드는 '비즈니스 타입'이다. 이 사람들은 장래, 사업에서 '열쇠'가 되는 '그룹 리더'가 될 가능성을 갖고 있는 사람들이다. 혹은 당신을 그룹 리더가 될 사람으로 이끌어 주는 사람이다. 1장 「그룹 리더가 되는 8가지 조건」을 참조하기 바란다.

처음에 당신이 타입 A 디스트리뷰터에게 해주어야 할 일은 「그룹 리더가 되는 8가지 조건」을 가르치는 것이다. 왜냐하면, 그룹 리더의 조건을 가르치지 않으면, 아무도 그런 조건이 존재한다는 것을 모를 것이고, 아무도 그룹 리더가 되려고 노력하지 않기 때문이다. 그러나 그룹 리더가 되는 조건을 가르쳐도 타입 A 디스트리뷰터 전원이 처음부터 그룹 리더의 8가지 조건을 갖추고 사업을 한다는 보장이 없다.

솔직히 모든 조건을 갖추고 그룹 리더가 되는 사람은 그렇게 많지 않으며, 언제 누가 그룹 리더가 될지는 아무도 모른다. 그러나 아무 것도 하지 않고 누군가 그룹 리더가 되기를 기다릴 수는 없다. 그래서 타입 A 사람들에게는 가능한 빨리 네임 리스트를 작성하도록 돕고, 홈 미팅을 두 번 열어 주고, 프론트 라인 디스트리뷰터를 최저 5명 스폰서해 줘야 한다. 그렇게 함으로써 그 사람에게 사업을 하는 이유를 만들어 주는 것이다. 또, 그렇게 하지 않으면, 대부분의 사람들은 그룹 리더가 되기 전에 좌절하고 그만두게 된다.

이처럼 우리는 기본적으로 타입 A 디스트리뷰터를 찾아서 스폰서 활동을 하고 그룹 리더를 찾아내기 위해 타입 A 사람들과 사업 활동을 해 나간다.

4) 왜 사후 관리는 72시간 이내에 실행하는가?

사후 관리는 왜 미팅이 있은 뒤 72시간 이내에 실행해서 프로스펙터의 의견을 듣는 것이 중요한가?

첫째, 어떤 사람이 사업 계획을 보고 흥분해서 '좋아, 해보자!'라는 마음이 생겨도, 당신이 아무 시도도 하지 않으면 그 사람은 "나는 선택되지 못했다."라고 착각하기 때문이다.

둘째 이유는, 인간이란 누구나 시간이 지남에 따라서 한번 가졌던 열의가 희미해지기 때문이다. 계획을 들은 직후에 '나도 할 수 있어!'라고 생각했어도, 3일이 지나면, '내가 할 수 있을까?'라는 의심이 들고, 1주일이 지나면, '역시 난 엄두도 못내!'라는 부정적인 사고로 바뀌게 된다. 만약 당신이 프로스펙터에게 2주나 연락을 하지 않으면, '역시 나는 무리였구나!', '난 선택받지 못했어.'라는 생각을 하게 되고, 계획을 듣기 전까지 네트워크 마케팅에 중립적이거나 마이너스 1(-1)이었던 감정이 한꺼번에 마이너스 5(-5)가 되어 버릴 가능성도 충분히 있다.

그 사람의 네트워크 마케팅에 대한 감정이 일단 마이너스 5(-5)가 되어 버리면, 웬만한 것으로는 다시 흥미를 갖게 할 수 없을 것이다. 그래서 프로스펙터가 미팅에서 받은 감정을 조금이라도 유지하고 있을 동안에, 조금이라도 하려는 의지가 있을 동안에, 그가 '나는 선택받지 못했어.'라고 오해하지 않도록 사후 관리를 하는 것이 당신과 프로스펙터를 위하는 길이다.

5) 사후 관리의 또 다른 목적은 상대가 무슨 생각을 하는지 파악하는 것

사후 관리 테크닉은 처음부터 시스템대로 하는 것은 어려울지 모르지만, 몇 번씩 연습하면 쉽게 할 수 있게 될 것이다. 네트워크 마케팅은 '배우기 보다 익숙해져라'이다.

 사후 관리의 또 하나의 목적은, 상대가 무슨 생각을 하고 있는가를 파악하는 것이다. 프로스펙터가 무엇을 요구하고 있는지를 알 수 있으면, 그것을 프로스펙터에게 줄 수가 있기 때문이다. 프로스펙터가 요구하는 것을 줄 수 있으면, 그 보수로 당신이 원하는 것도 갖게 된다.

 그리고 사후 관리의 또 하나의 목적은 프로스펙터가 사업에 대해 "노."라고 말한 이유가 무엇인지, 장애는 무엇인지, 뭐가 불안한지를 파악하는 것이다. 그리고 가능하다면, "당신이라면 열심히 하면 반드시 성공할 수 있습니다."라든가, "우리가 도울 테니까 걱정하지 마세요."라고 격려하고, 그의 문제와 불안거리를 제거해 주기 위해서 사후 관리를 하는 것이다.

 그래도 프로스펙터가 어떻게 할지 결심이 서지 않을 때는 세 타입 중에서 어느 한 타입이 될 때까지 계속해서 사후 관리를 한다. 예를 들어 제품을 시험해 보거나, 회장 미팅과 랠리 등에 참석할 것을 권하거나, 비디오를 보게 하거나, 카세트 테이프를 듣게 하거나, 세심한 사후 관리를 해준다.

 중요한 것은 한 번 "노."라고 말했어도 거기에서 끝나는 게 아니라 상대의 기분을 충분히 생각하면서 세심한 사후 관리를 하는 것이다. 이것을 할 수 있느냐의 여부가 이 사업에서의 성공 여부를 판가름 짓는다.

6) 프로스펙터가 결심하는 것은 첫 번째나 두 번째 사후 관리 때

 프로스펙터가 디스트리뷰터가 될 것인지를 결심하는 것은 처음 혹은 두 번째 사후 관리 때가 압도적으로 많고, 세 번째 사후 관리에서 결심할 확률은 극히 적다고 한다.

만약 당신이 원하는 대로 결과를 얻고 싶다면, 다음 3가지를 염두에 두길 바란다.

첫째로 충분한 준비를 할 것, 즉 자기가 만나려고 하는 프로스펙터의 배경을 가능한 상세히 알아보는 것이다. 그러면 만났을 때 상대가 좋아하는 화제를 꺼내서 이야기를 진행시킬 수도 있고, 상대가 흥미를 보이는 자료를 준비할 수도 있기 때문이다.

둘째로, 어쨌든 상대에게 질문하는 것이다. 그리고 프로스펙터에게 되도록 많은 이야기를 시키는 것이 중요하다. 그렇게 하면, 상대가 무슨 생각을 하고 무얼 구하고 있는지, 그리고 상대한테 자신이 무얼 해줄 수 있는지를 알 수 있다.

셋째로 사업에 대한 당신의 정열을 드러내는 것이다. 당신이 사업에 대한 설명을 해도 대부분의 프로스펙터는 충분히 이해하지 못한다. 그러나 당신이 사업에 쏟는 정열을 상대에게 전달할 수는 있다. 따라서 당신은 먼저 스스로가 하고 있는 사업이 사회와 상대에게 이익이 됨을 확신하는 것이다. 그 확신이 정열을 낳고 그 정열이 상대에게 전해진다. "정열은 전염된다!" 당신에게서 정열이 방출되면 다른 사람도 당신의 정열에 휘말릴 것이다.

당신이 얼마나 사후 관리 테크닉을 마스터하고 있느냐에 따라 스폰서할 수 있는 프로스펙터의 수가 결정된다. 사후 관리 테크닉이 서툴면 스폰서하기가 어렵고, 반대로 잘하면 몇 명이든 스폰서할 수 있게 된다. 이처럼 몇 사람의 프로스펙터를 사후 관리할 수 있는가는, 몇 명에게 사업 계획을 보여주고, 몇 명을 사후 관리하는가에 달려 있다고 해도 과언이 아니다.

11. 제6원칙 : 종적인 확장 (그룹을 종적으로 키운다)

1) 그룹을 크게 만드는 2가지 방법

네트워크 마케팅에서 그룹을 크게 만드는 것에는 2가지 방법이 있다.

ⓐ 프론트 라인 디스트리뷰터 수를 늘려서 그룹을 '횡'으로 넓혀 가는 방법과 ⓑ 그룹의 범위를 나무 뿌리처럼 '종'으로 뻗게 하는 방법이다. 이 방법은 일반적으로 '종적인 확장'이라고 한다. 그리고 「네트워크 마케팅 성공으로 이끄는 10가지 원칙」의 제6원칙은 당신의 그룹 범위를 나무 뿌리처럼 밑으로 파 들어가는 것이다.

그룹의 범위를 종적으로 확장하는 과정은, 6~12개월 동안 15~20명의 프론트라인 디스트리뷰터를 스폰서하는 것에서 시작된다. 그리고 그 중에서 스폰서 활동이 가능한 비즈니스 타입(타입 A)의 사람들을 3명 발굴한다. 이 3명이 당신의 사업을 크게 만들 때 '열쇠가 되는 사람들', 즉 '그룹 리더' 혹은 '키 퍼슨'이라고 불릴 가능성을 갖고 있는 사람들이다(그룹 리더 구별법은 1장 참조).

위의 사항을 좀더 자세히 설명하면, 처음에는 그룹을 옆으로 넓혀 가면서 '타입 A' 사람을 찾는다. 그리고 타입 A 사람을 찾아냈으면, 그 사람을 서포트해서 가능한 빨리 그에게 프론트라인 디스트리뷰터를 5명 스폰서해 준다. 왜 5명인가? 그것은 성공한 사람의 과거 경험에서 5명을 스폰서하면, 그 중에서 최저 1명은 타입 A 디스트리뷰터일 가능성이 높기 때문이다.

다음으로 그 새롭게 찾아낸 타입 A를 서포트해서 그의 그룹을 종으로 확장해 간다. 그룹을 종적으로 확장시키는 포인트는, 프론트를 15~20팀 스폰서한 뒤에 3명(팀)의 타입 A를 찾는 것이 아니라, 타입 A가 발견되는 대로 네임 리스트를 작성하게 하고, 홈 미팅을 두 번 열어 주고, 되도록 빨리 그 사람에게 프론트를 5명(팀) 서포트해 주는 것이다.

그리고 그 5명 가운데 누가 타입 A인가를 찾아내서 타입 A가 발견되면, 그에게 네임 리스트를 작성하게 하고, 홈 미팅을 두 번 개최해서 되도록 빨리 프론트를 5명(팀) 스폰서해 준다.

이 과정을 몇 번 되풀이해서 하나의 그룹을 가능한 10단계 아래로 구축해 간다. 즉 그룹을 횡으로 넓히는 것과 동시에, 그룹을 종으로 확장시키는 것이다. 처음부터 잘되는 것은 아니지만, 어떤 사람은 1주일에 최저 한 단계씩 구축하라고 권하고 있다. 이 방법을 사용하면, 단기간에 그 그룹을 안정시킬 수가 있고, 결과적으로 그룹을 크게 만들게 된다.

2) 타입 A 디스트리뷰터란?

미팅을 하는 최대 목적은 사후 관리의 기회를 만들기 위해서라고 앞에서 설명했다. 그리고 사후 관리의 최대 목적은 사업 계획을 들은 프로스펙터 개개인이 다음의 3가지 타입, A, B, C 중에 어느 타입에 속하는가를 분류하는 것이다.

타입 C는 디스트리뷰터는 되지 않지만, 가끔 제품을 사 주는 '소비자 타입'이다. 타입 B는 디스트리뷰터가 되지만, 주로 자신이 제품을 사용하는 '자기 소비형 타입'이다. 그리고 타입 A는 비즈니스 타입으로, 스폰서 활동을 중심으로 사업을 하는 사람들이다. 이 사람들은 앞으로 당신이 만든 것보다 더 큰 네트워크를 구축하는 데 '열쇠'가 될 그룹 리더가 될 가능성이 있다.

그러나 실제로 문제는 처음부터 그룹 리더의 모든 조건을 갖추는 사람이 그렇게 많지 않다는 것이다. 어떤 사람은 디스트리뷰터가 되어서 비교적 단기간에, 어떤 사람은 몇 년이 지나고 나서 되는 일도 있다. 어떤 디스트리뷰터가 언제 어디에서 그룹 리더가 될지는 아무도 알 수 없다. 따라서, 우리는 처음에 기본적으로 타입 A를 서포트 해서 스폰서 활동을 하고, 그룹을 종적으로 구축한 뒤 최종적으로 누가 그룹 리더가 되는가를 찾아낸다. 즉, 우리의 시간과 노력을 타입 A에게 집중적으로 투자해야 한다.

타입 A가 어떤 가능성을 갖고 있는 사람인가를 다시 한번 정리해 보면, ㉠ 비즈니스 타입인 사람으로, 스폰서 활동을 중심으로 네트워크를 만들 것이다. ㉡ 장래 그 사람 자신이 그룹 리더가 될 가능성이 있지만, 반드시 되는 것은 아니다. ㉢ 장래 그가 그룹 리더가 되지 않더라도, 그룹 리더가 될 가능성이 있는 사람에게 당신을 인도해 줄 것이다. ㉣ 하고자 하는 의지가 있는 비즈니스 타입으로, 서포트해서 되도록 빨리 프론트 라인을 5명 정도 스폰서해 주지 않으면, 좌절하고 디스트리뷰터 자격을 취소하든가, 유지하더라도 네트워크 마케팅은 어려운 것이라고 생각해서 타입 B나 타입 C로 옮겨가 버릴지도 모른다. 이상이 타입 A의 특징이다.

3) 그룹 리더를 찾는 방법

디스트리뷰터가 된 초기부터 그룹 리더의 조건을 가르치지 않으면, 아무도 그룹 리더가 되지 않을 것이다. 따라서 그룹 리더를 찾는 최초 조건은, 당신 그룹에 들어온 모든 디스트리뷰터(타입 A와 타입 B)에게 그룹 리더가 되는 조건을 가르쳐 주는 것이다. 그러나 조건을 가르쳐 줘도 모든 사람이 그룹 리더가 되는 것은 아니다.

그러면 어떤 사람이 그룹 리더가 될 가능성이 가장 많을까? 그렇다. 타입 A다. 그룹 리더를 찾는 포인트는 신속하게 행동하는 것이다. 왜냐하면 뉴 디스트리뷰터의 수명은 짧기 때문이다. 그러기 위해서는 되도록 빨리 뉴 디스트리뷰터에게 프론트라인 디스트리뷰터를 5명 정도 스폰서해 주고 그룹 리더가 될 이유를 만들어 주자. 왜냐하면 아무리 의욕이 넘쳐서 디스트리뷰터가 된 사람이라도, 몇 개월이 지나도록 한 명도 스폰서하지 못하면, 당신이나 사업, 그리고 자신에 대한 자신감을 잃어버리기 때문이다.

그룹 리더를 찾는 방법을 정리해 보면, 먼저 스폰서 활동을 해서 프론트라인 디스트리뷰터를 스폰서하고 그룹 리더의 조건을 가르친다. 6~12개월 동안에 프론트를 15~20명 스폰서하는 것이 이상적이다. 그렇게 하면 적어도 3명 정도의 타입 A 디스트리뷰터가 나온다.

다음으로, 타입 A 디스트리뷰터에게 네임 리스트를 작성하게 하고 홈 미팅을 최저 두 번 열어 준다. 그리고 되도록 빨리 프론트라인을 5명 정도 스폰서해 준다. 그 5명에게 그룹 리더의 조건을 가르치면 적어도 한 명의 타입 A가 나온다. 그리고 새롭게 발견한 타입 A에게 네임 리스트를 만들게 하고, 그에게 홈 미팅을 두 번 열어 주고 프론트를 5명 스폰서해 준다. 이로써 그룹이 2단계 밑으로 구축된다.

이 과정을 반복해서 하나의 그룹을 10단계까지 확장시킨다. 이 단계에서는 아직 누가 언제 그룹 리더가 될지 알 수 없다. 그러나 그룹이 10단계 구축된 단계에서 그룹을 밑에서 올려다보면 누가 그룹 리더인지 확실해질 것이다. 그 그룹에 존재하는 그룹 리더는 한 사람, 혹은 여러 명일지도 모른다. 그러나 하나의 그룹을 10단계 확장시키면, 거기에 적어도 한 명의 그룹 리더가 존재함을 알 수 있다.

4) 그룹을 종적으로 확장하는 3가지 포인트

그룹을 아래로 구축하는 과정 중에, 중요한 3가지 포인트는 ㉠ 6~12개월 동안에 15~20명을 스폰서하면서 그룹 리더가 될 가능성이 있는 타입 A를 3명 찾아내는 것, 그리고 ㉡ 찾아낸 타입 A를 당신이 서포트해서 가능한 단기간에 한 계열을 10단계까지 구축할 것. 그때까지는 절대로 쉬면 안 된다. 1주일에 1단계를 구축하는 것이 이상적이다. ㉢ 그룹을 구축하려면 기본적으로 '당신 자신'이 리더십을 발휘해야 한다.

그룹을 확장하는 것은, 스폰서한 사람들의 자발적으로 스폰서 활동으로 해 나가는 것이라고 생각하는 경향이 있고, 또 그것이 이상적이지만, 실제로는 좀처럼 그렇게 되지 않는다. 왜냐하면 디스트리뷰터가 된 사람들의 대부분은 첫 몇 개월은 무얼 해야 좋을지 모르는 것이 현실이기 때문이다. 하지만 아무 것도 하지 않고 몇 개월씩 기다리는 것은 디스트리뷰터가 된 사람을 실망시킬 뿐이다. 그래서 그룹을 구축하는 기본은 당신이 리더십을 발휘하는 것이다. 남을 의지하고 있어서는, 당신 그룹을 나무 뿌리처럼 구축하기도 어렵고, 기회를 놓쳐 버리기 때문이다.

5) 그룹을 종적으로 확장하면 그 그룹은 안정된다

왜 사후 관리를 할 때 타입 A 디스트리뷰터를 찾는 것이 중요한가? 프론트는 몇 명을 스폰서해도 비즈니스 타입이 A가 아니면 네임 리스트를 만들 수 없고, 또 홈 미팅도 개최할 수 없으므로 그룹을 나무 뿌리처럼 아래로 확장할 수가 없기 때문이다. 그리고 그룹을 아래로 구축하지 않으면 나무 뿌리처럼 크게 성장하지도 못하고, 안정되지 않는다.

아무리 훌륭한 나무라도 뿌리를 표면에만 내리고 있으면, 강풍이 불면 금방 쓰러져 버린다. 태풍과 같은 강풍에 견딜 수 있으려면 땅 속 깊이 뿌리를 내릴 필요가 있다. 네트워크 마케팅에서 단순히 프론트 라인 수만 늘리는 것은 지표면에만 뿌리를 내린 수목처럼 오랜 기간 비바람에 견디지 못한다.

만약 당신 그룹의 매달 총 매출 규모가 롤러 코스터처럼 달에 따라 크게 변동되고, 좀처럼 다음 랭크로 올라가지 못하는 경우에 가장 먼저 생각할 수 있는 원인은, 그룹을 충분히 아래로 구축하지 않았기 때문이다. 지난달에는 몇 명을 스폰서했고, 누군가가 판매를 해서 실적이 올라갔는데, 이번 달은 누군가가 사업을 그만두거나 제품을 사용하지 않게 되어 매출이 내려갔다. 이것이 되풀이되기 때문이다.

이 문제에 대한 대책은 자기가 스폰서한 사람들을 도와서 그 사람에게 몇 명의 프론트를 스폰서해 주는 것이다. 왜냐하면, 디스트리뷰터가 된지 몇 개월 내에 한 명이라도 스폰서하지 못하면, 언젠가 그는 사업에 대한 확신을 잃고 그만두던가 제품을 사용하지 않게 될 것이기 때문이다.

따라서 당신이 다운 라인 그룹을 서포트해서 그룹을 아래로 확장하지 않는 한, 프론트는 하나 둘씩 그만둘 것이고, 언제까지나 안정된 그룹을 갖지 못한 채 매달 총 매출 규모는 롤러 코스터처럼 상하로 둘쑥날쑥할 것이다.

6) 종적 확장과 수직 구축은 다르다

 그룹을 나무 뿌리처럼 아래로 확장한다고 해서 '우엉'이나 '당근'처럼 곧장 밑으로 파내려 간다는 뜻이 아니다. 대지에 몇 백 년이고 꿋꿋하게 서 있는 나무 뿌리는 몇 천, 몇 만 개의 뿌리가 서로 엉겨서 그 크기가 땅 위에 나와 있는 부분의 몇 배나 된다. 그렇기 때문에 땅 속 깊은 곳에서 양분과 수분을 흡수할 수 있고, 강풍에도 꺾이지 않고 서 있을 수 있는 것이다.

 네트워크 마케팅에서 그룹을 구축하는 방법은 단순히 바로 밑으로 파내려 가는 것이 아니다. 예를 들어 "그룹을 종적으로 확장하라."고 하면, 어떤 디스트리뷰터는 친구 A를 스폰서하고, 그 A에게 그의 친구 B를 스폰서하게 하고, B에게 그의 친구 C를 스폰서하게 하고, C에게 그의 친구 D를 스폰서하게 시킨다. 이처럼 한 사람이 한 사람씩 스폰서하게 되면, 그룹을 10단계로 확장하는 사람이 반드시 나온다. 그러나 그걸로는 그룹을 10단계 확장했다고 할 수 없다.

 그룹을 종적으로 확장하는 비결은, 강물이 표고점에 있는 높은 수원(水源)에서 조금이라도 표고(저항)가 낮은 곳을 골라 '지그재그'로 하류로 흘러가듯이, 가장 저항이 적은 비즈니스 타입인 사람과 함께 스폰서 활동을 해서 그룹을 아래로 확장해 가는 것이다. 이 뜻은 타입 A와 홈 미팅을 개최해서 스폰서 활동을 한다는 의미이다.

 스폰서 활동을 하기 싫어하는 사람에게 홈 미팅을 하라고 시키면 저항이 너무 강해서 하지도 않을뿐더러, 설득하는 데에도 시간이 걸리기 때문이다. 한편 비즈니스 타입인 사람에게 "홈 미팅을 합시다."라고 말하면 아무 저항 없이 행동에 옮길 것이다.

7) 가장 일반적인 잘못의 하나는?

많은 디스트리뷰터들이 범하는 가장 일반적인 잘못의 하나는 자신이 스폰서한 프론트 라인에 너무 많은 시간과 노력을 투자하는 것이다. 일반적으로 자기가 스폰서한 프론트는 가족과 친한 친구 등 자신과 친분 관계에 있는 사람들이 많고, 그들이 성공하기를 바라므로 특별 취급을 하는 것은 충분히 이해할 수 있다.

그러나 가령 당신이 의리상 사인한 친구가 성공하기를 바라는 마음에서 1, 2개월 도왔다고 하자. 그러나 친구는 사업이 하고 싶어서 디스트리뷰터가 된 것이 아니므로 당신이 말하고 있는 의미나 하고자 하는 것을 이해하지 못한다. 그래서 언젠가는 의견 차이나 어떤 원인으로 대화가 통하지 않게 될 가능성이 충분히 있다.

당신은 친구들이 성공하기를 바라므로, "다음 주에 너희 집에서 홈 미팅을 열자."고 제안해도, 당신 친구는 처음부터 네트워크 마케팅을 할 마음이 전혀 없었으므로 "다음 주에는 아이 때문에 바빠서 시간이 안 돼."라는 식의 그럴듯한 이유를 대면서 거절할 것이다. 그리고 매주 "다음 주에 너희 집에서 홈 미팅을 열자."고 제안하면, 이번에는 당신을 '왜 이렇게 끈질겨! 그럴 듯한 말로 날 이용하려는 거지?'라고 생각할지도 모른다. 그렇게 되면, 그 사람과 그 때까지 쌓아 온 건전한 인간 관계를 망칠 가능성이 충분히 있다.

가령 친구와의 건전한 인간 관계를 망쳐 버리면, 친구들은 당신과 거리를 두게 될 것이다. 그 경우, 당연히 그의 가족과 친구들과의 인간 관계도 나빠질 가능성이 충분하다. 그렇게 되면 당신이 그 때까지 친구들에게 투자해 온 시간과 노력은 전부 헛된 것이 되어 버리고, 네트워크 마케팅에 대해서 나쁜 감정을 가진 사람의 숫자가 많아진다.

 타입 A가 아닌 사람들은 당신의 서포트를 필요로 하지 않는다. 그렇다면 누가 '타입 A'인지 빨리 판단해서 당신의 시간과 노력을 타입 A인 사람에게 집중적으로 투자해야 되지 않을까? 그리고 가능한 빨리 그 그룹을 10단계까지 구축해서 '타의 모범이 되는 계열 그룹'을 만드는 것이 가장 중요하다. 그게 네트워크 마케팅을 하고 싶어하지 않는 프론트 라인에 시간과 노력을 쏟아 붓는 것보다 훨씬 건설적이다.

8) 오버라이드를 손에 넣으려면 어느 그룹을 독점해도 좋다

 대부분의 네트워크 마케팅 회사의 사업 계획에서 계열 밑에 있는 디스트리뷰터를 독립시켜 주면, 그 그룹을 육성한 대가로 특별히 보너스를 받을 수 있는 제도가 있다. 그 제도를 '오버라이드'라고 부른다.

 오버라이드 제도는 기업에 따라 그 명칭이 다르다. 예를 들어, 암웨이에서는 「4% 리더십 보너스」, 뉴스킨에서는 「육성 수당」, 그리고 룩소르에서는 「디렉터 오버라이드」라고 부르고 있다.

 이 오버라이드를 얻기 위해서는 당신의 그룹에서 하나의 그룹을 독립시켜야 하는데, 당신 그룹에 속하는 사람이라면 누구를 서포트해서 독립시켜도 상관없다. 또 당신이 서포트해서 독립시킨 사람이 반드시 당신이 개인적으로 스폰서한 프론트 라인 디스트리뷰터이어야 할 필요는 없다.

 만약 당신이 스폰서한 프론트 라인, 예를 들어, 'A'가 당신이 가고 싶은 방향과 반대 방향으로 가고 싶어할 때는 다른 프론트를 스폰서해서 가능한 당신이 가고 싶은 방향으로 가기를 원하는 사람과 일을 하는 것이 좋다.

　만약 프론트라인 'A'가 누군가를 스폰서하고 있을 때는 프론트라인 'A'를 제외하고 'A'가 스폰서한 디스트리뷰터 'B'를 도와도 상관없다. 만약 그 결과, 디스트리뷰터 'B'의 그룹이 커진다면, 'A'의 네트워크 마케팅에 대한 생각도 바뀔지 모른다. 완전히 자신과 반대 방향으로 가고 싶어하는 사람을 자기가 원하는 방향으로 향하게 하려면 오랜 시간과 노력을 필요로 하며, 감정적이 되고, 무엇보다 즐겁지가 않다.

　또, 네트워크 마케팅에 대해서 잘못된 생각을 갖고 있는 사람과 부정적인 이미지를 갖고 있는 사람을 오래 접하다 보면 당신 자신도 동화되어 부정적인 사고에 빠지기 쉽다. 그것은 당신에게 매우 위험한 일이다. 만약 이 사업에서 성공하고 싶다면, 이 사업에서 성공한 사람들과 되도록 오래 접촉하는 것이 필수 조건이다. 그래서 「그룹 리더가 되는 8가지 조건」의 제4조건~제8조건이 생긴 것이다. 이들 조건은 전부, 이왕이면 당신이 성공한 사람과 접하고, 그들이 갖고 있는 사고방식과 가치관, 인생관을 배웠으면 하는 바람에서 만들어진 조건이다.

9) 매일 회사에 출근하는 것은 잃는 것이 있으므로

　당신은 일에서 사는 보람을 느끼는가? 아니면 어쩔 수 없이 일을 하고 있는가? 어느 쪽인지 모르는 사람은 이번 일요일 밤, 내일 회사에 가서 일을 할 수 있음을 즐거워하면서 이불 속에 들어가는지를 생각해 보길 바란다. 그리고 월요일에 항상 기운차게 출근하고 있는가? 만약 '예스'라면, 당신이 일에 보람을 느끼고 있다는 증거다. 그러나 '노'라면 뭔가 스트레스를 느끼고 있다는 증거이다.

많은 사람들은 자기가 하고 있는 일을 하고 싶어서 그 회사에 취직했을 것이다. 그러나 좋아하는 일이라도 할당량이 있거나 자신이 한 일이 정당하게 평가받지 못했거나, 그 일에 생활이 걸려 있으면, 일에서 스트레스를 느끼게 된다.

하지만 왜 사람들은 스트레스가 쌓이는데도 매일 회사에 출근할까? 만약 스트레스를 느낀다면 출근을 하지 않으면 될 텐데. 그것은, 출근하지 않으면 잃는 것이 있기 때문이다. 그것이 무엇일까? '월급'이다. 회사를 쉬면, 월급을 받을 수 없게 되므로 스트레스를 받으면서도 매일 매일 회사에 출근하는 것이다.

이 이야기가 네트워크 마케팅과 무슨 관계가 있을까? 디스트리뷰터가 되어도 한 명도 스폰서하지 않은 사람은 쉽게 디스트리뷰터 자격을 취소한다. 왜냐하면 취소를 해도 아무 것도 잃지 않기 때문이다. 그러나 당신이 그 사람에게 프론트라인을 5명 정도 스폰서해 주고, 조금이라도 보너스를 받을 수 있게 해주면, 그렇게 쉽게 자격을 취소하지 않을 것이다. 왜냐하면, 취소하면 잃어버리는 게 있으므로.

그래서 신규 디스트리뷰터에게는 가능한 빨리 프론트를 5명 스폰서해 주는 것이다.

10) 왜 리더를 3명 찾는가?

미국에서는 부부 단위로 네트워크 마케팅을 하는 것이 일반적이라서 디스트리뷰터를 '한 사람'이라고 말하기보다 '팀'이라고 부르는 것이 일반적이다. 이 책에서는 디스트리뷰터를 '한 사람'이라고 부르지만, '팀'으로 바꿔서 생각해도 괜찮다.

네트워크 마케팅에서 크게 성공하려면, 왜 6~12개월 동안 프론트라인 디스트리뷰터를 15~20명(팀) 스폰서해야 하는 걸까? 많은 성공한 사람의 경험에서 '만약 스폰서한 사람에게 그룹 리더의 조건을 가르치면.', 당신이 스폰서한 디스트리뷰터 중에서 약 30%가 '타입 A 디스트리뷰터'가 됨이 판명됐기 때문이다.

당신이 그들을 서포트해서 그 그룹을 10단계 아래로 확장하면, 최종적으로는 그가 '그룹 리더'가 되거나, 당신을 '그룹 리더'로 이끌어 줄 것이다.

이것은, 가령 6개월 동안 프론트를 20명(팀) 스폰서해서 그룹 리더의 조건을 가르치고 그룹을 10단계 종적으로 확장하면 최종적으로 약 6명의 그룹 리더를 발견할 가능성이 있다는 말이다. 그 6명 중에서 3명은 비교적 빠른 시기에 그룹 리더가 될 가능성이 있는 디스트리뷰터, 나머지 3명은 다른 사람에게 자극을 받아서 나중에 그룹 리더가 될 가능성이 있는 디스트리뷰터이다.

그러나 솔직히 어떤 디스트리뷰터가 언제 그룹 리더가 될지는 아무도 모르는 일이다. 어떤 사람은 바로 되고, 어떤 사람은 몇 년이 지나서 되는 사람도 있기 때문이다.

그러면 왜 그룹 리더를 3명 찾아야 하는 걸까? 왜 그룹 리더를 3명 이상, 예를 들어 10명이나 20명 찾지 않는 걸까? 또는 3명 이하, 예를 들어 1명만 찾아서 집중적으로 도우면 안 되는 걸까.

첫 번째 이유는, 만약 당신이 본업을 하면서 부수적인 사업으로 네트워크 마케팅을 한다면, 시간적·체력적으로 3명의 디스트리뷰터를 돕는 것이 최선이기 때문이다. 한 번에 10명, 20명을 동시에 도우려고 하면, 결국 어떤 그룹도 돕지 못하는 결과가 발생한다. 성공한 사람 중에는 도와줘야 할 그룹 리더의 수가 5명이 적당하다고 말하는 사람도 있다. 한꺼번에 5명을 돕는다는 것은, 회사나 사업 경험 또는 네트워크 마케팅을 본업으로 하는 사람에게는 가능할 것이다. 그러나 중요한 것은, 어떤 사항을 '비즈니스 원칙'에 도입하려면, 소수의 사람이 할 수 있는 것이 아닌, 모든 사람들이 할 수 있는 것이어야 한다. 그렇게 볼 때, 본업이 따로 있으면서 부수적으로 네트워크 마케팅을 하려는 사람에게는 3명까지가 적당하다.

둘째, 적어도 3명(팀)의 디스트리뷰터를 도와서 3개의 그룹을 거의 동시에 독립시키면, 하나의 그룹을 독립시킨 경우보다 다양한 특전과 보너스를 받을 수 있기 때문이다. 또, 성공한 사람의 경험에서 하나의 그룹을 독립시키는 것이나 3개의 그룹을 독립시키는 것이나, 에너지 소비로 걸리는 시간은 거의 같음을 알게 되었다. 같은 시간과 노력을 써서 사업을 할 바에는 한 그룹을 독립시키기보다는 3개의 그룹을 도와서 동시에 독립시키는 쪽이 나을 것이다.

셋째, 네트워크 내에 급성장하고 있는 3개의 그룹이 있으면 좋은 의미에서의 경쟁이 발생한다. 그 에너지에 자극 받아 '타입 B'였던 사람이 '타입 A'가 되기 때문이다.

성공한 사람의 경험에 따르면, 6~12개월 이내에 15~20명의 프론트라인을 스폰서하면, 그 중에서 3명의 '타입 A' 디스트리뷰터가 나온다. 그 3명의 '타입 A'가 본격적으로 사업을 하고 네트워크를 크게 키우면, 거기에 자극 받아 적어도 3명의 '타입 B' 디스트리뷰터가 '타입 A'가 되고 스폰서 활동을 중심으로 본격적으로 사업을 하게 된다. 최초의 3개의 그룹이 당신에게서 독립할 무렵에는 그들의 네트워크도 꽤 크게 성장할 것이다. 따라서 최초의 3개의 그룹이 독립을 해도, 당신의 개인 그룹의 매출 규모는 어려움 없이 오버라이드 보너스를 받을 수 있는 조건을 갖출 수 있을 것이다.

일반적으로 어떤 일정 수준의 매출 규모를 유지하지 않으면, 오버라이드 보너스는 받을 수가 없다.

이런 이유 때문에 처음부터 3명의 그룹 리더를 찾고, 그 3명을 도와서 네트워크 마케팅을 하는 것이 타당한 것이다.

미국의 사관학교에서는 한 사람이 5명의 부하를 관리하는 지도 방법을 채택하고 있다. 즉 한 인간이 상황을 정확하게 판단하고 지도할 수 있는 부하의 수는 기껏해야 5명이 한계이며, 그 이상이 되면 충분한 관리를 할 수 없기 때문이다. 그래서 본업을 따로 하면서 네트워크 마케팅을 하려 한다면 3명을 돕는 것이 적당하다.

11) 타입 A 디스트리뷰터를 찾으면서 그룹을 종적으로 확장한다

반드시 6~12개월 동안 15~20명의 프론트를 스폰서해야만 3명의 타입 A 디스트리뷰터를 발견할 수 있는 것은 아니다. '타입 A 디스트리뷰터'는 당신이 처음 스폰서한 사람일 수도 있고, 7번째에 스폰서한 사람일 수도 있다. 혹은 10번째, 15번째, 그리고 20번째로 스폰서한 사람일지도 모른다. 이것은 에이스가 3장 들어가 있는 20장의 카드를 잘 섞은 뒤에 한 장씩 뒤집는 것과 똑같다. 어느 카드가 에이스인가는 뒤집어 보지 않으면 알 수가 없다.

중요한 포인트는, 당신이 20명을 스폰서하고 나서 그룹 전체를 돌아보고 3명의 타입 A 디스트리뷰터를 찾는 것이 아니라, 항상 누군가가 '타입 A'인지 찾으면서 스폰서 활동을 하는 것이다. 어째서일까? 왜냐하면, 항상 타입 A를 찾지 않으면, 그가 눈앞에 있어도 깨닫지 못하기 때문이다.

다음과 같은 질문을 하는 회사 상사는 없겠지만, 다음의 스토리는 내가 말하고자 하는 것을 잘 설명하고 있다.

어느 날 당신은 회사 상사에게 "오늘 당신은 회사에 오는 도중에 몇 대의 차와 스쳐 지나왔습니까?"라고 질문을 받았다. 만약 당신이 정직한 사람이라서 적당히 둘러대지 못한다면, "몇 대가 지나쳐 갔는지 한 번도 세어 보지 않았기 때문에 짐작도 안 갑니다. 내일 출근할 때 세어 보겠습니다."라고 대답할 수밖에 없을 것이다. 그리고 다음날, 당신은 출근하는 길에 지나쳐 가는 차의 수를 세어서 상사에게 "오늘은 567대의 차가 지나쳐 갔습니다."라고 보고했다. 그러자 이번에는 상사가 "그렇습니까? 그런데 그 중에서 빨간 차는 몇 대가 있었습니까?"라고 물어 봤다. 당신은 과연 그 질문에 대답할 수 있을까? 아마 이번에도 짐작도 가지 않을 것이다.

이 이야기를 통해서 하고 싶은 말은, 처음에 당신은 지나가는 차를 세어 볼 생각을 안 했으므로 몇 대인지 세지 않았고, 질문을 받았어도 짐작도 가지 않았다. 또 다음에는 세어 봤지만, 빨간 차가 몇 대 포함됐는지 주의 깊게 보지 않았기 때문에 그것에 대한 질문을 받았을 때, 대답을 못한 것이다.

네트워크 마케팅에서도 마찬가지로, 당신이 스폰서한 사람들에게 「그룹 리더의 조건」을 가르치지 않으면, 아무도 그룹 리더가 되지 않는다. 그리고 당신이 그룹 리더를 찾으려고 하지 않으면, 그가 눈앞에 있어도 깨닫지 못한다. 그래서 처음부터 그룹 리더를 찾으면서 사업을 하는 것이 중요하다.

12) 한 계열을 가능한 짧은 기간에 10단계 구축하는 방법

만약 당신이 운 좋게 '타입 A' 디스트리뷰터(이하 타입 A)를 발견했다고 하자. 예를 들어 5번째로 스폰서한 사람이라고 하자. 여기에서는 그를 'a'라고 부르기로 한다.

우선 가장 먼저 할 일은, 당신의 스폰서와 협력해서 'a'를 서포트하고 홈 미팅을 최저 2회 열어 준다. 이 때는 당신의 프로스펙터를 'a'의 홈 미팅에 초대하자. 그리고 'a'에게 되도록 단기간에 프론트 라인 디스트리뷰터(이하 프론트)를 5명 스폰서해 준다. 만약 'a'에게 프론트를 5명 스폰서해 주면, 최저 한 명의 타입 A를 발견할 수 있을 것이다.

'a'의 프론트 중에서 찾아낸 '타입 A'를 여기에서는 'b'라고 부르겠다. 이번에는 당신과 당신의 스폰서, 그리고 'a' 3명이 'b'를 서포트하고 홈 미팅을 두 번 열어 준다. 이 때는 당신과 'a'의 프로스펙터를 'b'의 홈 미팅에 초대하자. 그렇게 하면 'b'는 프론트를 5명 정도는 스폰서할 수 있을 것이다.

프론트를 5명 스폰서하면, 그 중에서 최저 한 명은 '타입 A'가 될 사람이 나오므로, 여기에서는 새롭게 '타입 A'가 된 사람을 'c'로 부르기로 한다. 이번에는 당신, 당신의 스폰서 'a', 그리고 'b' 4명이 협력해서 'c'를 서포트하고 홈 미팅을 두 번 열어 준다. 이 때는 당신과 'a'와 'b'의 프로스펙터를 'c'의 홈 미팅에 초대하자. 그렇게 하면 프론트를 5명 정도 스폰서할 수 있을 것이다.

여기에서는 새롭게 찾은 '타입 A'를 'd'라고 부르겠다. 그리고 당신은 당신의 스폰서, 'a', 'b', 'c'와 당신, 이렇게 5명이 협력해서 'd'를 도와서 홈 미팅을 두 번 개최하고 프론트를 5명 스폰서해 준다. 이 경우, 각각의 사람들의 프로스펙터를 'd'의 홈 미팅에 초대하자. 그렇게 하면, 몇십 명이 참가하는 홈 미팅을 개최할 수 있으며, 굉장한 성과를 기대할 수 있다.

이와 같은 과정을 몇 번 반복해서 한 계열을 되도록 단기간에

10단계에 이를 때까지 종적으로 확장해 간다. 성공한 사람들에 따르면, 1주일에 한 단계씩 구축해 가는 것이 이상적이라고 한다. 만약 이 페이스로 사업을 한다면, 9주일만에 한 계열을 10단계 아래까지 구축하는 것이 가능하다. 만약 한 계열이 아니라 세 계열을 동시에 한다면, 반 년 만에 세 계열을 독립시킬 수가 있다. 처음에는 잘되지 않기 때문에 그 두 배의 시간이 걸려도, 1년에 세 계열을 독립시키는 것이 가능하다. 이것은 결코 불가능한 일이 아니다.

13) 언제 그룹을 종적으로 확장시킬 것인가?

그룹 리더를 찾는 방법과 그룹을 종적으로 구축하는 3가지 포인트, 한 계열을 되도록 짧은 기간에 10단계 아래로 구축하는 방법 등은 이해했으리라 생각한다. 문제는 언제 그룹을 가로로 넓히고, 언제 세로로 확장해야 하는가이다. 그것을 알려주는 숫자적인 기준이 있는가? 존재한다.

일반적으로 당신이 받고 있는 보너스의 60%의 행방을 살펴보면, 그룹을 세로로 넓힐 것인가, 가로로 넓힐 것인가의 기준이 생긴다. 즉 당신이 받는 보너스의 60% 이상이 다운라인으로 흘러가는 경우에는 그룹을 가로로 넓혀야 함을 암시하는 것이다.

또 하나의 기준은 매달 그룹의 총 매출 규모의 변동이다. 만약 매달 매상이 크게 변동할 경우는 그룹이 안정되지 않았다는 증거이므로, 그룹을 세로로 구축해야 됨을 암시하는 것이다.

이처럼 그룹의 횡적 확장은 당신이 얻는 '이익'을, 그리고 종적 확장은 그룹의 '안정성'에 커다란 영향을 준다.

12. 제7원칙 : 매출 규모 (그룹의 총 매출을 증가시킨다)

1) 그룹에 제품을 유통시키지 않으면 아무도 수입을 얻을 수 없다

제7원칙은 그룹 전체의 매출 규모를 증가시키는 방법에 관한 내용이다.

여러분은 이 항목이 언제쯤이나 나올까 하고 기다리지 않았는지? 네트워크 마케팅 중에서도 어떤 사업을 해서 수입을 올릴 것인가는, 제품을 유통시켜서 '매출 규모'를 증가시켜야 되기 때문이다. 당신이 아무리 큰 네트워크를 만들어도, 그룹 내에 제품을 유통시키지 않으면 매출액은 제로이고, 그룹의 아무도 수입을 올리지 못할 것이다. 수입을 올리려면 네트워크 내에 제품을 유통시켜서 그룹의 매출 규모를 증가시켜야 한다.

"그룹 매출 규모를 증가시킨다.", 이 말을 들으면 '세일즈'나 '판매'를 해야 된다고 생각하는 경향이 있는데, 네트워크 마케팅에서는 어떤 방법으로 매출 규모를 증가시키는가? 그 방법을 조사해 보면, 디스트리뷰터들은 특별한 일을 해서 매출 규모를 올리는 것이 아님을 알게 된다.

그러면 네트워크 마케팅을 하고 있는 디스트리뷰터들은 어떤 방법으로 매출을 올리는가? 그 방법을 설명하기 전에 네트워크 마케팅으로 크게 성장한 기업의 대다수가 취급하고 있는 제품은 '팔 목적이 아니라 사용할 목적'으로 만들고 있음을 이해하고 있어야 한다.

네트워크 마케팅에서 장기적으로 안정된 매출액을 올리는 방법은 ⓐ 스스로 제품을 사용한다, ⓑ 고객을 최저 15명 확보한다(소매 활동)의 2가지 방법이 있다. 단가가 높은 제품을 선택해서 판매를 하면 단기적으로는 큰 수입을 올리겠지만, 항상 새로운 소비자를 찾아야 하므로 오래 지속할 수가 없다. 이 방법은 추천할 수 없으므로, 여기에서는 설명하지 않기로 한다.

매출 규모를 더욱 늘리고 싶다면, 최저 1주일에 한 번 스폰서 활동을 한다. 스폰서 활동을 해서 몇 명의 그룹이 되면, 그룹 사람들에게도 당신이 하듯이 ⓐ 그들에게도 제품을 사용하게 한다, ⓑ 그들에게도 고객을 최저 15명 갖게 한다, ⓒ 그들에게도 스폰서 활동을 하게 하면, 매출 규모가 두 배, 세 배로 증가된다. 보다 많은 사람들을 스폰서 하면 할수록 매출 규모는 증가한다.

네트워크 마케팅에서 매출 규모를 증가시키는 방법은, 「그룹 리더가 되는 8가지 조건」의 제1~제3조건을 실행하는 것 말고는 없다. 이제 그러한 조건들이 어떻게 사업에 관여하고 있는지를 알아보도록 하자.

네트워크 마케팅에서 매출 규모를 증가시키려면 가장 먼저 당신 스스로가 「그룹 리더가 되는 8가지 조건」의 제1, 제2, 제3 조건을 실행해야 한다.

새롭게 디스트리뷰터가 된 사람들에게는 먼저 '제1조건', 지금 쓰고 있는 생필품을 가능한 자사 제품으로 바꾸도록 한다. 자연스럽게 바꾸게 하려면, 상품을 실제로 보여주고, ㉠ 자사 제품이 타사 제품보다 우수하다는 것, ㉡ 제품의 올바른 사용법을 이해시켜야 한다.

2) 디스트리뷰터에게 자사 제품을 사용하게 할 목적으로 상품 설명을 한다

네트워크 마케팅에서는, 상품 설명은 판매를 위한 것이 아니라 디스트리뷰터가 된 사람에게 자사 제품의 사용법과 우수성을 알려주려는 목적으로 한다. 왜냐하면, 새로이 디스트리뷰터가 된 사람들에게 판매 방법을 가르치는 것보다는 제품을 사용하게 하는 편이 간단하기 때문이다.

상품 설명은 어떤 단계에서 하는 걸까? 미국의 네트워크 마케팅에서는 상품 설명을 사후 관리 때 한다. 지금부터 상품 설명이 사업에서 어떻게 이용되고 있는지를 설명하겠다(주 : 회사에 따라 하는 방법이 다르므로, 자세한 것은 당신의 스폰서 또는 업라인에게 물어보고 지시에 따라 주길 바란다).

사후 관리를 할 때, 프로스펙터가 타입 A, B, 그리고 C 중에서 어디에 속하는지를 분류하는 것은 앞에서도 설명했다.

타입 A는 비즈니스 타입에서 스폰서 활동을 중심으로 네트워크를 크게 해 가는 타입이다. 이 타입의 사람에게는 그 사람이 지금 사용하고 있는 생필품을 되도록 많이, 최종적으로는 100% 자사 제품으로 바꾸게 할 목적으로 상품 설명을 한다. 타입 A는 적어도 「그룹 리더의 조건」 중에서 제1~제3 조건을 전부 갖추고 있는 디스트리뷰터이다.

타입 B는, 디스트리뷰터는 되지만 스폰서 활동에는 소극적으로, 주로 제품을 자가 소비하는 타입이다. 이 타입의 사람들에게는 주로 자사 제품의 근사함과 사용법을 설명하고, 되도록 많은 수의 제품을 사용하게 할 목적으로 상품 설명을 한다. 타입 B 사람은 「그룹 리더의 제2조건」의 '일주일에 1회, 사업 계획을 보여준다'는 실행하지 않지만, 많건 적건 제1과 제3조건을 갖추고 있는 디스트리뷰터이다.

그리고 타입 C 사람은, 디스트리뷰터는 되지 않지만 당신의 고객이 되어 줄 사람들이다. 이 타입의 사람들에게는 가능한 많은 제품을 쓰게 할 목적으로 상품 설명을 한다.

이처럼 상품 설명의 본래 목적은 이웃 사람들을 모아서 제품을 판매하는 것이 아니라, 디스트리뷰터가 되지 않는 C타입 사람에게는 제품의 품질이 좋다는 것을 알리고, 되도록 고객으로 만들기 위한 목적으로 상품 설명을 한다. 또 디스트리뷰터가 된 사람에게는 자사 제품의 훌륭함과 사용법을 알려주고, 되도록 많은 자사 제품을 사용하게 하고, 한 사람이라도 많은 사람에게 자사 제품의 100% 사용자가 되게 할 목적으로 상품 설명을 한다.

3) 연간 총 매출액의 80% 이상은 디스트리뷰터에 의해 소비된다

이처럼 상품 설명은 홈 미팅에서가 아니라 사후 관리 때 자사 제품의 훌륭함을 알게 할 목적으로 한다. 언뜻 상품 설명은 스폰서 활동과 판매 활동, 양쪽에서 쓰는 것 같지만, 상품 설명의 '본래' 목적은 디스트리뷰터들과 고객이 될 가능성이 있는 사람들에게 제품의 품질과 사용법을 알리기 위함이다.

그러면 왜 상품 설명은 판매의 수단으로 가르치지 않고 제품을 사용하게 할 목적으로 해야 하는가? 그 이유는 아래와 같다.

네트워크 마케팅이 미국에서 시작된 초기에 제품은 주로 판매할 목적으로 만들어졌다. 그러나 전 세계에 자회사를 갖고 사업을 전개하고 있는 네트워크 마케팅 회사의 연간 총 매상의 내역을 조사한 결과, 총 매상의 80% 이상이 디스트리뷰터 자신이 자가 소비한 결과임이 최근에서야 밝혀졌다. 그 주된 이유는 아무리 디스트리뷰터가 되었어도 지금까지 주부나 샐러리맨이었던 사람들이 곧장 제품을 판매하는 것은 쉬운 일이 아니기 때문이다. 그러나 제품을 사용하는 것은 누구나 오늘부터라도 쉽게 할 수 있다.

그래서 상품 설명의 주된 목적은 디스트리뷰터가 직접 제품을 쓰게 하는 것이다. 네트워크 마케팅에서는 '디스트리뷰터=소비자'라는 것을 잊어서는 안 된다.

4) 연간 매출 규모 증가 이유는 디스트리뷰터 수가 순조롭게 늘어난 결과
암웨이와 뉴스킨 등의 네트워크 마케팅 회사는 매년 연 매출 규모가 증가하고 있다. 그 이유가 디스트리뷰터 개개인의 세일즈 방식이 좋아지고 한 사람이 몇 백 만원의 제품을 판매하기 때문일까?

결론부터 말하면, 디스트리뷰터 개개인이 판매를 잘해서 매년 매상이 신장한 것이 아니다. 그들 기업의 연간 매출액이 증가한 것은 디스트리뷰터 수가 순조롭게 늘어난 결과이다. 왜냐하면, 전형적인 네트워크 마케팅을 전개하고 있는 기업의 연간 매출 규모의 80% 이상이 디스트리뷰터 자신에 의해 소비된 결과이기 때문이다.

당신이 관여하고 있는 기업이 공표하는 연간 총 매출 규모가 1조 원인 경우, 그것의 약 80%에 해당하는 8,000억원 이상이 디스트리뷰터에 의해 소비된 셈이다. 판매에 따른 매출액은 불과 2,000억원에 지나지 않는다.

이 예와 같이, 네트워크 마케팅에 있어서 그룹 전체의 매상고를 늘리는 포인트는 스폰서 활동을 해서 디스트리뷰터의 수를 늘리고, 상품 설명을 하며, 되도록 많은 디스트리뷰터에게 되도록 많은 제품을 쓰게 하는 것이다. 그래서 디스트리뷰터가 된 여성이 제품의 좋은 점과 사용법을 설명할 목적으로 요리 교실과 미용 관리실 등을 여는 것은 좋은 아이디어이다.

이 예는 회사가 화장품과 부엌 용품을 취급할 경우의 이야기다. 그러나 판매 목적으로 이웃 사람들과 친구들을 초대해서 요리 교실과 미용 관리실 등을 열고 제품을 판매하는 것은 그다지 권할 만한 일이 아니다.

5) 매출 규모를 증가시키는 키포인트는 '액세스'

그러나 상품을 실제로 보고 설명을 들은 결과 제품이 훌륭함을 알았어도, 디스트리뷰터가 된 사람들이 손쉽게 원하는 제품을 갖지 못한다면 아무도 제품을 사용하려는 의욕이 생기지 않을 것이다. 그래서 제품을 원할 때 디스트리뷰터가 손쉽게 제품을 구할 수 있게 해야 된다. 즉 번거로운 절차 없이 제품을 구할 수 있게 해줘야 하는 것이다.

아무리 제품이 근사하고 써 보고 싶어도 구입 절차가 번거롭거나 주문해도 1주일 뒤에나 물건을 받으면 아무도 제품을 쓰지 않을 것이다. 따라서 디스트리뷰터가 된지 얼마 안 되는 사람에게는 제품 주문 방법을 같이 해 보면서 가르쳐 주거나, 그 사람을 대신해서 제품을 사 주거나, 전화 주문 수속을 해주거나, 여러 가지 편의를 봐줘야 한다.

네트워크 마케팅에서는 재고를 안고 있을 것을 강요하지 않지만, 많은 수입을 얻고 싶으면 빈번하게 주문이 들어오는 제품 같은 경우는 주문을 받는 대로 배달할 수 있도록 어느 정도의 재고를 갖고 있는 것이 필요하다. 그렇게 하지 않으면 소비자는 타사 제품을 가까운 슈퍼에서 살 테니까 말이다. 이것은 당신을 통해서 제품을 구입하는 다운라인 디스트리뷰터도 예외는 아니다. 이처럼 그룹 전체의 매출 규모를 증가시키려면, 제품을 원할 때, 누구나 쉽게

성공으로 이끄는 10가지 원칙

구입할 수 있는 것이 키 포인트이다.

6) 작은 수라도 많이 모이면 큰 숫자가 된다

네트워크 마케팅에서 매출 규모를 늘리는 기본은, 디스트리뷰터 개인을 자사 제품의 사용자로 만들고, 가능한 많은 고객을 확보하게 하는 것이다. 이런 간단한 것을 할뿐인데도, 디스트리뷰터 한 명의 한달 매출액은 몇 십 만원이 될 것이다.

당신 그룹이 아직 작을 때는 그룹원들이 100% 자사 제품의 사용자이고 고객을 15명 보유하고 있어도, 한 달 매출액은 몇 천 만원이 되지 않을 것이다. 그러나 랭크가 올라가고 그룹 내에 몇 천 명의 디스트리뷰터가 존재하게 되면, 개개인이 제품을 몇 십 만원밖에 사용하지 않아도 한 달 매상은 몇 억이 된다. 작은 수라도 많이 모이면 큰 숫자가 되는 것이다.

7) 연간 총 매출 규모를 증가시키려면 디스트리뷰터의 수를 증가시켜라

네트워크 마케팅의 개척자이자 현재 가장 성공한 것은 암웨이이다. 그런 암웨이가 40년 가까이 모은 통계에서 디스트리뷰터 한 사람의 한달 매출액은 약 100달러였다. 물론 한 달에 200달러나 1,000달러의 매상을 올리는 디스트리뷰터도 있을 것이며, 제로인 사람도 있을 것이다. 그러나 1년간 총 매출액을 그 해의 모든 디스트리뷰터 수로 나누면, 한 사람의 한달 평균 매출액은 약 100달러이다. 이 숫자는 제품 수가 9품목일 때나, 7,000품목 이상인 지금도 마찬가지로, 40년 가까이 변함이 없다. 이 숫자는 일본의 경우도 마찬가지일까?

암웨이로 성공한 나카지마 카오루 씨의 그룹에는 약 40만 명의 디스트리뷰터가 있다고 한다. 그리고 그의 그룹의 연 매출 규모는 약 9,000억원이라고 한다. 이 숫자에서 디스트리뷰터 한 사람이 얼만큼의 제품을 유통시키고 있는가를 계산해 보면, 한 달에 약 20만원의 제품을 유통시키고 있는 셈이다.

통계를 보다 상세히 조사해 보면, 디스트리뷰터 개개인의 한 달 매출액은 암웨이가 사업을 하고 있는 국가나 지역이 달라도 거의 일정하다는 것, 그리고 한 달 매출액은 제품 수에 관계없이 디스트리뷰터 수의 증가에 비례해서 올라감을 알았다.

암웨이가 과거의 귀중한 경험에서 얻은 매출 규모를 증가시키는 가장 간단하고도 확실한 방법은, 해외에 진출해서 디스트리뷰터 수를 증가시키는 것이었다. 왜냐하면, 해외에는 네트워크 마케팅을 필요로 하는 사람들이 많이 있기 때문이다. 미국 내에 있는 '나는 네트워크 마케팅을 할 필요가 없어!'라고 생각하는 사람들을 설득하는 것보다, 해외로 진출해서 사업 기회를 필요로 하는 사람들을 찾는 쪽이 손쉽고, 그런 편이 암웨이의 기업 이념 '내 힘으로 성공하고 싶어하는 사람들에게 그 수단을 제공하고 싶다.'에 부합되기 때문이다. 네트워크 마케팅의 가능성을 모르는 사람들에게 '왜, 네트워크 마케팅을 할 필요가 있는가'를 이해시키려고 설득하기보다, 처음부터 사업 기회를 필요로 하는 사람들을 찾는 것이 간단하고 보람도 있다.

위에서 말한 암웨이의 통계가 네트워크 마케팅을 하고 있는 디스트리뷰터에게 가르쳐 주고 있는 것은, 그룹의 한 달 매출 규모를 3배로 늘리는 가장 간단하면서도 확실한 방법이 그룹의 디스트리뷰터 수를 3배로 늘리는 것이다.

왜냐하면, 매출 규모를 3배로 늘리고 싶어도 판매를 하기 싫어하는 사람에게 "제품을 지금의 3배로 파시오."라고 말하면, 몇 개월은 실행할지 모르나 장기적으로 유지하는 것은 무리이기 때문이다. 그렇다면 네트워크 마케팅의 가능성을 조금이라도 이해하고 있는 사람을 스폰서해서 디스트리뷰터를 3배로 늘려, "네트워크 마케팅에서 중요한 것은 지금 자신이 쓰고 있는 생필품을 전부 자사 제품으로 바꾸는 것입니다."라고 자사 제품의 100% 사용자가 되어야 하는 중요성을 가르치는 것이, 더 쉬우면서 확실하게 연간 총 매출 규모를 늘리는 방법이 된다.

8) 판매보다는 제품을 사용하게 하는 편이 간단하다

성공한 사람의 오랜 경험에서 알게 된 것은, 많은 사람을 스폰서하면 다양한 타입이 나온다는 것이다. 가령 ⓐ 제품 판매를 잘하는 사람, ⓑ 제품 판매에 어려움을 느끼는 사람이다.

그리고 당신이 아무리 ⓐ인 사람들에게 판매보다 스폰서 활동에 중점을 두라고 충고해도, 또 ⓑ인 사람에게 제품을 팔 것을 어드바이스 해도, 결과는 처음부터 눈에 보인다. 판매가 싫은 사람을 판매하기 좋아하는 사람으로 바꾸는 것은 쉬운 일이 아니다. 왜냐하면, 판매 활동이나 스폰서 활동은 그 사람의 개성과 그가 자라 온 환경에 크게 좌우되기 때문이다.

따라서 당신이 스폰서한 10명에게 아무리 제품 판매 방법을 가르쳐도 10명 전원이 '세일즈맨'이 된다는 보장이 없다. 그러나 10명에게 실제 상품을 보여 주고 제품의 장점을 알려 주고 '자사 제품의 사용자'로 만드는 것은 10명을 세일즈맨으로 만드는 것보다 훨씬 간단하다. 그래서 네트워크 마케팅은 제품을 팔고 다니는 사업이 아니라, 제품을 사용하는 사업이라고 하는 것이다.

9) 왜 어떤 사람은 성공하고 어떤 사람은 성공하지 못하는가?

네트워크 마케팅에서 매출 규모를 높이는 방법은 ⓐ 100% 자사 제품의 사용자가 된다, ⓑ 최저 15명의 고객을 확보한다, ⓒ 최저 1주일에 1회, 사업 계획을 보여주는 것이다. 그리고 상품 설명은 디스트리뷰터가 된 사람들을 자사 제품의 사용자로 만들기 위해, 디스트리뷰터가 안 된 사람들은 고객으로 만들기 위한 목적으로 한다.

그러나 어떤 제품을 어떤 방법을 써서 설명할 것인가는 규격화되어 있지 않다. 그 밖의 원칙, 예를 들어, '예약 방법', '미팅 방법', '사후 관리 방법' 등의 방식은 거의 규격화되어서, 당신의 아이디어와 생각을 수용할 여지가 거의 없다. 유일하게 이 제7원칙만이 당신의 아이디어와 독창성을 발휘할 수 있는 부분이다. 따라서 상품 설명법은 당신의 아이디어를 추가해서 여러 가지 방법으로 해 볼 수가 있다. 예를 들어 주된 제품 라인이 있으면, 그 제품 라인에서 전문가가 되고 그 제품을 전문적으로 설명해도 상관없다.

디스트리뷰터인 여러분은 '같은 사업을 하고 있는데 왜 어떤 사람은 단기간에 성공하고, 어떤 사람은 못하는가?'라고 의아하게 생각할지도 모른다. 매달 상당수의 사람들이 여러 회사의 디스트리뷰터가 되고 있지만, 그 중의 몇 %가 성공할까? 네트워크 마케팅은 타인과 경쟁하는 사업이 아니므로 몇 명이 성공해도 상관이 없지만, 왜 대부분의 사람들이 성공하지 못하는가? 성공한 사람들은 학력이 있어서일까? 사회적 지위가 높았기 때문일까? 아니면 단지 운이 좋았을 뿐인가?

네트워크 마케팅의 성공 여부는 어떤 장소에서 어떤 사람들에게 어떤 목적으로 상품을 보여 주는가에 좌우된다. 특정 제품의 전문가가 되어 사람들을 모아 놓고 상품 설명을 한 후, 제품을 마음에 들어 하면 판매한다. 제품을 싸게 구입할 수 있기 때문에 디스트리뷰터로 가입시키는 '판매 활동 중심'으로 사업을 하든가, 아니면 '스폰서 활동' 중심의 사업을 하면서 상품 설명은 디스트리뷰터가 된 사람들을 자사 제품의 100% 사용자가 되게 할 목적으로 한다.

단기적으로 보면 전자가 보다 빨리 그룹의 매출 규모를 올릴 수 있을 것이다. 그러나 장기적으로 보면 양쪽에 커다란 차이가 나타날 것이다.

전자의 방식은 어느 수준까지는 도달하지만, 절대로 그 이상의 수준에는 올라갈 수가 없다. 또, 그 수준을 장기적으로 유지하는 것도 불가능하다.

후자는 초기에는 매출 규모를 늘리기 힘들지만, 어느 수준에 도달하면 급속하게 매출 규모가 급상승해서 최고 수준에 이르는 것도 가능하다. 또 그 수준을 장기적으로 유지할 수 있으며, 2세대, 3세대에 걸쳐서 사업을 전개할 수도 있다.

10) 마지막으로 한 번 더

네트워크 마케팅에서 사업 매출 규모를 증가시키는 방법은 ㉠ 먼저 지금 자신이 쓰고 있는 생필품을 전부 자사 제품으로 바꾼다, ㉡ 최저 15명의 고객을 보유한다, ㉢ 최저 1주일에 1회, 사업 계획을 보여주고 디스트리뷰터를 스폰서한다. 이것들은 「그룹 리더가 되는 8가지 조건」의 1번부터 3번까지의 조건이다.

이들 조건은 모두 사업을 하는 목적이 확실하면 쉽게 실행할 수 있다. 자기 자신의 꿈이 확실하고, 사업을 하는 목적이 확실하다면 자연스럽게 자사 제품의 100% 사용자가 될 것이고, 스스로 나서서 사업 계획도 보여 주게 될 것이다. 그리고 사업 계획을 여러 명의 프로스펙터에게 보여 주면, 반드시 그 중 몇 사람은 디스트리뷰터가 될 것이며, 15명 정도의 고객은 디스트리뷰터가 되지 못한 사람들 중에서 쉽게 찾을 수 있다.

그러므로, 새롭게 디스트리뷰터가 된 사람들에게는 실제 상품을 보여 주고「그룹 리더가 되는 8가지 조건」을 가르쳐 주자. 그리고 그에게 첫 45일 동안 다음과 같은 지원을 해주도록 한다. 첫째로 제품을 정기적으로 주문 받는다. 지금 사용하고 있는 생필품을 100% 자사 제품으로 바꾸게 한다. 네트워크 마케팅에서 가장 중요한 소비자란, 디스트리뷰터 자신이기 때문이다.

둘째, 홈 미팅을 최저 두 번 개최한다.

셋째, 최저 15명의 고객을 보유한다. 홈 미팅을 두 번 개최하면, 디스트리뷰터가 될 사람과 그렇지는 않지만 고객이 되어 줄 사람이 나오기 때문에 15명 정도의 고객을 찾아내는 것은 비교적 간단한 일이다.

이상의 3가지를 충실히 실행하면 반드시 매출 규모를 늘릴 수 있다. 가령 10명 정도의 그룹이라도 전원이 제품을 사용하고, 각각이 15명의 고객을 가지면, 그룹 전체로는 150명의 고객을 서비스하는 셈이다. 개미군단의 법칙처럼 하나 하나의 힘은 그다지 드러나지 않지만 그 하나 하나가 모이면 엄청난 힘을 발휘하게 된다.

그룹의 한 사람, 한 사람이 사소한 일을 하더라도 몇 십 명, 몇 백 명이 모이면 큰 숫자가 된다. 이것이 네트워크 마케팅의 파워이다.

13. 제8원칙 : 인간적 성장 (리더가 되기 위한 준비)

1) 네트워크 마케팅은 피플즈 비즈니스

성공으로 이끄는 제8원칙은 우리들 디스트리뷰터 개개인의 인간적 성장에 관한 것이다. 왜 네트워크 마케팅을 하는데 인간적으로 성장하지 않으면 안 되는지 의문을 가질지도 모른다.

네트워크 마케팅은 언뜻 보면 제품을 판매해서 사업을 확장해 가는 것이라고 생각하는 경향이 있지만, 실제로는 사람과 사람의 신뢰 관계로 성립되는 '네트워크 비즈니스' 또는 '피플즈 비즈니스'이다. 그리고 인간을 상대로 하는 피플즈 비즈니스에서 성공하려면, 가능한 바람직한 인간 관계를 유지해야 된다. 그러기 위해서는, 먼저 자기 자신부터 인간적으로 성장하지 않으면 안 된다.

또 당신이 리더가 되어 많은 사람들을 이끌려면, 자신도 그 나름대로 여러 가지 경험을 쌓고 인간적으로도 크게 성장하지 않으면 불가능하다. 리더로서 건전한 인간 관계를 유지하려면 무엇을 해야 하는가, 어떤 행동을 하면 인간 관계를 망치는가, 그 심리적 요인 등을 아는 것도 매우 중요하다.

여기에서 '인간적으로 성장한다'는 의미는 머리가 좋아진다거나, 지식인이 된다는 의미가 아니라, 그릇이 커지고, 보다 유연한 사고방식을 갖게 된다는 뜻이다. 적어도 뭔가 새로운 것을 생각하려고 하는 사람과 남들 앞에 서서 많은 사람들을 리드하려고 하는 사람은 먼저 자신이 갖고 있는 고정관념과 선입관에서 완전히 자유로워지는 것이 절대 전제이다. 자기만의 사고방식, 가치관과 인생관으로 생각이 굳어 있다면, 많은 사람들을 리드할 수 없기 때문이다.

2) 사업을 하면서 인간적으로 성장한다

리더로서 필요한 또 하나의 조건은 인간적으로 성장하는 것을 들 수 있지만, 여기에서 혼동하면 안 될 것이 있다. 즉 인간적으로 성장하고 나서 사업을 하는 것이 아니라, 네트워크 마케팅은 사업을 하면서 여러 가지 경험을 쌓아 인간적으로 성장해 가는 것이다.

지금 당신은, '나는 리더로서의 기량과 품격이 없지 않을까?'라고 걱정하고 있을지도 모른다. 그러나 그런 걱정은 전혀 할 필요가 없다. 왜냐하면, 사업을 해 가는 과정에서 다양한 사람들이 갖고 있는 사고방식, 인생관, 가치관 등을 접함으로써, 그 때까지 자기가 갖고 있던 '틀의 크기'가 바뀌기 때문이다. 틀의 크기가 커지면, 그 때까지 불가능했던 사물을 보는 다양한 관점이 생기게 되고, 자연히 리더로서의 기량과 품격, 리더십이 갖춰지기 때문이다.

흔히 논의되는 것인데, 회사가 성장하고 나서 사업에 가장 많이 힘썼던 사장, 간부들이 인간적으로 성장하고 있는가? 아니면 그들이 인간적으로 성장했기 때문에 회사도 성장했는가? 어쨌든 이것은 닭이 먼저인가, 계란이 먼저인가의 논쟁과 같다. 어떤 경우든지 말할 수 있는 것은, 사업에 힘쓰지 않으면 회사도 성장할 수 없고, 회사 사람들도 인간적으로 성장하지 못한다는 것이다.

3) 인간적인 성장을 촉진하는 4가지 방법

네트워크 마케팅에서 성공하는 데 필요한 인간적인 성장을 촉진하는 데 필요한 지식을 배우려면, ⓐ 성공한 사람이 쓴 자기 개발서를 읽는다, ⓑ 성공한 사람의 연설을 녹음한 테이프를 듣고 다양한 생각에 접해 본다, ⓒ 네트워크 마케팅에서 리더가 되어 활약하고 있는 사람들과 되도록 많이 접촉한다, 그리고 리더십을 배운다.

그러나 아무리 다양한 지식을 배워도 그것을 실제로 활용하지 못하면 인간적으로 성장할 수 없다.

따라서 인간적인 성장을 촉진하는 지식을 배우는 네 번째 방법은 배운 지식을 그룹 리더 사람들에게 가르치는 것이다. 이들 4가지 방법을 잘 짜 맞추는 것보다, 매일 미지의 사건을 만나서 그에 대처하면서 인간적으로 성장할 수가 있다.

먼저 성공한 사람이 쓴 책을 읽는다. "우리는 만나는 사람들과 읽는 책의 영향을 받아 인간적으로 성장해 간다."는 말이 있듯이, 당신은 지금 읽고 있는 책에 감동 받고, 그 책을 쓴 저자의 생각에 영향을 받는다. 그래서 지금 당신이 읽고 있는 책의 제목을 2~3개 들어보면, 우리는 당신이 어떤 사람인지 대충 짐작할 수가 있다.

당신이 네트워크 마케팅에서 성공하고 싶다면, 이미 다양한 분야에서 성공한 사람들이 쓴 책을 읽고, 성공한 사람들이 갖고 있는 사고방식, 사물을 보는 시각을 배워야 한다. 그러나 서점에 가서 손에 잡히는 대로 아무 책이나 사서 읽는 것은 아니다. 왜냐하면, 경륜, 경마, 도박 등으로 성공한 사람이 쓴 책은, 읽어 봤자 네트워크 마케팅에서 성공할 수 있는 사고방식을 배울 수 없기 때문이다.

스폰서나 업라인이 추천하는 책을 중심으로 읽지 않으면 귀중한 시간을 낭비하고 말 것이다. 책을 읽는 중요성은 「그룹 리더가 되는 8가지 조건」의 네 번째 조건, 「하루에 20분, 추천 받은 책을 읽는다」를 참고하길 바란다.

인간적인 성장을 촉진하는 두 번째 방법은, 네트워크 마케팅에서 성공한 사람과 많이 접촉해서 그들이 가지고 있는 생각과 가치관을 배우는 것이다. 예로부터 "당신이 어떤 인간인가는 당신이 만나는 사람들을 2, 3명 보면 알 수 있다."고 말하듯이, 당신은 이제까지 사귄 사람들에게 동화되어 언제가 그 사람들처럼 될 것이다.

그러므로 사업에서 성공하고 싶으면, 이미 네트워크 마케팅에서 성공한 사람들과 되도록 많이 접하고, 성공한 사람들의 생각, 사물을 보는 시각을 배워야 한다. 우리들 디스트리뷰터가 네트워크 마케팅에서 이미 성공한 사람과 접하려면, 다음의 2가지 방법이 있다.

첫 번째 방법은, 성공한 사람의 성공 스토리나 연설을 녹음한 카세트 테이프를 듣는 것이다. 테이프를 들음으로써, 이 사업의 가장 일선에서 활약하고 있는 사람들이 현재 사용하고 있는 최첨단 테크닉과 최신 사업 정보를 배울 수가 있다. 성공한 사람의 테이프를 듣는 것이 왜 중요한지는 「그룹 리더가 되는 8가지 조건」의 다섯 번째 조건, 「추천 받은 테이프를 듣는다」를 참고해서 읽어 주기를 바란다.

그리고 네트워크 마케팅에서 성공한 사람들과 접촉하는 두 번째 방법은 미팅, 랠리, 컨벤션 등의 모임에 정기적으로 참석하는 것이다. 미팅과 랠리에 참가하면 사업 계획 방법을 배울 수 있을 뿐만 아니라, 성공한 사람에게서 발산되는 에너지를 호흡할 수 있기 때문이다. 또, 많은 성공한 사람도 당신과 같은 악조건에서 이 사업을 시작했고, 당신과 같은 문제를 극복하고, 노력한 결과 경제적으로 자립할 수 있었다는 것을 오감을 통해서 직접 느낄 수 있기 때문이다. 이것은 카세트 테이프로 들으면 절대 얻을 수 없는 것이다.

사업에서 성공하려면 이 2가지를 실행하는 것이 매우 중요하다. 미팅, 랠리 등의 모임에 참가하는 것의 중요성은 「그룹 리더가 되는 8가지 조건」의 여섯 번째 조건인 「모든 모임에 참가한다」를 참고하길 바란다.

4) 네트워크 마케팅은 리더를 찾아내는 사업

막 디스트리뷰터가 된 사람들의 가장 일반적인 관심사는 "회사가 어떤 제품을 취급하고 있을까?"나, "판매 방법은 어떻게 하면 좋을까?" 같은 것이라고 생각한다. 왜냐하면, 네트워크 마케팅은, 언뜻 보면 제품을 판매해서 사업을 확장시키는 사업으로 보이기 때문이다.

그러나 실제로는 그렇지가 않다. 네트워크 마케팅이란 '그룹 리더'를 발굴해 내는 사업이다. 즉, 6~12개월 동안 15~20명의 프론트라인 디스트리뷰터를 스폰서해서, 그 중에서 3명의 그룹 리더를 찾아내는 사업이다. 그러면 그룹 리더란 어떤 사람일까? 그는 원대한 꿈을 가진 사람, 사업을 하는 데 있어서 확실한 목적을 갖고 있는 사람이다. 그룹 리더에 관해서는 1장을 참고하기를 바란다.

"인간은 누구나 평등하며, 무한한 가능성을 갖고 있다. 만약 성공하고 싶다면, 누구나 성공할 수 있다."……이 생각이 네트워크 마케팅의 기본 사상이다. 그러나 보통 사람에게는 이 말이 "나에게도 무한한 가능성이 있다."라는 말로 연결되지가 않는다. 이 갭을 좁히기 위해서는 그룹 리더의 조건인 ⓐ 성공한 사람의 책을 읽거나, ⓑ 카세트 테이프를 듣거나, ⓒ 미팅에 참석해서 인간적으로 성장하지 않으면, 자신이 많은 가능성을 갖고 있음을 믿기 힘들다. 그룹 리더는 이들 조건을 전부 갖추고 '나에게는 무한한 가능성이 있다.'고 믿을 수 있는 사람이다.

14. 제9원칙 : 모방성 (쉽게 모방할 수 있는가?)

1) 네트워크 마케팅은 카피 비즈니스

제9원칙은 당신이 지금 하고 있는 일이 그룹 전체 사람들이 쉽게 모방(카피)할 수 있느냐에 관한 것이다. 네트워크 마케팅이란, 다운라인 디스트리뷰터가 업라인 디스트리뷰터의 사업 방식뿐만 아니라 사고 방식과 가치관을 모방하는 사업이다.

네트워크 마케팅은 스스로 새로운 아이디어를 생각해 내서 제로에서 출발하는 타입의 사업이 아니다. 따라서 네트워크 마케팅에서는 자신과 같은 사고방식과 가치관, 사업 방식을 모방해 줄 다운라인을 몇 명 찾았느냐로 당신이 받는 보너스 액수가 결정되는 시스템이다. 물론 크게 성공하고 싶다면, 그만큼 많이 자신과 같은 사고방식과 가치관을 갖고 있는 사람을 찾아야 한다.

그리고 이 책에서는 당신과 같은 사고방식과 가치관을 갖고 당신을 모방해서 사업을 할 디스트리뷰터를 '그룹 리더'라 부르고 있다.

2) 시스템에서 가장 중요한 것은 누구나 쉽게 쓸 수 있을 것

네트워크 마케팅에 있어서 접근 방법, 미팅 방법, 사업 계획 설명법 등은, 100명의 디스트리뷰터가 있으면, 100가지 다른 아이디어가 나올 것이다. 그 수많은 아이디어 중에서 가장 뛰어난 방법을 고르는 기준이 되는 첫 번째 조건은 그 아이디어를 실제로 사업에서 사용할 수 있는가의 여부이다.

두 번째 조건은 그 아이디어를 사용함에 따른 부작용이 없어야 한다.

그리고 세 번째 조건은 그 아이디어가 간단하고 특수한 재능이나 훈련 없이 어떤 배경을 가진 사람도 금방 모방할 수 있느냐이다.

이들 조건은 시장에 새 약을 내놓을 때의 조건과 비슷한 것 같다. 신약이 아무리 효과가 좋아도 부작용이 있거나, 어떤 사람에게는 효능이 있어도 어떤 사람에게는 효능이 없다면 시장에 내놓을 수가 없다.

만약 지금 당신이 시스템을 이용해서 사업을 하고 있다면, 위에 있는 3가지를 체크해 보길 바란다. 즉, 현재 당신이 쓰고 있는 시스템이 실제로 사업에 효과적인가, 부작용은 없는가, 누구나 쉽게 모방할 수 있는가를 체크해 보는 것이다.

여기에서 당신이 네트워크 마케팅 이외의 무언가로, 예를 들어 어떤 사업에서 성공했고, 사회적 지위도 높으며, 많은 사람들에게 존경받는다고 하자. 그런 당신이 친구 15명에게 전화를 걸어 "네트워크 마케팅을 해보지 않겠습니까?"라고 묻는다면, 10명 정도는 쉽게 스폰서할 수 있을 것이다. 그러나 그들은 실제로 사업을 하고 싶어서 사인한 것이 아니라, 당신의 인품이 좋아서, 또는 당신이 사회적 지위가 높고 믿을 수 있는 사람이기 때문에 디스트리뷰터가 된 사람들도 많을 것이다. 또는 의리상, 당신에게 신세를 졌기 때문에 어쩔 수 없이 디스트리뷰터가 됐을지도 모른다.

어떤 이유에서든, 이 예에서는 '사회적 지위'를 이용한 것이 당신의 스폰서링 방식인 셈이다. 그리고 나중에 알게 될 테지만, 당신이 스폰서한 대부분의 사람들은 당신의 서포트 없이는 한 명도 스폰서할 수 없을 것이다. 왜냐하면, 당신이 스폰서한 사람들 전원이 당신처럼 사회적 지위가 높은 사람들은 아니므로, 당신처럼 사회적 지위나 권력을 이용해서 다른 사람을 스폰서할 수 없기 때문이다.

어떤 디스트리뷰터는 자신의 좋은 집에 프로스펙터를 초대하거나 비싼 차를 보여주면서 스폰서 활동을 하고 있을지도 모른다. 그러나 이 스폰서 활동의 문제점은, 그렇게 해서 스폰서한 사람들 전원이 근사한 집에서 살거나 값비싼 차를 갖고 있다고 할 수 없다는 것이다. 그런 것을 갖고 있지 않은 사람은 자신은 도저히 스폰서 활동을 할 수 없다고 생각할 것이다. 왜냐하면, 멋진 집과 비싼 차를 보면서 스폰서 받은 그들은 '누군가를 스폰서하려면, 근사한 집에 살고 비싼 차를 갖고 있어야 된다'고 오해해 버리기 때문이다. 어쩌면 빚을 내서 새차를 구입하는 사람이 나올지도 모른다.

이처럼 당신이 사업에서 사용하고 있는 방법은 학력, 성별, 직함, 사회적 지위 등의 배경에 관계없이 특별한 재능과 트레이닝 없이, 그리고 부작용 없이 누구나 쉽게 쓸 수 있는 것이라야 한다. 한 번쯤 위의 조건에 비춰서 지금 당신이 사용하고 있는 시스템을 체크해 보기 바란다.

3) 메신저보다는 전할 수 있는 메시지가 더 중요하다

네트워크 마케팅에서는 사업 계획을 전달하는 사람을 '메신저' 혹은 '마케터'라고 부르는데, 이 사업에서는 사업 계획을 전하는 메신저보다 전할 수 있는 메시지, 즉 사업 계획이 중요함을 잊어서는 안 된다.

'메신저보다 사업 계획이 중요'하다는 것은 어떤 의미일까? 그것은 '네트워크 마케팅에서 중요한 것은 사업 계획을 프로스펙터에게 전달하는 것으로, 그것을 전달하는 당신의 배경은 아무래도 상관없다.'라는 의미이다. 바꿔 말하면, 네트워크 마케팅에서는 사업을 전하고자 하는 강한 의지만 있으면, 사업 계획을 전하는 메신저가 대학 교수가 아니더라도, 주부, 샐러리맨, 혹은 페인트 작업자라도 문제가 없다는 뜻이다. 사업 계획을 전달하는 데 직함이나 높은 지위는 전혀 필요로 하지 않는다.

가령 고졸에 그다지 학력이 없어도, 네트워크 마케팅의 사업 기회를 전하려는 강한 정열과 의욕만 있으면 누구라도 전할 수가 있다. 반대로 사업을 연구해서 네트워크 마케팅의 모든 것을 알고 있는 대학 교수라도, 사업 기회를 전하려는 정열과 의지가 없으면 누구에게도 전할 수가 없다.

또, 사업을 전하기 위해 비싼 차를 사거나 근사한 집에 살 필요가 전혀 없다. 만약 당신이 학력과 사회적 지위를 이용하거나 비싼 차를 몰고 다니며 멋진 집에 프로스펙터를 초대해서 스폰서 활동을 하고 있다면, 그것은 본래 네트워크 마케팅이 갖고 있는 사업 컨셉과 크게 동떨어진 것이 된다.

4) 스폰서 활동을 하는 데는 근사한 집이나 비싼 차가 필요 없다

S사의 디스트리뷰터로, 캘리포니아 주 샌디에고에 사는 D부부는, 사업에서 성공해 멋진 집에 살며 비싼 차를 몇 대나 소유하고 있다. D부부에 따르면, 빨간 포르쉐를 타고, 샌디에고 베이가 내려다보이는 집에 프로스펙터를 초대해서 사업 계획을 설명하면, 대부분의 사람들은 현실과 이상과의 갭이 너무 커서 '나와는 전혀 다른 세계의 이야기', '나로서는 도저히 흉내낼 수 없다.'고 생각하는 것 같다. 그래서 그들 부부는 스폰서 활동을 할 때는 비싼 차도 타지 않고, 프로스펙터를 자신들의 집에 초대하지도

않고, 만나는 장소로 데니즈 레스토랑 같은 패밀리 레스토랑을 이용한다고 한다.

그러나 그들은 "만약 당신이 비싼 차를 사거나 멋진 집을 지을 여유가 있다면 그렇게 할만 합니다. 왜냐하면 그것은 당신의 노력에 대한 당연한 대가니까요. 당신이 비싼 차를 사므로써 그것을 만드는 사람들의 생활을 유지시켜 주고, 멋진 집을 지음으로써 거기에 관련된 사람들의 생활을 유지시켜 주니까요."라고도 말하고 있다.

여기서 주의할 것은, 스폰서 활동을 하는 데 빚을 지면서까지 비싼 차를 사고, 무리를 해서 집을 지을 필요가 없다는 것이다. 과거에는 멋진 집에 살거나 비싼 차를 갖고 있지 않아도 네트워크 마케팅에서 성공한 사람들이 많이 있다. 어쩌면 그런 것들을 갖고 있지 않은 사람들이 더 성공하는 것이 아닐까?

5) 미팅에서 반드시 말해야 하는 것

네트워크 마케팅에서 사업 계획을 전달하는 방법에는, 성공한 사람의 연설을 녹음한 카세트 테이프를 듣거나 비디오를 보는 방법과, 프로스펙터를 각종 미팅에 초대하는 2가지 방법이 있다. 가장 효과가 있고 좀더 친숙한 것은 말할 것도 없이 홈 미팅에 프로스펙터를 초대하는 것이다. 홈 미팅에서 당신이 특히 강조해서 말해야 할 것은, "사업에서 성공하는 데 필요한 지식과 테크닉은 모두 스폰서를 통해서 이미 성공한 업라인에게 배운 것이므로, 나는 그저 단순히 스폰서에게 배운 시스템대로 사업을 하고 있을 뿐입니다."라는 것이다.

미팅에 참가한 사람들 중에는 '나는 사업 경험이 전혀 없기 때문에 네트워크 마케팅 같은 건 잘할 수 없을 거야.'라고 생각하는 사람들도 있을 것이기 때문이다. 또, '지위나 학력이 있는 당신은 할 수 있지만, 나는 지위도 학력도 없으므로 할 수 있을 리가 없어.'라고 생각하는 사람도 있을지 모른다. 그러나 사업에 필요한 지식과 테크닉은 스폰서에게 배울 수 있다고 하면, '그렇다면 나도 할 수 있어!'라고 생각을 바꾸는 사람도 있기 때문이다.

D부부는 아무리 베테랑 디스트리뷰터라도 사업 계획을 설명할 때는 연설할 때의 사항을 적은 카드를 이용해서 연설할 것을 권하고 있다.

카드를 이용해서 설명하는 목적은 ⓐ 사업 계획을 규격화한다, ⓑ 이야기해야 할 포인트를 놓치는 것을 방지한다, ⓒ 카드를 이용하면 다음에 무얼 말해야 하는지를 생각할 필요가 없어서 짧은 시간에 계획을 설명할 수가 있다, ⓓ 참가자에게 '카드를 이용해서 설명하면 나도 할 수 있다'라고 생각하게 만드는 것에 있다.

그러나 카드를 이용해서 사업 계획을 설명하는 최대 목적은, 프로스펙터에게 '이런 거면 나도 쉽게 할 수 있어!'라고 생각하게 만드는 것이다. 처음 사업 계획을 들었을 때, 프로스펙터의 대다수는 '이렇게 많은 숫자를 이용한 설명법을 외워야 한다면, 나는 그럴 만한 시간도 없고 도저히 할 수 없어.'라고 생각해 버리는 경향이 있다. 그러나 "계획 설명은 카드에 적혀 있는 것을 순서대로 말하면 되므로 간단하다."는 말을 연설자로부터 들으면, '그렇다면 나도 할 수 있을지 몰라.'라고 다시 생각하는 프로스펙터도 많기 때문이다.

왜 카드를 이용해서 사업 계획을 설명하고, 프로스펙터에게 사업이 간단하다고 생각하게 만들어야 하는가? 그것은 원래 네트워크 마케팅이란 간단한 것을 많은 사람들이 모방해서 네트워크를 크게 만들어 가는 '카피 비즈니스'이기 때문이다.

6) 마지막으로 한 번 더

'미팅에서는 사업 계획을 전하는 사람(메신저)보다 전해지는 메시지(사업 계획)가 더 중요'하다. 네트워크 마케팅이란, 꿈을 실현할 기회, 경제적으로 자립할 수 있는 기회를 사람들에게 전달하는 사업으로, 사람들을 미팅에 초대해서 당신이 얻은 것, 예를 들면 차나 집 같은 것을 보여 주거나 자랑을 늘어놓는 기회가 아니다.

그리고 시스템은 실제로 사업에 사용할 수 있는 것이어야 함은 물론이고, 간단해서 충분히 이해할 수 있고, 특수한 재능과 훈련 없이 어떤 배경의 사람들도 쉽게 모방할 수 있으면서 부작용이 없는 것이어야 한다.

15. 제10원칙 : 신뢰(서로 믿고 돕는다)

1) 말은 상대를 격려하기도 하고, 상처 입히는 힘을 갖고 있다

① 사고……인간을 크게 나누면, 적극적인 사람과 소극적인 사람, 긍정적 사고를 가진 사람과 부정적 사고를 가진 사람, 잘 믿는 사람과 의심이 많은 사람 등 전혀 정반대의 성격을 가진 두 개의 그룹으로 나눌 수가 있다. 그러나 인생에서 성공하려면, 적극적이고 긍정적인 사고를 갖고 모든 것에 대처해야 한다. 왜냐하면 "인간은 자신이 생각하고 있는 인간이 된다."는 알 나이팅게일의 말처럼, 당신은 하루 종일 당신이 마음속으로 생각하고 있는 그런 인간

이 되기 때문이다.

'올해는 불경기라서 힘든 한 해가 되겠어.'라는 생각을 항상 하고 있으면, 자신이 원하지 않는 사태를 무의식중에 불러들이게 된다. 또, 뭔가 새로운 일을 할 때 '역시 성공하지 못할 거야.'라는 생각을 하면, 역시 그렇게 되어 버린다. 이처럼 당신이 마음속으로 항상 어떤 것을 생각하고 있느냐가 매우 중요하다.

② 말……말도 마찬가지로, 적극적인 말과 소극적인 말, 긍정적인 말과 부정적인 말, 정반대의 의미를 가진 두 개의 그룹으로 나눌 수가 있다.

말은 이 세상에서 가장 위대한 힘의 하나로서, 사랑과 희망, 격려로 넘치는 말은 듣는 사람을 하늘 높이 날아 올라가게 해주지만, 반대로 미움과 절망과 낙담으로 가득한 말은 상대를 나락의 바다로 떨어뜨리고 만다. 당신이 마음속으로 생각하고 있는 것은 자기 자신만 상처 입히지만, 당신이 입 밖으로 내뱉는 말은 상대를 상처 내는 힘을 가지고 있다.

우리는 혼자서는 인생이나 사업에서 성공할 수가 없다. 따라서 인생과 사업에서 성공하고 싶다면 상대에게 상처를 주거나 낙심하게 만드는 말은 일절 하지 않도록 한다. 네트워크 마케팅에서도 마찬가지로, 업라인과 이야기할 때나 다운라인과 이야기할 때 절대로 부정적인 말을 하지 않도록 한다.

그래서 이 책에서는 가능한 한, 부정적인 말을 쓰지 않으려고 노력했다. 가령, '실패한다'라는 말 대신 '성공하기 어렵다'로 표현했다. 또한 '어렵다'고 말하는 대신 '성공이 쉽지 않다' 등등 의미가 바뀌지 않는 한, 되도록 긍정적인 단어를 사용하고자 노력했다.

2) 모든 사람들의 험담이나 잘못을 일절 말하지 않는다

네트워크 마케팅에서 성공하고 싶으면, 당신의 스폰서 계열(스폰서, 업라인과 다운라인)은 물론, 타 계열의 그룹 사람들, 그리고 사업을 하고 있지 않은 일반인들도 포함한 모든 사람들의 험담이나 버릇, 마이너스가 될 만한 이야기는 절대로 하지 않는다. "무심코 입에서 나와 버렸다."든가 "농담입니다."라고 말해도 이미 내뱉었으면 그것은 행동의 일부분이며, 말은 그 사람의 사고방식을 상대에게 전달한다.

특히 리더의 입장에 있는 업라인의 말만큼 다운라인에게 영향을 주는 것도 없다. 물건은 사람의 몸을 상처 내지만, 나쁜 말은 사람의 '마음'을 상처 내기 때문이다. 따라서 업라인은 절대로 부정적인 말을 사용하면 안 된다. 포인트는 항상 긍정적으로 말할 것. 만약 긍정적으로 말할 수가 없다면 말하지 말라. 왜냐하면 타인을 비난해서 성공한 사람은 아직까지 한 명도 없기 때문이다.

프로스펙터를 미팅에 초대해도 참석하지 않는 사람들도 있을 것이다. 미팅에 참가해도 디스트리뷰터가 되지 않는 사람도 있을 것이다. 제품을 사용해도 스폰서 활동을 하지 않는 사람도 있을 것이다. 그러나 모든 일이 자신을 시험하고 있으며, 자신의 성장에 필요한 것이라고 감사하며, 절대로 불평을 하지 않도록 한다. 왜냐하면, 그럼에도 불구하고 계속 사업을 해 나가는 당신은 반드시 성공할 것이기 때문이다. 그리고 푸념하면서 성공한 사람은 아직 한 명도 없었다.

'모든 사람들의 험담이나 불평을 일절 말하지도, 생각하지도 않는다.' 타인의 단점을 찾으려 하지 말고, 그 사람의 장점을 찾아내서 그것을 칭찬하고, 그 장점을 더 키워 준다. 남의 험담을 하고 그 사람의 발목을 잡는 사람은 돌고 돌아서 결국에는 자기 발목을 잡게 되는 것이 자연의 섭리다.

3) 상대의 장점을 찾아서 그것을 칭찬해 준다

우리는 타인의 장점은 못 보고, 단점에만 눈이 가는 경향이 있는 것 같다. 타인이 잘하는 분야에 대해서 열심히 칭찬해 주고, 용기를 주도록 한다. 이것을 늘 실행한다면, 타인의 개성을 크게 키워 줄 수가 있고, 그들의 성공을 도와 주게 된다. 그리고 그것은 곧 자기 자신도 승리의 길을 걷게 하는 셈이 된다. 따라서 겸허한 마음으로 그 사람의 장점을 잘 찾아내서 "당신과 사귀다 보면 여러 모로 배우게 됩니다."라는 태도로 상대를 대한다. 그러면 상대도 자신을 세워 줄 것이다.

그렇게 되면 인간 관계도 원만해진다. 자신을 사랑하므로 상대를 사랑해야 하는 것이다. 네트워크 마케팅을 하고 있는 디스트리뷰터들도 항상 모든 사람들의 장점만 찾아내서 서로를 칭찬하자. 만약 당신이 이 말의 의미를 충분히 이해하고, 이 원리를 사업에 잘 활용하면, 비교적 단시간에 누구보다도 큰 그룹을 형성하게 될 것이다.

4) 사업 동료를 믿고 서로 돕는다

① 업라인을 신뢰한다

'사업 동료를 믿고 서로 돕는다'는, 네트워크 마케팅에서 성공하는 원칙 중에서 가장 중요한 원칙의 하나이다. 만약 당신이 '서로 신뢰하고 돕는다'라는 말이 갖는 의미를 이해하려고 한다면, 먼저 당신의 스폰서가 '당신의 생명선'임을 이해해야 한다.

당신의 마음속 어딘가에 스폰서를 '나보다 학력이 낮은 주제에 무슨 생각을 하고 있는 걸까?'라고 생각하고 있을지도 모른다. 그러나 네트워크 마케팅에서는, 유명한 외과의나 일류 기업의 사장, 또는 대학 교수일지라도 예외 없이 누군가의 스폰서를 받지 않는 한 디스트리뷰터가 될 수 없고, 이 사업에 참여할 수가 없다.

당신이 디스트리뷰터가 된 것은 스폰서가 당신을 믿고 접근해 줬기 때문이다. 만약 당신이 신뢰할 수 없는 사람이었다면, 스폰서는 처음부터 당신에게 이 사업을 소개하려는 생각도 하지 않았을 것이다. 따라서 당신의 업라인은 '당신의 생명선'이다.

당신의 스폰서가 학력이 없고 나이가 젊고, 사업을 시작한 지 며칠밖에 되지 않았어도, 그는(그녀는) 스폰서 계열을 통해서 직접 이미 성공한 업라인들과 연결되어 있다. 당신의 스폰서한테 카운셀링과 어드바이스를 받는 것은 당신 그룹의 업라인이 실전 경험을 통해 얻은 사업의 노하우, 경험과 체험으로 직접 얻은 것들이다. 따라서 스폰서의 어드바이스는 당신의 업라인 리더가 전달한 어드바이스처럼 들어야 한다.

이처럼 네트워크 마케팅에서 성공하는 데 필요한 모든 지식은 당신의 스폰서를 통해서 업라인으로부터 얻은 것이다. 그러므로 당신의 스폰서는 '당신의 생명선'이다.

당신은 '스폰서를 정말 믿을 수 있는가?', '사업 방식을 정말로 알고 있을까?'라는 걱정을 하기 전에, 당신을 서포트해서 성공으로 이끌어 주려고 하는 사람들의 어드바이스를 믿고 받아들이는 법을 배워야 한다. 업라인과 스폰서를 좀더 잘 알도록 하자. 그들은 당신의 장래를 걱정하며, 당신을 돕고자 노력하고 있음을 알아야 한다. 모르는 것이 있거나 곤란한 일이 있으면 그들에게 의논하도록 한다.

당신이 스폰서에게, 그리고 당신의 그룹 계열에 긍지를 갖게 되었을 때, 당신은 이 사업을 하는 진정한 이유를 이해하게 된 것이다. 그리고 사업에서 성공하고 싶다면, 당신 스스로 이 사업의 원칙 '서로 믿고, 서로 돕는다'를 다운라인에도 전달해야 한다.

② 사업 동료의 험담을 일절 하지 않는다

여러분의 스폰서 중에는 스폰서만 하고 아무 소식도 없는 사람이나, 이미 디스트리뷰터 자격을 없애 버린 사람도 있을 것이다. 그러나 사람들 앞에서 그의 험담을 할 필요는 없다. 왜냐하면, 스폰서가 아무 것도 하지 않거나 그만뒀을 경우, 그 스폰서의 스폰서가 당신의 스폰서가 되어 사업 정보, 어드바이스와 카운셀링을 대신해 주기 때문이다.

당신이 스폰서와 업라인을 정말로 훌륭한 사람들이라고 말할수록, 당신 그룹의 디스트리뷰터들은 그들의 사업 계획과 카운셀링, 어드바이스를 진지하게 들어 줄 것이다. 당신 그룹 사람들에게 스폰서와 업라인을 칭찬하면 할수록, 업라인은 그룹 사람들 앞에서 당신을 멋진 그룹 리더로 대접해 줄 것이다.

홈 미팅에 있어서도, 사업 계획을 설명해 주는 초청 연사(많은 경우, 스폰서나 업라인)를 "우리들의 리더로서 존경할 수 있는 훌륭한 분입니다."라고 말하면 할수록, 참가자(프로스펙터)는 진지하게 초청 연사의 사업 계획을 들을 것이다.

그러므로 홈 미팅에 프로스펙터를 초대할 때는 "사업에서 대성공한 리더가 일부러 와서 사업 계획을 설명해 줍니다."라고 말하는 것이 매우 중요하다. 그렇게 하면 참가자도 굉장한 사람이 와서 계획을 설명해 준다고 생각해서 진지하게 이야기를 듣게 된다. 또, 당신이 초청 연사를 극진하게 대접하면, 초청 연사도 당신을 '훌륭한 그룹 리더'라고 참가자들 앞에서 말해 줄 것이다.

이와 반대로, 그룹 사람들에게 항상 스폰서와 업라인의 험담이나 버릇을 말한다면, 그들은 당신의 스폰서 활동을 돕지 않을 것이다. 왜냐하면, 스폰서가 초청 연사로서 당신의 홈 미팅에서 연설을 해도 아무도 진지하게 사업 계획을 듣지 않을 것이기 때문이다. 그러므로 스폰서와 업라인의 험담을 한다면, 모든 것을 당신 혼자서 해야 하는 상황이 벌어질 것이다.

당신이 그룹 사람들 앞에서 자유롭게 타인의 험담이나 소문을 말한다면, 당신의 다운라인도 반드시 타인의 험담이나 소문을 말하게 될 것이다. 당신이 하는 행동은 다운라인 사람들이 모방하기 때문이다. 그렇게 되면 당신은 다운라인을 도울 수 없게 된다.

③ 자신을 스스로 칭찬하는 것은 불가능하다

이런 사람은 거의 없을 것으로 생각하지만, 누군가가 "나는 학력도 직함도 갖추었고, 훌륭한 인물입니다."라고 자신을 스스로 칭찬하는 것을 듣는 것은 그다지 기분 좋은 일이 아니다. 그러나 반대로 누군가가 남을 칭찬하는 것을 듣는 것은, 거부감이 들기는커녕 기분 좋은 일이다. 그래서 당신은 다른 사람 앞에서 당신을 '칭찬해 줄 사람'이 필요한 것이다.

네트워크 마케팅에서는 당신을 다른 사람 앞에서 칭찬해 줄 사람들이 당신의 팀 메이트인 ⓐ 스폰서, ⓑ 업라인, ⓒ 다운라인, 그리고 ⓓ 타 계열 사람들이다. 이것은 업라인에 있어서도 마찬가지이다. 아무리 당신의 스폰서가 사업에서 성공했어도, 남들 앞에서 "나는 이 세상에서 가장 큰 그룹을 갖고 있으므로, 굉장하다!"라고 스스로 칭찬할 수는 없다. 그러나 당신이 스폰서를 대신해서 "여러분! 오늘은 이 사업에서 대성공하신, 이 세상에서 가장 큰 그룹을 갖고 계신 ○○씨를 소개하겠습니다."라고 말해 주는 것은 가능하다.

④ 다운라인의 장점을 찾아서 그것을 칭찬한다

업라인 사람들은 다운라인의 좋은 점, 작은 성공과 달성을 빨리 찾아서 칭찬하고 인정해 준다. 특히 아무리 사소한 점이라도 칭찬함으로써, 다운라인에게 스스로에 대한 자신감과 당신에 대한 신뢰를 심어 줄 수가 있다.

또, 다운라인의 장점을 찾아내서 그것을 강조하면, 그들이 큰 힘을 발휘할 수가 있다. 격려는 비판보다 훨씬 큰 힘을 갖고 있기 때문이다. 당신이 사람들의 장점을 알고 좋은 이해자가 되면, 어느 날 문득 자기 주변에 우수한 인재가 모여 있음을 깨닫게 될 것이다.

만약 다운라인이 뭔가 바람직하지 않은 일을 하고 있을 경우에는 경고하고 지적하고 설득하려고 하면 안 된다. 스폰서인 당신은 문제점의 힌트를 주는 것으로 족하다. 그 대신 미팅에 데려가고, 책을 읽게 하고, 테이프를 듣게 한다. 그런 것들은 다운라인이 범하고 있는 문제점을 간접적으로 지적할 뿐만 아니라, 그 해결책을 가르쳐 주기 때문이다. 아무리 훌륭한 지식이라도, 남에게 일방적으로 받기보다는 스스로 발견한 지식이 훨씬 도움이 되기 때문이다.

5) 인생의 팀 메이트에게 감사한다

아내는 남편을, 남편은 아내를 칭찬한다. 당연한 것이지만, 이것도 좀처럼 쉬운 일이 아닌 것 같다. 결혼해서 10년, 20년이라는 세월이 지나면, 서로 감사하는 것을 잊어버리는 것 같다. 또 상대의 결점만이 보이게 되는 법이다. 그러나 풍요로운 인생을 보내기 위해서는 가능한 서로의 장점만을 찾아서 칭찬하는 것이 중요하다.

만약 당신이, 매일 아침 식사를 만들어 주는 아내에게 "뭐야, 이거, 개밥이랑 똑같잖아."라고 말하고 입에 대지도 않고 쓰레기통에 버렸다면, 다음날 아침부터 스스로 아침 식사를 만들게 될 것이다. 반대로 "우와―, 맛있겠다!"라고 말하며 정말로 맛있는 듯이 먹으면, 다음날 아침에는 더욱 다양한 음식이 나올 것이다.

만약 세차를 해준 남편에게 "정말이지, 당신은 세차하는 것이 형편없다니까. 봐요, 여기에 얼룩이 있는 게 안 보여요?"라고 말했다면 그것이 남편의 마지막 세차가 될 것이다. 그러나 "역시 당신은 세차를 잘한다니까. 이것 봐, 번쩍번쩍하잖아."라고 말하면, 적어도 한 달에 한 번 정도는 세차를 해줄 것이다.

미국에서는 부부가 네트워크 마케팅을 하는 것이 상식처럼 되어 있다. 한국에서는 미국만큼은 아니지만, 점점 그런 경향으로 가고 있는 것 같다. 부부가 같은 일을 할 경우의 최대 장점은 1+1이 2가 아니라 3이 되기도 하고, 4가 될 수도 있는 에너지를 발휘할 수 있다는 것이다.

그러나 이 방정식에는 한 가지 룰이 있다. 그것은 부부가 서로의 장점만을 칭찬하는 것이다. 반대로 아내가 남편에게 "오늘은 아무도 스폰서하지 못했어? 왜 그렇게 꾸물거리고 있는 거야?" 혹은 남편이 아내에게, "당신이 좀 더 열심히 하면 좀더 빨리 성공할 수 있을 텐데."라고 트집을 잡거나 투정을 한다면, 1+1이 2가 아니라 -1, -3이 되어 버릴 것이다.

따라서 인생에서 성공하고 싶다면, 네트워크 마케팅에서 성공하고 싶다면, 인생의 팀 메이트를 아무리 작은 것이라도 좋으니 칭찬해 줘야 한다. 그리고 인생의 팀 메이트란, 남편, 혹은 아내, 부모님, 자식 등 당신의 가족과 친척 모두를 가리키지만, 네트워크 마케팅에 관해서는 남편 또는 아내, 부모, 형제자매, 아이들처럼 한 집안에 같이 살고 있는 가족만을 의미한다.

6) 타 계열 사람들과 서로 격려하고 서로 돕는다

네트워크 마케팅을 하고 있는 디스트리뷰터는 자기 그룹 사람들은 물론이고, 타 계열 사람들과도 서로 격려하고 도우며, 하나의 커다란 팀으로서 사업을 하고 있다. 타인을 격려하고 앞으로 나가게 하는 것이 자신이 성공하기 위한 지름길이 된다.

그러나 타 계열의 디스트리뷰터들(크로스라인 디스트리뷰터)과 대화할 때는 몇 가지 룰이 있다. 우리가 어떤 말을 하는가로, 상대의 미래와 수입이 플러스가 되기도 하고 마이너스가 될 수 있다는 것을 잊어서는 안 된다. 그러므로 이제부터 그룹간의 조화와 건전한 관계를 유지하기 위해 디스트리뷰터 개개인의 이익을 보호하는 몇 가지 가이드라인을 설명하겠다. 이것은 많은 성공자가 과거부터 얻어 온 경험과 체험을 기초로 작성된 것이다.

네트워크 마케팅을 하고 있는 디스트리뷰터 개개인이 이러한 가이드라인을 충분히 이해하고, 디스트리뷰터 전원이 서로를 존경하고 사업을 진행해 가는 것은, 네트워크 마케팅 전체의 발전에 필수 불가결한 조건이다. 아래에 타계열이 디스트리뷰터와 접촉할 때,

해서 될 일과 해서는 안 될 일을 적어 보았다.

ⓐ 절대로 타 계열(크로스라인)에게 사업에 관한 카운셀링을 하거나(받거나) 또는 어드바이스를 하거나(받거나) 해서는 안 된다. 사업에 관해 뭔가 의문점, 질문, 불안함이 있을 경우에는 자신의 스폰서에게 카운셀링과 어드바이스를 받아야 한다. 당신의 스폰서만이 진정으로 당신의 사업을 개인적으로 서포트할 수가 있다. 그래서 당신은 당신의 스폰서를 존경하고, 도움을 청할 용기와 겸허함을 가져야 한다.

ⓑ 절대로 타 계열의 사람들과 보너스를 받거나 몇 명을 스폰서 한다거나, 그룹 전체적으로 몇 명의 디스트리뷰터가 있는가에 대해서 서로 이야기를 나누면 안 된다. 상식적으로 우리는 친구나 아는 사람에게 "적금이 얼마나 있는가?"라는 개인적인 것을 이야기하지 않으며 묻지도 않는다.

네트워크 마케팅에서도 마찬가지이다. "몇 명을 스폰서했다", "보너스를 얼마 받았다"라는 '개인적인' 것은 서로 이야기하면 안 된다. 랠리 등에서 우수한 실적을 달성한 디스트리뷰터에게 상을 주는 것은, 타 계열 사람들과 수입과 몇 명을 스폰서했는가를 이야기 나누는 것과는 본질적으로 전혀 다르므로 혼동하지 않기를.

ⓒ 미팅 등에서 잘 아는 타 계열 디스트리뷰터를 만났을 때, 그쪽이 프로스펙터와 동행하고 있으면, 그에게 말을 걸 때, "○○씨는 리더로서 훌륭한 분입니다. 그의 그룹에 속한다면 틀림없이 성공할 것입니다."라고 '그분이 훌륭한 리더이며, 훌륭한 그룹에 관계하고 있다'는 것을 특히 강조해 주자. 이런 말을 하는 사람은 없겠지만, "그의 그룹에 속하면 성공하지 못해요."나, "지금도 늦지 않았으니까 우리 그룹에 들어오지 않겠습니까?"라고 말하거나 연

상시키는 것은 절대 금물이다.

또, 당신이 타 계열 사람들 앞에서 "이 달은 우리 그룹에서 두 팀이 독립했어. 굉장하죠? 당신 그룹은 어때요?"라고 무의식적으로 자기 그룹의 장점만 강조하면, 그것을 들은 타 그룹 사람들 중에는 '다른 그룹은 대단한데, 그에 비하면 우리는 형편없어. 다른 그룹에 속했더라면 좋았을 텐데.'라고 생각할지도 모른다. 만약 당신의 남편(아내)을 아는 사람에게 소개했는데, 상대방이 당신의 남편(아내)을 유혹하는 듯한 말을 하면 안심이 안 될 것이다.

따라서 타 계열 사람들과 대화할 때는 자기 그룹의 좋은 점을 강조하지 말고 상대방 그룹을 칭찬한다. 왜냐하면 이제부터 디스트리뷰터가 되려고 하는 사람들은 전부, 그리고 현재 디스트리뷰터인 사람들 전원이 '다른 그룹에 소속됐으면 좋았을걸' 하고 생각하거나 바라는 것을 원하지 않기 때문이다. 스폰서하고 받는 것을 결혼하는 것으로 생각한다면 좀 과장된 생각일까? 어쨌든 아무렇지 않게 디스트리뷰터 계열을 바꿔서는 안 된다. 서로가 상대 그룹을 칭찬하고 격려하고 도우면, 서로의 이익을 지킬 수 있으며 그룹 간의 조화와 건전한 관계를 유지할 수가 있다.

ⓓ 당신이 타 계열 사람들과 함께 미팅과 랠리에 참가할 때, 그 사람들과의 대화는 주로 서로의 꿈과 목표, 서로의 격려하는 내용으로 할 것. 만약 그 그룹에서 성공한 사람이 나왔을 때는 축하의 말을 하고, 성공을 축복하거나 그 그룹 리더들에게 존경을 표하고 칭찬하도록 한다.

ⓔ 미팅에 참가할 때는 청결한 정장을 입고, 남성은 반드시 넥타이를 매고, 여성은 드레스를 입을 것. 그렇다고 남성은 턱시도, 여성은 이브닝 드레스 같은 거창한 것이 아니라 되도록 사업에 어울

리는 옷을 입으라는 뜻이다. 미팅에 갈 때마다 다른 양복이나 드레스를 입어야 되는 것도 아니다. 보통 사람들에게도 양복이나 드레스 한 벌은 반드시 갖고 있는 법, 그것을 계속 몇 번씩 입어도 괜찮다.

미팅 때마다 다른 양복이나 드레스를 입을 필요가 있는 사람은 초청 연사이며, 일반 사람은 어느 정도 수입이 들어온 뒤로 미룬다. 이것을 개개인들이 주의하지 않으면, 네트워크 마케팅은 옷과 차를 타인과 비교 경쟁하는 사업이 되어 버릴 우려가 있다.

어릴 때 흔히, 부모님이나 선생님한테 "사람은 외모로만 판단해서는 안 된다. 그 사람의 지성으로 판단해라."고 들었을 것이다. 그러나 첫 대면 때는 그 사람이 입고 있는 옷이나 차림새 등으로 판단해 버리는 것이 보통이다. 서로를 잘 아는 동료들의 모임이라면 정장할 필요가 없겠지만, 회장 미팅에서는 어떤 사람이 참석할지 모른다. 그러므로 사업에 어울리는 차림으로 참석하길 바란다. 왜냐하면, 당신을 모르는 사람들은 당신의 외모를 기준으로 해서 당신을 판단하기 때문이다. 일부러 지저분한 차림새로 자신의 평가를 낮출 필요는 없다.

또, 참가자 중에는 처음으로 미팅에 참가는 사람들도 있을 것이다. 그들이 히피 같은 지저분한 차림을 한 미팅 주최자나 참가자를 본다면 어떻게 생각할까? 모처럼 의욕을 갖고 미팅에 참가했는데, 지저분한 차림의 주최자나 참가자를 보면 그 인상이 그 사업을 평가하는 기준이 되어, '이런 사업에 내 꿈을 맡길 수 없어.'라고 생각할지도 모른다.

사업에 어울리는 옷을 입고 있는 것이 한 인간의 인생을 바꿔 버릴 가능성이 있다. 어떤 사람도 타인의 꿈을 빼앗을 권리가 없다. 그러므로 적합한 옷을 입고 미팅에 참가하기 바란다.

ⓕ 미팅에서는 어투에 조심하도록 한다. 사람의 말투에는 고상한가, 천박한가의 두 종류가 있다. 천박한 말투는 입 냄새와 같아서, 천박한 말을 하는 사람은 자기도 모르는 사이에 주변 사람들에게 불쾌감을 준다. 어떤 사람이든 될 수 있으면 교양 있는 사람과 사귀고 싶어한다. 담배를 피우지 않는 사람에게는 공공 장소에서 담배 연기만큼 싫은 것이 없다. 당신이 공공 장소에서 담배를 피우면 누군가를 불쾌하게 만들 가능성이 있는 것처럼, 천박한 말투는 누군가를 불쾌하게 만든다. 그래서 미팅에서는 말투에 주의를 기울이자.

타 계열 사람에게 카운셀링과 어드바이스를 하거나 받지 않는다. 타 계열 사람에게 보너스를 얼마나 받는가 등등의 개인적인 것을 말하거나 묻지 않는다. 타 계열의 험담을 일절 하지 않는다. 타 계열 사람들을 칭찬한다. 미팅에 참가할 때는 되도록 사업에 적합한 옷을 입는다. 이러한 가이드라인을 전원이 지킨다면, 당신 그룹의 사람들을 타 그룹 사람들에게 소개해도 아무 걱정할 필요가 없다.

우리는 같은 목적을 갖고 있는 사업팀이다. 같은 사업을 하고 있으므로, 그것이 타 계열일지라도 우리는 서로를 존경하고 격려하면서 성장해 가야 한다.

7) 자기 자신을 칭찬한다

사람이 목적을 달성하는 데 있어서 가장 어려운 것은, '나는 그것을 할 수 있다!'고 생각할 수 있느냐이다. 인간의 최대 약점은 아마도 자기 경시, 즉 자신을 과소평가하는 일이다.

네임 리스트를 만들고도 프로스펙터에게 전화를 걸지 못하는 것은, 그 사람이 자신에게 너무 과분한 사람이라고 생각하기 때문이다. 랠리 등에서 성공한 사람의 연설을 듣고, '나는 성공할 수 있을 리가 없어. 아무리 성공을 해도 이렇게 많은 사람 앞에서 연설하는 것은 어울리지 않아.'라고 생각하는 것도, "자기 꿈을 적어보세요."라는 말을 들어도 극히 소극적인 꿈밖에 쓰지 못하는 것도, 자신은 큰 꿈을 달성할 수 있는 사람이 아니라고 과소평가하기 때문이다. 아무리 사업을 하면 연수입 3억원 정도가 될 가능성이 있음을 알아도, 사람들은 '나는 그걸 할 수 있어.'라고 생각하지 않는 한 행동으로 옮기지 못한다.

어떤 사람은 자신을 낙오자나 패배자로 느끼고 있을지도 모른다. 사업에 실패해서 이제 다시 일어날 수 없다고 생각하고 있을지도 모른다. 그러나 당신이 성공하는가 못하는가, 인생을 다시 시작할 수 있는가 아닌가는 당신이 자기 자신을 어떻게 생각하느냐에 달려 있다.

자기 자신을 믿지 못하는 사람은 『크게 생각하는 것의 마술』을 읽어 보기 바란다. 그 책에서 슈왈츠 박사는, 성공에의 첫걸음에 대해 "당신 자신을 믿어라. 당신이 성공할 것을 믿어라."고 말하고 있다. '자기 자신을 칭찬한다'는 것 — 많은 디스트리뷰터들이 이것을 잊어버리는 것 같다. 그러나 자기 자신을 칭찬하려면 우선 자신을 믿어야 한다. '자기 자신을 믿고 칭찬한다'는 것은, 네트워크 마케팅을 해서 성공하기 위해 매우 중요한 것이다.

어떤 마라톤 선수는 애틀란타 올림픽에서 동메달을 땄을 때, "나 자신을 칭찬해 주고 싶다."고 말했다. 21세기 유통 시스템의 주류가 될 네트워크 마케팅을 선택한 자기 자신을 칭찬해 주자. 그리고 자신도 네트워크 마케팅을 해서 성공할 수 있다고 스스로에게 자신감을 갖자.

'내가 하는 사업은 사회의 이익이 되는 사업이다.'라고 생각한다. '내가 전하고자 하는 사업을 필요로 하는 사람은 이 세상에 많이 있다. 그 사람들은 절망의 끝에 서 있을지도 모른다. 그러나 이 사업은 그 사람들에게 희망을 줄 수가 있다.'고 생각하는 것이다.

'나는 일류 인간이며, 내가 하고 있는 일은 중요한 일이다'라고 생각할 수 있다면, 당신은 성공으로 곧장 나아갈 수가 있다. '왜, 자신을 칭찬하지 않으면 안 되는가?'라고 의아하게 생각하는 사람은 다음을 생각해 보길 바란다. 많은 사람 앞에서 무언가를 이야기 하려고 하면, 그들보다 뭔가 뛰어나게 잘 알고 있던가, 적어도 이야기를 듣는 사람들보다 많은 지식과 체험을 해봤어야 할 것이다. 만약 선생님이 학생에게 '꿈을 갖는 것의 중요성'에 대해서 가르치려고 한다면, 그것에 관한 충분한 지식을 갖고 있어야 가르칠 수가 있다. 왜냐하면, 당신이 가르칠 수 있는 것은 자기가 알고 있는 것뿐이기 때문이다.

이와 마찬가지로, 가까운 사람들을 칭찬하려면 먼저 당신 자신을 칭찬하지 못하면 불가능하다. 말로 표현하지 않아도 '네트워크 마케팅을 선택한 나는 위대하다!'고 스스로 생각하지 않으면, 다른 사람에게 사업을 소개할 용기가 생기지 않는다.

어떤 타입의 사람이 네트워크 마케팅에서 성공하는가는 아무도 모른다. 그러나 한 가지 말할 수 있는 것은, 성공하는 사람은 어떤 것이든, 이것만큼은 아무에게도 지지 않을 자신을 갖고 있는 사람이라는 것이다(스스로에게 자신을 갖고 있는 것은 넓은 의미에서 자신을 칭찬하는 것이 된다). 중학교 때 클럽 활동으로도 대표가 되었다든지, 고등학교 때는 자전거로 전국 일주를 했다든지, 혹은 낚시에서는 전교 일등이었다든지, 현재 영어 회화로는 이 지역의 누구에게도 지지 않는다든지, 테니스로는 이 지방에서 최고라든지…. 무엇이든 좋으니까 이것만은 절대로 보통 사람들에게 지지 않았거나 지지 않을 거라는 자신감을 갖고 있다면 무엇이든지 상관없다. 그 수준이 세계 최고나 한국 제일은 아니어도, 지구 일등이나 학교 일등이라도 상관없다.

  보통 사람들은 할 수 없는 것을 해냈다는 자신감이, 사업에서 좌절할 상황에 처했을 때 큰 도움이 된다. 이처럼 이전에 무언가를 달성한 사람은 무언가를 처음 시작할 때는 수고스럽지만, 그 수고가 나중에는 반드시 기쁨이 된다는 것을 경험으로 알고 있다.

  그러나 이전에 아무 것도 달성한 경험이 없는 사람은, 자기에게 자신이 없어서 다른 사람의 의견에 좌우되기 쉽고, 대가 앞에 수고가 있음을 모르기 때문에 금방 결과가 나오지 않거나 문제에 직면하면 포기해 버리고 만다. 이것은 네트워크 마케팅에만 해당되는 것이 아니라, 자기 자신에게 자신이 없는 사람, 자신을 칭찬하지 못하는 사람은 어떤 일을 해도 성공할 수가 없다.

8) 회사를 신뢰한다

  네트워크 마케팅을 하고 있는 디스트리뷰터는, 성공하고 싶다면 자신이 소속된 회사의 험담을 하지 않도록 한다.

  여기에서 회사 일을 끝낸 샐러리맨이 친구와 한 잔 하러 가는 드라마 장면을 떠올려 주길 바란다. 그 같은 장면에서 대화 내용은 어김없이 ㉠ 상사의 험담에서 시작해서, ㉡ 회사에 대한 비판이 되고, 마지막으로 "난 보잘것없는 월급을 받고, 회사에서는 과장한테 혼나고, 집에서는 마누라한테 시달리고. 진짜 난 내 자신에게 혐오감이 느껴져."라는 자기 혐오로 끝나게 된다. 사업을 해서 성공하고 싶다면, 이 드라마의 주인공처럼 회사에 있는 낮 시간에는 애사심이 높지만 밤이 되면 술집에서 회사나 상사의 험담을 해대는 것은 좋지 않다. 스폰서와 함께 있을 때는 충성심을 보여도, 스폰서가 없을 때는 마음껏 험담을 해대는 것은 바람직하지 않다.

또, 이 드라마의 주인공처럼 스스로 자신의 무능력함에 질려서 그렇게 되는 것이 자신의 운명인 것처럼 생각하는 것은 피해야 된다. 자신에게는 무한한 가능성이 있는데, 그것을 스스로 부정하는 것은 어리석으며, 그래서는 절대로 리더가 될 수 없거니와, 다른 사람을 성공으로 이끌 수도 없기 때문이다. 네트워크 마케팅에서 성공하고 싶다면, 자신의 가능성을 믿고, 스폰서를 믿고, 회사를 믿자.

9) 자사 제품을 신뢰한다

그룹 사람들에게 "이 제품은 품질이 좋으니까 사용해 보세요."라고 말해도 자기가 먼저 사용하지 않는다면 소용이 없다. 이 사업에서 성공해서 많은 수입을 올리려는 사람은 최소한 자사 제품을 신뢰하고, 제품을 스스로 사용해야 한다. 그러나 아무리 회사 제품이 고품질이라도 만능은 아니다. 가령, 당신이 회사의 화장품(회사가 화장품을 취급한다고 가정해서)을 써서 피부가 거칠어졌을 경우에는 신속하게 사용을 중지해야 한다. 그러나 프로스펙터 앞에서 "우리 회사 제품을 써서 피부가 거칠어졌다."라고 공언할 필요는 없다.

또, 자사 제품에 대한 긍지가 너무 대단한 나머지 타사 제품의 이름을 들먹이면서 품질을 비교하거나 타사 제품의 결점을 말할 필요는 전혀 없다. 성공하고 싶다면, 아무리 자기 회사의 제품에 자부심을 갖고 있어도 타사 제품의 험담이나 결점을 절대로 말하지 않는다. 왜냐하면, 네트워크 마케팅은 타사 제품과 품질을 비교해서 그 제품의 결점을 지적하고 네트워크를 넓혀 가는 사업이 아니기 때문이다. 남을 비판하는 사람은 결국에는 남에게 비판받게 되어 있다.

반대로 당신이 "우리 회사 제품은 형편없다."고 무시하면 제품을 남에게 추천할 수 없을 것이다. 만약 형편없다고 생각하면서 다른 사람에게 권한다면 그것은 사기가 된다. 그러나 당신이 스스로 제품을 써 보고, 실제로 품질이 좋다는 것을 실감하고 그 체험담을 솔직하게 말하면, 굳이 상품 설명을 하지 않아도 좋은 제품이라는 것을 알아줄 것이다.

10) 당신이 쓰고 있는 시스템을 선전한다

가령 랭크 업 한 당신이 무대 위로 올라가 "과거 5년간, 나는 매달 전국을 누비면서 여러 전문가들에게서 어드바이스를 받고, 시행착오를 겪으면서 사업을 해 왔습니다. 나는 피나는 노력을 한 결과 이렇게 성공할 수 있었습니다."라고 연설했다고 하자. 이 연설을 들은 참석자는 어떤 생각을 했을까?

물론 참가자는 당신을 칭찬했을 것이다. 그러나 동시에 그들 대다수는 성공하려면 전국을 돌아다니며 전문가의 의견을 듣고 시행착오를 거듭해야 한다면 네트워크 마케팅은 장난이 아니라고 생각할 것이다. 대부분의 사람들은 '당신은 할 수 있어도 나는 못해.'라고 생각해 버린다.

한편 당신이 무대에서 연설할 때, "나는 스폰서를 신뢰하고 , 스폰서가 사용하고 있는 시스템으로 사업을 했습니다. 그 결과 나는 이렇게 성공할 수 있었습니다."라고 했다고 하자. 그것을 들은 참가자는 무슨 생각을 할 것인가? 대부분은 '만약 내가 저 사람처럼 스폰서를 믿고 스폰서가 말하는 대로 사업을 차근차근 한다면 나도 성공할 수 있겠구나.'라고 생각할 것이다. 그래서 당신이 연설을 부탁 받고 사람들 앞이나 무대 위에 섰을 때 잊지 말고 말해야 할 것이, 스폰서에게 배운 그대로 했다는 것을 선전하는 것이다.

이것은 프로스펙터에게 사업 계획을 이야기할 때도 마찬가지로, 네트워크 마케팅을 잘 모르는 사람과 사업 계획을 처음 듣는 사람에게는 되도록 간단하게 요점만 설명해야만 '이렇게 어려운 것은 못해.'라고 생각하지 않을 것이다. 그러나 "스폰서에게 배운 시스템대로 하면 성공할 수 있다."라고 말하면, 그걸 들은 사람들은 '그렇다면 나도 할 수 있다.'라고 생각할 수가 있다.

◪ 참고문헌

1. 『크게 생각하는 것의 마술』: 데이비드 J. 슈왈츠(저)・桑名一央 (역) / 실무교육출판
2. 『잠재뇌』: 志賀一雅(저) / 다이아몬드社
3. 『암웨이 주의』: 리치 데보스(저)・門田美鈴(역) / 다이아몬드社
4. 『네트워크 비즈니스 네트워크를 만드는 70가지 방법』: 竹中信 (저) / 파루출판
5. 『자기 창조의 원칙』: 죠지 웨이버그(저)・加藤諦三(역) / 三笠 書房
6. 『신념의 마술』: 謝世輝(저) / KK롱세일러즈
7. 『성공 실현 이미지 트레이닝법』: 品川嘉也(저) / 고마書房
8. 『두근두근 생생하게 살아가는 힌트』: 生草始(저) / 日新報道
9. 『1분 세일즈맨』: S. 죤슨 & L. 윌슨(저)・小林薰(역) / 다이아 몬드社
10. 『암웨이의 심리학』: 前田嘉明(저) / 소피아
11. 『사람을 움직인다』: D. 카네기(저)・山口博(역) / 創元社
12. 『어떻게 해서 자기 꿈을 실현할 것인가』: 로버트 슐러(저)・ 稻盛和夫(역) / 三笠書房
13. 『약과 인체』: 알프레드 랜싱 & 월터 모델(저)・宮本高明(역)

참고문헌

/ 타임 라이프 북
14. 『암웨이 마이 석세스』: 中島薫 (저) / 선마크 출판
15. 『맥도널드 나의 풍요로운 인재』: 존 F. 러브 (저)・德岡孝夫 (역) / 다이아몬드社
16. 『신념이 인생에 기적을 부른다』: M. R. 컵마이어 (저)・松永芳久 (역) / 다이아몬드社
17. 『메가트랜드』: 존 네이스비츠 (저)・竹村健一 (역) / 三笠書房
18. 『腦內혁명』: 春山筏雄 (저) / 선마크 출판
19. 『사고는 현실화한다』: 나폴레옹 힐 (저)・田中孝顯 (역) / 騎虎書房
20. 『소비자 중시 경제학』: 伊藤隆敏 (저) / 일본경제신문사
21. 『스타터 시리즈』: 짐 도넌 (저) / 네트워크 투웬티 원
22. 『'원망'은 반드시 이룰 수 있다』: 謝世輝 (저) / 고우書房
23. 『실현에의 길』: 지그 지그라 (저)・我妻榮良 (역) / 騎虎書房
24. 『자기개발 100가지 법칙』: 桑名一央 (저) / 일본실업출판사
25. 『멀티 레벨 마케팅』: 小林忠嗣 (저) / 다이아몬드社
26. 『대뇌 생리학 이렇게 근사한 이야기』: 武田豊 (저) / 三笠書房
27. 『꿈을 손에 쥐는 인생』: 万代恒雄 (저) / 주식회사 퓨처

28. 『船井流 인재 활용법』: 小山政彦 (저) / 實業之日本社
29. 『船井流 리더의 조건』: 小山政彦 (저) / 大和出版
30. 『신념은 반드시 실현된다』: 和田一夫 (저) / 간키出版
31. 『'네트워크 비즈니스'의 시대 뉴스킨의 도전』: 岩中祥史 (저) / 하마노出版
32. 『인간 관계의 비밀』: S. 듀발 (저)・大原敬二 (역) / 創元社
33. 『속 머피 명언집』: 시마즈 코이치 (편저) / 産能大學 출판부
34. 『기억력』: 保坂榮之介 (저) / 三笠書房
35. 『원망은 반드시 실현할 수 있다』: 保坂榮之介 (저) / 三笠書房
36. 『자기를 살린다』: B. 스위틀랜드 (저)・桑名一央 (역) / 創元社
37. 『첫 네트워크 비즈니스』: 吉永雅彦 (저) / 二期出版
38. 『21세기 FC vs. NB 둘 중에서 하나가 성장한다』: 大友美隆 (저) / 評伝社

네트워크 마케팅 이렇게 하면 성공할 수 있다

지은이 요시무라 유타카
옮긴이 설은미
펴낸이 양동현
펴낸곳 도서출판 아카데미북
　　　　출판등록 제 13-493호
　　　　136-034, 서울 성북구 동소문로13가길 27번지
　　　　대표전화 02) 927-2345 팩스 02) 927-3199

초판 1쇄 발행 2000년 2월 29일
초판 19쇄 발행 2014년 8월 5일

ISBN 89-87567-55-9 / 13320

NETWORK BUSINESS KO SUREBA SEIKO DEKIRU
By YUTAKA YOSHIMURA
Copyright ⓒ 1999 by YUTAKA YOSHIMURA All rights reserved.
Originally Japanese edition published in Kou Publishing Co., Japan
Korean translation rights arranged with Kou Publishing Co.
through Eric Yang Agency, Seoul, Korea.

이 책의 한국어판 저작권은 에릭양 에이전시를 통한 'Kou Publishing Co.'와의
독점 계약으로 도서출판 아카데미북에 있습니다.

www.iacademybook.com